KB116924

송동훈의 세계문명기행

제국의 리더십

송동훈의 세계문명기행

제국의 리더십

LEADERSHIP OF THE EMPIRE

송동훈 지음

김영사

서문

공동체는 어떻게 성장하고 번영하는가? 국가는 어떻게 생존하고 탁월해지는가? 제국은 어떻게 탄생하고 유지되는가?

인류가 문명을 건설하고 어떤 형태로든 공동체를 만든 이후에 생겨난 오래된 질문 중 하나다. 너무나 근본적이고 중요한 질문이다. 여전히 많은 사람이 이 질문에 대한 답을 찾고 있다. 나라고 예외가 아니다. 예외는커녕 역사와 미래, 문명과 인류에 대해 공부하는 나에게는 더욱 중요한 질문이고, 절박하게 그 답을 찾고 있다.

답은 하나가 아니다. 이 복잡하고 어려운 질문에 답이 하나일 수는 없다. 당연히 여럿이다. 그러나 그 여럿 중에 반드시 포함되는 것이 있다. 바로 '리더'다. 어쩌면 가장 중요한 답일 수도 있다. 이 책은 그런 리더에 대한 이야기다. 내가 부족한 통찰과 지식에도 불구하고 용기를 내어 이 책을 쓰기로 결심한 건 위대하고 탁월한 리더에 대한 이야기를 널리 알리고 싶다는 강렬한 소망 때문이다.

오늘날 대한민국은 위기다. 그 이유를 일일이 나열하지 않아도 독자분들은 우리가 위기에 처했다는 것을 알고 있다. 위기의 원인은 많지만 우리는 해답을 찾지 못하고 있다. 해답을 알아도 문제를 해결하지 못하는 게 현실이다. 왜 그럴까? 가장 중요한 이유는 리더의 부재다. 특히 우수한 정치 리더들의 부재는 치명적이다. 대한민국은 80년도 채 안 되는 짧은 시간 안에 세계에서 가장 가난한 식민지에서 세계 13위의 경제 강국으로 성장했다. 민주화도 달성했다. 최근에는 문화적으로도 한류韓流가 세계에서 통하고 있다. 이 대단한 성과는 기적일까, 아니면 우연일까? 역사는 순진하고 낭만적이지 않다. 역사는 무섭도록 냉정하다. 모든 결과에는 원인이 있다. 탁월한 리더십을 필두로 우수한 제도, 헌신적인 국민, 유리한 국제 정세가 맞물렸기 때문에 우리는 오늘날의 성취를 이뤄낸 것이다. 이제 그 토대들이 무너져 내리고 있다. 리더십은 실종됐고 제도는 엉망진창이 됐다. 국민은 분열됐고 국제정세는 시계제로 상태로 빠져들고 있다. 총체적 난국이란 말이 이보다 더 잘 어울릴 수 있을까? 이 위기를 헤쳐나가기 위해서는 탁월한 리더들이 절실히 필요하다.

그렇다면 탁월한 리더란 어떤 존재인가? 불행히도 오늘날 우리 주변에선 찾을 수 없다. 그러니 역사에서 빌려올 수밖에! 이 책에 소개되는 리더들은 자신이 속한 공동체를 평범한 국가가 아니라 제국으로 키워낸 사람들이다. 몇몇 반면교사조차 결과적으로는 공동체가 더 나은 방향으로 나아가는 데 일조한 사람들이다. 그 어떤 공동체도 처음부터 제국을 목표로 하진 않는다. 대부분은 생존만으로도 버겁다. 그중 소수가 생존을 뛰어넘어 번영하게 되고, 그 힘을 토대로 밖으로 뻗어 나가 제국을 형성하게 된다. 고대 아테네, 고대 로마, 근대의 영국, 오늘날의 미국이 그렇다. 이들의 또 다른 공통점은 제국이 탁월한 리더를 배출한 것이 아니라, 탁월한 리더가 작은 공동체를 제국으로 발전시켰다는 것이다. 예를 들어 아테네는 솔론, 페이시스트라토스, 테미스토클레스, 페리클레스와 같은 창의적으로 탁월한 리더들에 의해 단기간에 조용한 이류 폴리스에서 에게해를 지배하는 역동적인 제국으로 탈바꿈했다.

그렇다면 탁월한 리더만 주어진다면 우리에게도 기회가 있는 것이 아닐까? 나는 제국주의자가 아니다. 대한민국이 제국이 되어서 힘으로 다른 나라와 민족을 지배해야 한다고 주장하는 것도 아니다. 그저 살아남기 위해 발버둥을 쳐야 한다고 얘기하는 것이다. 대한민국을 둘러싼 4대 강국 중에 제국이 아닌 나라가 있는가? 모두 한때 제국이었고, 일본을 제외한 미국, 중국, 러시아는 여전히 제국이다. 이 비극적인 지정학적 위치 때문에 우리는 지금의 상황에 만족해서는 안 된다. 국제정치와 국제경제에 대해 조금이라도 아는 사람이라면 오늘날 우리가 누리고 있는 번영과 평화가 얼마나 취약하고 허망한지 모를 수 없다. 우리는 살아남기 위해서 더더욱 치열해져야 한다. 그래야 지금 수준의 번영과 평화라도 후손들에게 물려줄 수 있다.

이 책은 이 엄중한 위기의 시대를 살아가는 모든 이들을 위해 쓰였다. 결국 우리가 주인이다. 영화 〈더 킹〉 주인공의 마지막 내레이션처럼 "당신이 세상의 왕이다". 다행스럽게도 우리가 민주주의 국가에서 살고 있기 때문이다. 우리는 탁월한 리더를 필요로 하고, 그 리더를 뽑는 건 바로 우리 자신이다. 우리가 탁월하지 못하면, 우리에게 리더에 대한 반듯한 기준이 없다면, 대한민국의 리더는 결코 탁월해질 수 없다. 이 책은 바로 리더에 대한 높은 이상과 표준을 제시해줄 것이다.

책이 나오기까지 많은 분의 도움을 받았다. 무엇보다 부족한 글이 지면에 실릴 수 있는 기회를 주신 〈조선일보〉 분들께 큰 감사의 마음을 전한다. 필자에게 신문 연재를 모아 책으로 나올 수 있도록 격려해준 김영사 김윤경 이사님과 직접 편집을 맡아준 임지숙 팀장님, 마치 자신의 책처럼 제작 과정에 열과 성을 다해준 동료 이현진 팀장에게도 특별한 감사의 뜻을 전한다.

2024년 3월 초봄에
송동훈

차례

서문 … 4

1장 그리스
불멸의 가치를 낳은 민주의 리더십

- **민주주의 탄생지 아테네 프닉스** •
  중용의 지혜로 위기를 극복한 선구자 솔론 … 15

- **아테네의 디오니소스 극장** •
  비극 경연 대회가 열린 민주주의 학교 … 22

- **인류 최초 시민군의 전장, 마라톤** •
  192명의 민주주의 전사가 잠들다 … 29

- **스파르타 300 용사의 무덤 테르모필레** •
  자유를 원한다면 와서 가져가라 … 36

- **아테네 해군의 승리, 살라미스** •
  두 리더의 결단이 제국의 운명을 가르다 … 44

- **페르시아와의 전쟁에 앞장선 플라타이아** •
  모든 순간 명예로웠던 폴리스의 몰락 … 52

- **아테네를 꺾고도 쇠락한 스파르타** •
  스파르타 전사들은 왜 사라졌는가 … 60

- **페리클레스와 아크로폴리스** •
  필멸의 인간으로 불멸의 영광을 꿈꾸다 … 68

- **테베 패권의 시작과 끝, 레욱트라와 카이로네이아** •
  한 군사 천재의 탁월한 전략 … 76

- **테살로니카와 알렉산드로스 대왕** •
  인류가 존재하는 한 영원히 기억될 이름 … 85

2장 로마

이상의 제국을 탄생시킨 관용의 리더십

- **로물루스가 정착한 팔라티노 언덕** •
  위대한 제국, 로마가 시작되다 ⋯ 95

- **공화제를 주도한 원로원 성지 쿠리아** •
  로마 공화정의 건국자 브루투스 ⋯ 104

- **로마 역사의 상징 아피아 가도** •
  로마는 착실히 길을 닦으며 싸웠다 ⋯ 112

- **두 강자가 격돌한 시칠리아 메시나해협** •
  200척의 배를 몰고 나타난 재력가들 ⋯ 120

- **포에니 전쟁의 격전지 트라시메노 호수** •
  알프스 정복자 한니발의 등장 ⋯ 128

- **로마군이 세 번째 대패한 칸나에 평원** •
  역사상 가장 치열했던 포위섬멸전 ⋯ 136

- **로마에 정복된 도시국가 시라쿠사** •
  어리석은 리더의 잘못된 선택 ⋯ 144

- **스키피오의 이탈리카, 한니발의 크로토네** •
  국가의 단합이 운명을 가르다 ⋯ 152

- **그라쿠스 형제와 카피톨리노 언덕** •
  진정한 리더가 남긴 위대한 정신 ⋯ 160

- **로마제국 관용의 상징, 판테온** •
  관용이 사라지자 제국도 무너지다 ⋯ 168

- **베스파시아누스가 건설한 콜로세움** •
  출생보다 실력을 중시하는 사회적 유연성 ⋯ 176

- **로마의 천리장성 하드리아누스 장벽** •
  평화와 번영을 위해 멈춘 정복 전쟁 ⋯ 183

- **아우렐리우스 황제와 콘세르바토리 박물관** •
  오현제 시대가 가능했던 이유 ⋯ 190

3장 영국
근대를 창조한 혁명의 리더십

- **마그나카르타의 고향 러니미드 평원**
  탐욕스런 왕이 남긴 뜻밖의 유산 … 199

- **대의민주주의가 시작된 루이스 전투**
  세계 최초 의회가 탄생하다 … 207

- **화려한 블레넘 궁전과 소박한 교회**
  처칠은 마지막 선택도 위대했다 … 214

- **욕망의 히버성과 런던탑**
  헨리 8세와 앤의 사랑과 전쟁 … 222

- **영국의 이순신 넬슨 제독과 빅토리호**
  모두가 맡은 바 의무를 다할 때 지킬 수 있다 … 230

4장 미국
새로운 비전으로 개척한 자유의 리더십

- **루스벨트 가문과 노르망디의 미국인 묘지**
  리더는 언제나 최전선에 있었다 … 239

- **뉴욕의 9·11 메모리얼 뮤지엄**
  조국은 단 하루도 당신을 잊지 않았다 … 246

- **워싱턴D.C.의 라파예트 공원**
  자유와 번영은 공짜로 주어지지 않는다 … 253

• 프리덤 트레일과 새뮤얼 애덤스 •
미국의 가치가 새겨진 자유의 여정 … 260

• 올드노스 교회와 폴 리비어 •
첨탑에 불이 켜지자 자유를 위해 말을 달렸다 … 267

• 독립전쟁의 전장 렉싱턴과 콩코드 •
민병의 총과 쟁기로 세운 나라 … 273

• 플리머스와 필그림 파더스 •
미국의 오리진이 되다 … 279

• 미국의 수도 이름은 왜 워싱턴일까 •
권력의 정점에서 권력을 내려놓다 … 286

• 토머스 제퍼슨 기념관 •
나폴레옹에게 산 땅을 후대에 남기고 만신전에 서다 … 294

• 링컨의 두 번째 취임사와 링컨 기념관 •
악의를 품지 말고 관용을 베풀라 … 300

• 워싱턴 국립대성당과 윌슨 •
결코 사라지지 않을 이상을 남기다 … 307

• 미국 대법원과 대법원장들 •
미국 민주주의 최후의 보루 … 315

• 국회의사당 앞 그랜트 대통령 동상 •
위대한 장군과 무능한 대통령이라는 명암 … 322

• 뉴욕과 알렉산더 해밀턴 •
오늘의 미국을 꿈꾸고 설계한 선구자 … 330

• 게티즈버그에서의 리 장군과 링컨 •
국민의, 국민에 의한, 국민을 위한 정부 … 337

• 워싱턴 국립초상화미술관과 하딩 대통령 •
리더의 무능은 모두에게 불행이다 … 344

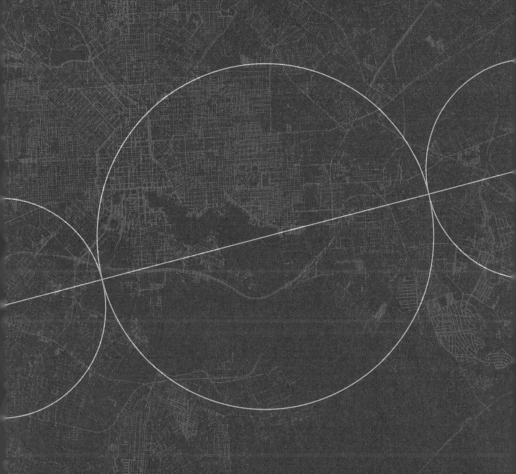

1장

그리스
불멸의 가치를 낳은 민주의 리더십

민주주의 탄생지 아테네 프닉스
중용의 지혜로 위기를 극복한 선구자 솔론

●

그리스 아테네는 서구 문명의 모태다. 그 절정에 아크로폴리스가 있다. 누가 감히 이 신성한 언덕의 가치에 시비를 걸 수 있을까? 나 역시 아크로폴리스 앞에서는 언제나 옷깃을 여민다. 그러나 아크로 폴리스만 중요하다거나 아크로폴리스만 보면 된다고 생각하진 않 는다. 아테네에는 그만한 가치를 지닌 유적이 더 있다. 그중 하나가 프닉스Pnyx다. 프닉스는 아크로폴리스, 아고라와 더불어 삼각형의 한 꼭짓점을 이룬다. 지리적으로도, 가치적으로도 그렇다.

프닉스는 아크로폴리스, 아고라와 인접한 숲 한가운데에 있다. 탁 트인 너른 공터다. 고요하고 여유롭다. 아크로폴리스와 아고라 를 바삐 오가는 수많은 관광객에게 이곳은 잊힌 공간이다. 쓸쓸하 다. 한편으론 남들이 모르는 나만의 비밀 장소를 알고 있다는 뿌듯 함에 들뜬다. 프닉스를 건너뛴 아테네 여행이 무슨 의미가 있을까?

프닉스에서 올려다본 장엄한 아크로폴리스 전경과 파르테논 신전, 그리고 프닉스 연단의 모습이다. 역사상 처음으로 민주주의를 창안하고 실행에 옮긴 아테네 시민은 바로 이곳에 모여 자신들의 업적인 아크로폴리스를 바라보며 열정과 자부심을 갖고 공동체의 일에 참가했다. 특히 연단 한가운데에 있는 3개의 계단은 누구나 그 위에 올라가 자신의 정견을 발표할 수 있었기 때문에 언론의 자유를 상징했다.

아테네가 역사에서 차지하고 있는 그 엄청난 위상, 세상 사람들을 아테네로 불러들이는 그 황홀한 마력은 모두 이곳에서 비롯됐다. 먼 옛날 아테네 시민은 이곳 프닉스에 모여 민회를 열었다. 국가 대소사를 자기 손으로 직접 결정했다. 인류 역사상 처음으로 민주주의를 실천한 것이다. 바로 이곳에서!

사람들은 말한다. 아테네가 민주주의의 요람이라고. 그렇다면 프닉스는 어떤 곳인가? 민주주의 탄생지다. 항상 궁금했다. 2,500년도 더 전에 아테네인은 어떻게 민주주의라는 제도를 만들고 발전시킬 수 있었을까? 오늘날 우리는 민주주의가 자연스럽고 보편적인 정치체제라는 착각 속에서, 아니 무지 속에서 살아간다. 사실은 정반대다. 민주주의는 역사적으로 가장 인위적인 제도다. 그리고 언제나 희귀한 현상이었다. 심지어 오늘날조차 민주주의는 보편적이지 않다. 그래서 더 궁금하다. 그 옛날 아테네인은 어떻게 그럴 수 있었을까? 답은 위대한 한 선구자에게 있다. 그의 이름은 솔론이다.

민주주의의 방향을 제시한 솔론

기원전 6세기 초 아테네를 비롯한 그리스 세계의 폴리스들은 심각한 위기에 빠졌다. 폴리스 내부의 빈익빈 부익부가 너무나 심해져 공동체의 안정적 발전과 번영이 불가능한 상황에 이른 것이다. 대부분의 폴리스는 사태가 최악의 상황으로 내몰릴 때까지 아무것도 하지 않았다. 기득권층의 반대가 격렬했기 때문이다. 결국 현재 상황에 불만을 품은 세력과 현상 유지 세력 사이에 투쟁이 되풀이됐다. 그렇게 유혈이 낭자해지면서 질서와 안정을 구실로 뛰어난 독재자 한 사람이 권력을 장악하는 참주僭主(비합법적으로 권력을 장악한 사람을 일컫는 말로, 고대 그리스 세계에서는 흔한 일이었다) 정치가 유행했다.

아테네도 예외가 아니었다. 척박하기로 악명 높은 아티카Attica 땅에서는 농업으로 생계를 잇는다는 것 자체가 도박이었다. 소농들은 언제나 가난에 시달렸고, 살아남기 위해서는 빚을 져야 했다. 빚이 쌓이면 땅을 빼앗겼고, 그다음에는 자기 몸을 저당 잡혔다. 끝내 빚을 갚지 못한 수많은 농민은 부자의 노예가 되거나 외국으로 팔려 나갔다. 빚쟁이의 등쌀에 못 이겨 자식을 팔거나 외국으로 도주하는 시민이 속출했다. 부채 탕감과 토지 재분배를 요구하는 시민의 목소리가 높아졌다. 이에 반대하는 사람들도 힘을 결집했다. 차라리 유능한 참주에게 나라를 맡겨 안정과 질서를 회복하자는 의견도 나왔다. 아테네는 말 그대로 폭발 직전이었다. 보수적인 아테네 귀족도 변화의 필요성을 인정할 정도였다. 문제는 누구에게 아테네의 미래를 맡길 것인가였다. 모두의 이목이 솔론에게 집중됐다.

솔론Solon(기원전 640?~560?)은 유명한 상인이었다. 아테네 왕족의 후손이었으나 아버지 대에 이르러 몰락했다. 자기 힘으로 생계를 해결해야 했다. 솔론은 상인의 길을 선택했다. 밥벌이만을 위해서가 아니라 세상을 돌며 경험과 지식을 쌓고자 했기 때문이다. 선택은 탁월했다. 솔론은 상인으로도 성공했고, 그리스 세계를 대표하는 '7현인'에 꼽힐 정도로 지혜도 인정받았다. 문학적 소양 또한 뛰어나 시인으로도 이름을 날렸다. 솔론의 시는 사회정의, 가난한 이들에 대한 연민, 삶의 주체로서 개인의 탁월함을 노래했다. 한마디로 솔론은 아테네 모든 계급의 지지를 받을 만한 조건을 갖추고 있

메리-조셉 블론델의 작품 〈솔론 입법자이자 아테네 시인의 초상〉이다. 솔론은 성공한 상인으로 그리스 세계를 대표하는 7현인에 꼽힐 정도로 지혜로웠으며, 문학적 소양도 뛰어나 시인으로도 이름을 날렸다. 프랑스 피카르디박물관 소장.

었다. 역사에는 아주 드물게 어떤 상황에 안성맞춤인 리더가 존재하는 경우가 있다. 아테네와 솔론이 그랬다.

 기원전 594년, 아테네는 솔론에게 개혁의 전권을 위임했다. 개혁은 전광석화로 진행됐다. 빚 때문에 노예로 전락한 시민은 해방시키고, 시민의 과도한 부채는 탕감하고, 잃어버린 토지를 되찾아줬다. 가혹한 법은 폐지했다. 정치 개혁은 더욱 혁명적이었다. 당시 아테네는 1년 임기의 아르콘archon이 통치하고 있었다. 아르콘 출마 자격은 귀족에게만 주어졌고, 일정 자산을 갖춘 시민의 모임인 민회에서 선출했다. 한마디로 아테네의 정치는 소수 귀족이 주도하고 돈 많은 일부 시민이 보조하는 형태였다. 솔론은 이 틀을 깼다. 아르콘 출마 자격 기준을 혈통에서 재산으로 대체했다. 귀족과 더불어 상인에게도 최고 권력에 도전할 기회를 준 것이다. 민회 참가 자격은 아테네 시민 전체로 확대했다. 솔론의 이런 조치야말로 아테네가 장차 민주주의 혁명을 이뤄내는 과정에서 가장 중요한 역할을 한 제도 개혁이었다.

세상에서 가장 위대한 언덕

이 모든 대업을 이룬 후 솔론은 스스로 권좌에서 물러났다. 10년을 목표로 외유外遊에 나섰다. 대부분 정치인이 한번 잡은 권력을 놓치지 않기 위해 아등바등하는 것과는 전혀 다른 선택이었다. 괜히 현인으로 칭송받은 것이 아니었다.

솔론은 그렇게 아테네를 괴멸 직전에서 구해냈다. 그가 없었다면 아테네는 다른 폴리스들과 마찬가지로 피의 난장亂場을 계속하다 자멸했을 것이다. 솔론 덕분에 아테네는 최악의 상황을 면했다. 농민은 노예 상태에서 벗어나 다시 일할 기회를 얻었다. 정치적으로도 민회에 참여할 권한을 획득했다. 상인은 최고 권력을 넘볼 수 있었다. 귀족은 공멸 위험에서 벗어나 여전히 아테네 상류층으로서 삶을 영위했다. 이렇게 솔론은 과감하게 민주주의의 초석을 놓고 방향을 제시했다. 그는 어떻게 이 위대한 업적을 일궈낼 수 있었을까? 사람을 사랑하고 정의를 믿었기 때문이다. 불의와 탐욕을 미워했기 때문이다.

그로부터 2,600여 년이 지났다. 이제 프닉스는 잊힌 언덕일 뿐이다. 그러나 인생에 한 번은 찾아볼 만한 가치가 넘치는 곳이다. 만약 그럴 기회가 주어진다면 봄이 좋다. 4월이 오면 이곳에는 들꽃이 가득 핀다. 비록 보잘것없는 꽃일진 모르나 수만 송이가 모여 화려한 융단 한 폭을 이룬다. 그 어떤 꽃보다 아름답고 향기롭다. 이것이야말로 민주주의의 참모습 아닐까? 이름 없는 다수의 합合이 뛰어난 소수보다 아름답다는 생각. 이름 없는 시민이 모여 그 어떤 철인보다도 현명한 결정을 도출해낼 수 있다는 믿음. 그런 생각과 믿음이 태어난 곳. 이곳은 프닉스다.

솔론 경제 개혁의 선물, 도자기

유럽을 여행하다 보면 많은 박물관에서 흔하게 볼 수 있는 것 중 하나가 고대 아테네의 각종 도자기다. 왜 그럴까? 솔론 때문이다.

그는 노예로 전락한 시민을 해방하고 농민의 빚을 탕감해주었지만, 그것만으로는 부족하다는 걸 알았다. 아테네가 자리 잡은 아티카반도의 척박한 대지를 생각하면 농민이 다시 빚을 지는 것은 시간문제였다. 솔론은 이런 사태를 막고자 경제구조도 개혁했다. 생산성이 떨어지는 곡물 재배를 포기하고 척박한 토양에서 잘 자라는 올리브와 포도 등 특수작물 생산에 주력했다. 특히 올리브에서 추출한 올리브유 생산과 수출을 장려했다. 대신 올리브유를 팔아 번 돈으로 흑해 주변 곡창지대에서 곡물을 수입했다.

도자기는 올리브유를 운반하고 저장하는 데 필수적인 용기였다. 아테네의 도자기 산업은 급속도로 발전했고, 당시 국제 교역망을 따라 지중해 전역으로 퍼져나갔다. 동시에 조선업과 해운업도 성장했다. 아테네는 점차 토지와 농업 중심 사회에서 바다와 교역에 의존하는 사회로 변해갔다. 이런 변화는 미래에 아테네가 해양 제국을 건설하는 데 결정적 초석 역할을 했다. 솔론은 여러 면에서 선지자였다.

아테네의 디오니소스 극장

비극 경연 대회가 열린 민주주의 학교

●

디오니소스 극장은 아크로폴리스로 올라가는 길 초입에 있다. 정확하게는 아크로폴리스의 남쪽 경사면이다. 고대 그리스 시대에 만들어졌고, 로마 시대에 확장 보수를 거친 원형극장이지만 지금은 기본 골격만 남아 있다. 파손이 너무 심해 옛 모습을 느끼기가 쉽지 않다. 그래서일까? 아크로폴리스는 관광객으로 북적거리지만, 디오니소스 극장은 사람들 발길이 뜸하다. 나는 긴 시간을 이 텅 빈 극장에서 보낸다. 파르테논 신전은 안으로 들어갈 수 없지만 디오니소스 극장은 개방되어 있어 부서진 객석 아무 곳에나 앉으면 된다.

그곳에서 사라져버린 무대와 그 무대 뒤로 펼쳐진 아테네 풍광을 즐기며 그리스 비극悲劇을 생각한다. 너무나 소중한 순간이다. 비극은 예술과 철학인 동시에 최초의 민주주의를 위한 교육이었기 때문이다. 여기 디오니소스 극장에서 비극이 탄생하고 성장했다. 아테네 시민은 매년 이곳에서 비극 경연 대회를 열고, 우승자를 가렸다. 이것은 무엇을 뜻하는가? 역사상 처음으로 소수 특권 계층의 여흥을 위해 폐쇄적 공간에서 행하던 예술이 밝은 태양 아래서 다수에게 공개된 것이다. 이때부터 예술과 철학은 소수의 전유물에서 벗어났다. 그리고 비극을 통해 아테네 시민은 자신들의 영혼을 일깨우고 지력智力을 고양했다.

그들은 왜 영혼을 일깨우고자 했을까? 왜 지력을 높이려 했을까? 그들이 민주주의를 하고 있었기 때문이다. 민주주의가 무책임한 선동가나 사악한 위선자에게 휩쓸리지 않으려면 건전한 상식과 책임감을 갖춘 시민 계층이 필요하다. 아테네는 비극을 통해서 그런 시민을 기르고자 했다. 이곳은 그런 의미에서 최초의 민주주의 학교였다. 여기서 공연한 비극은 민주주의를 위해 쓴 첫 교과서였다. 그렇다면 누가 비극에 이토록 막중한 역할을 부여했는가? 누가 디오니소스 극장을 예술과 민주주의의 성지로 일궈냈는가? 페이시스트라토스다.

왜 아테네에 참주가 등장했을까

페이시스트라토스Peisistratos(기원전 600?~527)는 아테네의 참주로 유명한 귀족 가문 출신이다. 대개혁가 솔론과도 인척이었다. 그의 등장은 솔론의 개혁 이후 발생한 정치적 불안정과 깊은 연관이 있다. 솔론의 해법으로 모든 일이 해결된 건 아니었다. 옳고 그름을 떠나 인간의 욕망과 이해가 걸린 일에 만병통치약이란 있을 수 없다. 개혁 이후에도 아테네의 내부 갈등은 계속됐다. 귀족은 여전히 권력을

그리스 비극의 발생지 디오니소스 극장 전경. 오늘날 폐허에 가깝게 남은 극장 터조차 로마 시대에 재건축한 것이니 위대한 비극을 공연하던 시기의 극장은 흔적조차 찾을 수 없다. 그러나 사라진 극장의 무대에 올랐던 비극은 아테네 시민의 지력을 고양시켜 인류 최초의 민주주의를 가능케 했다.

차지하기 위해 싸웠다. 상인의 불만도 해소되지 않았다. 농민을 중심으로 한 대중의 가난도 쉽게 극복되지 못했다. 이해관계에 따른 당파의 등장은 필연이었다. 바닷가에 살던 상인들은 해안파를, 도시에 살던 지주들은 평원파를 결성했다. 페이시스트라토스는 가난하고 소외된 농촌 사람들을 모아 '산악파'라는 제삼의 당파를 만들었다.

정치적 혼란이 계속되는 상황에서 페이시스트라토스는 무력과 속임수를 능수능란하게 구사해 권력을 장악했다(기원전 546). 불법이었다. 그러나 수적으로 우세한 빈농 계층은 참주의 등장을 열렬하게 지지했다. 역사는 아이러니로 가득하다. 페이시스트라토스의 예가 대표적이다. 비정상적 방법으로 권력을 얻었지만, 그의 통치는 선정善政이었다. 교활할 정도로 똑똑했던 페이시스트라토스는 솔론의 개혁 정책이야말로 아테네의 미래를 위한 최선의 길임을 알았다. 무서울 정도의 집념으로 솔론의 개혁을 굳건히 유지하는 데 힘을 집중했다. 자신들의 이익을 위해 솔론의 개혁에 반대했던 수많은 귀족을 아테네에서 추방했다. 반면에 자신을 지지했던 가난한 농민들에게는 농기구와 영농 자금을 대여해 자립의 길을 열어줬다.

한 발 더 나아가 그는 공동체 전체를 위한 정책도 펼쳤다. 아테네 시민의 삶의 질을 높이기 위해 그동안 최대의 숙원 사업이던 수도 시설을 건설함으로써 물 공급 문제를 해결했다. 공공 생활의 중심인 아고라를 대리석으로 새롭게 꾸몄다. 이 같은 대규모 건축 사업은 땅을 한 평도 갖지 못한 빈민에게 일자리를 제공했다. 농민을 위해 사법제도도 개편했다. 바쁜 농민이 소송 때문에 농지를 떠나 아테네 법정으로 가야 하는 번거로움을 해소하기 위해 재판관을 파견하는 순회 법정을 창설한 것이다. 그 역시 수시로 농촌을 돌며 농민과 소통하고 그들의 고충을 해결하려 노력했다. 아테네 시민의 삶은 급속도로 나아졌고, 체제의 안정과 효율도 개선됐다. 참주는 대외 정책에도 심혈을 기울여 아테네의 생명선인 흑해 교역로의 통제권을 장악했다. 대규모 곡물을 흑해 주변에서 수입해야 하는 아테네로서는 반드시 해결해야 할 일이었다.

페이시스트라토스가 가장 큰 업적을 남긴 분야는 문화와 교육이었다. 그 업적의 혜택은 당대의 아테네에 머물지 않고 그리스를 거쳐 전 인류에게 파급될 정도로 굉장했다. 바로 비극을 국가 차원으로 끌어올려 전폭적으로 후원하고, 시민의 일상과 융합한 것이다. 최초의 비극 경연 대회는 기원전 534년에 열렸다. 시간이 갈수록 비극은 문화예술 이상의 역할을 해냈다. 민주주의라는 미증유의 길을 개척해가는 아테네 시민에게 인간의 본질과 민주주의 체제의 우월성을 일깨우고 가르치는 역할을 담당한 것이다. 페이시스트라토스는 이 위대한 비극 경연 대회의 진행을 국비가 아닌 사비로 충당했다.

누가 진정한 민주주의자인가

그는 20년간 선정을 베풀고 죽었다. 장기간의 평화와 번영에도 불구하고 아테네는 여전히 그리스 세계에서 이류 폴리스에 불과했다. 군사적으로는 스파르타가 독보적이었고, 상업적으로는 밀레투스나 코린토스에 밀렸다. 그러나 발전 속도와 방향 면에서 아테네는 모

그리스 에피다우로스Epidauros의 고대 극장에서 공연 중인 〈메데이아Medeia〉(에우리피데스 작품)의 한 장면.

든 폴리스를 압도하기 시작했다. 솔론의 개혁을 굳건하게 유지함으로써 튼튼한 중산계급이 형성됐다. 페이시스트라토스가 후원한 비극은 그 어떤 폴리스보다 뛰어난 자질과 품성을 갖춘 시민을 길러 냈다. 아리스토텔레스가 지적했듯 아테네인 스스로가 이때를 '황금기'로 기억할 만큼 참주의 치세는 아테네의 번영과 도약의 디딤돌이었다.

페이시스트라토스는 아테네인으로서, 지도자로서 해야 할 일을 다 했다. 그 결과는 아테네 경제와 문화의 비상飛上, 민주주의 발전이라는 찬란한 업적으로 이어졌다. 이곳 디오니소스 극장은 그의 업적을 침묵 속에서 우리에게 전한다. 여기에 서면 스스로에게 묻게 된다. "누가 진정한 민주주의자인가?" 우리는 역사에서 민주주의를 위한다며 민주주의의 근간을 부수고, 결국 민주주의를 파멸의 구렁텅이로 몰아넣은 사람을 많이 보아왔다. 그래서 나는 민주주의의 탈을 쓰고 민주주의를 파괴하는 위선자보다 페이시스트라토스가 좋다. 그래서일까? 그가 비극을 아테네 시민에게 선보여 민주주의를 고양했던 디오니소스 극장이 좋다. 차마 떠나기 아쉬운 공간이다.

그리스 최고의 비극 작가 소포클레스

페이시스트라토스에 의해 시작된 비극의 시대는 전설적인 비극 작가들을 탄생시켰다. 이른바 그리스의 '3대 비극 작가'라 불리는 아이스킬로스Aeschylos(기원전 525~456), 에우리피데스Euripides(기원전 484?~406?), 소포클레스Sophocles(기원전 496?~406)가 그들이다. 비극 경연 대회는 주신酒神 디오니소스를 기리는 축제 때 열렸다. 처음에는 비극만 상연했으나 후대에 이르러 희극도 더해졌다(기원전 486). 여러 기록에 따르면 3대 비극 작가의 우승 횟수는 소포클레스가 18회로 가장 많고, 아이스킬로스(13회), 에우리피데스(4회) 순이다.

비극의 주인공은 신과 영웅·왕족이지만 주제는 언제나 폴리스와 그 안에서 살아가는 시민의 의무와 연결됐다. 무엇보다 시민에게 휴브리스hubris(오만)와 무지의 위험성을 경고했다. 민주주의 시민을 위한 예술이었던 만큼 아테네에서 민주주의가 쇠퇴하자 자연스럽게 사라졌다.

인류 최초 시민군의 전장, 마라톤
192명의 민주주의 전사가 잠들다

●

아테네에서 마라톤으로 가는 길은 평온하다. 마라톤! 세상에는 모두가 알지만, 대부분 제대로 알지 못하는 것들이 있다. 마라톤이 그중 하나일 것이다. 누군가에게 "마라톤을 아십니까?"라고 묻는다면 "42.195킬로미터를 달리는 육상경기"란 답이 나올 가능성이 크다. "올림픽의 마지막을 장식하는 육상경기"란 답도 예상할 수 있다. 마라톤이 우리에게 그런 의미로 다가온 건 1896년 근대 올림픽이 시작되고부터다. 그 이전의 마라톤은 다른 의미였다. 아테네에서 멀지 않은 곳에 있는 만灣인 동시에 해변이며 평원의 이름이었다. 2,500년도 더 전에 마라톤 해변과 평원에서 벌어진 한 전투를 뜻했다.

오늘날 마라톤 해변은 아테네 시민에게 사랑받는 휴양지다. 여름이면 해수욕을 즐기는 사람들로 붐빈다. 그 옛날의 치열했던 전

치열했던 마라톤 전투의 현장을 오랜 세월 지켜온 고분. 이곳에 함께 묻힌 192명은 민주주의와 자유를 위해 목숨을 바친 첫 번째 순교자였다. 그렇기에 무덤의 크기는 거대하지 않지만, 그 의미는 헤아릴 수 없을 만큼 크다.

투는 잊힌 지 오래다. 마라톤에서 싸우다 죽은 아테네인을 위해 만든 옛 무덤 정도만 남아 있다. 찾는 이가 거의 없어 1킬로미터 남짓 떨어진 해변과 대조를 이룬다. 무덤은 친숙하다. 나뿐 아니라 누구나 그러할 것이다. 경주 고분을 닮았기 때문이다. 거대하지도 화려하지도 않다. 투박하기 짝이 없는 적당한 크기의 흙무덤이다. 그러나 역사적 중요성이란 측면에서 보면, 마라톤 고분의 가치는 상상을 초월한다. 이 고분 안에는 세계 제국 페르시아에 맞서 싸운 최초의 시민 병사들이 묻혀 있기 때문이다.

대제국 페르시아가 몰려오다

아테네와 페르시아. 다윗과 골리앗이란 표현으로도 부족할 만큼 체급이 다른 두 나라는 왜 충돌했을까? 돌이켜 생각해보면 필연이었다. 페르시아제국은 기원전 6세기 중반, 오늘날의 이란 남부에서 건국됐다. 위대한 정복왕 키루스 2세Cyrus II(기원전 585?~529)의 영도 아래 서아시아의 대제국 메디아Media를 무너뜨리면서 역사의 전면에 등장했다(기원전 550). 키루스는 메디아에 이어 리디아Lydia 왕국마저 정복함으로써 세력권을 오늘날의 튀르키예 서부 지역까지 넓혔다. 이때부터 '이오니아'라 일컫던 튀르키예 서해안 일대의 그리스 폴리스들도 페르시아의 지배를 받게 됐다.

키루스 사후에도 정복은 계속돼 메소포타미아, 시리아, 팔레스타인, 이집트(기원전 525)가 차례로 페르시아 손에 떨어졌다. 페르시아는 서아시아와 북아프리카에 걸쳐 역사상 최대 제국으로 우뚝 섰다. 그리스 세계도 영향을 받을 수밖에 없었다. 페르시아 이전에 이오니아를 지배하던 리디아는 친그리스 왕국이었다. 페르시아는 달랐다. 그리스 세계에 대해 무지하고 애정도 없었다. 페르시아는 이오니아에 있는 그리스계 폴리스에 참주를 대리인으로 앉혀 통치하고, 막대한 세금을 걷어갔다.

정치적 참여를 중시한 폴리스들은 봉기로 맞섰다. 봉기에 앞서 폴리스들은 본토의 스파르타와 아테네에 도움을 청했다. 스파르타는 거절했고, 아테네는 전함 20척을 보내 도왔다. 그러나 역부족이었다. 이오니아의 거사는 결국 처절하게 실패했다(기원전 494). 이오니아를 재장악한 페르시아의 다리우스 1세Darius I(기원전 550~486)는 아테네의 행위에 격분했다. 그리스는 보잘것없고 아테네는 미미한 존재였지만, 정의와 질서를 바로 세울 필요가 있었다. 다리우스는 응징을 맹세했다. 제국의 다른 업무에 집중하다 아테네 징벌을 잊을까 우려해 시종에게 식사 때마다 세 번씩 이렇게 말하도록 시켰다. "폐하, 아테네인을 기억하소서."

자유를 위한 투쟁, 페르시아 전쟁의 서막

아테네는 선택의 갈림길에 섰다. 항복이냐, 전쟁이냐? 수립된 지 20년도 안 된 민주정은 갈피를 잡지 못하고 우왕좌왕했다. 그때 한 군인이 아테네에 도착했다. 밀티아데스Miltiades(기원전 550~489). 아테네의 귀족으로 케르소네소스Chersonesos(오늘날 튀르키예의 겔리볼루반도)의 참주였다. 케르소네소스는 흑해를 통해 곡물을 수입하는 아테네로서는 반드시 장악해야 하는 요충지였다. 밀티아데스의 가문은 페이시스트라토스 시대부터 이 지역을 지배하면서 아테네의 생명선을 지켜왔다. 페르시아가 그리스 북부를 장악하자 밀티아데스는 참주 자리에서 쫓겨났다. 이오니아 반란을 틈타 페르시아에 반기를 들었으나 이마저 실패하자 고향 아테네로 돌아온 것이다. 아테네 시민들은 밀티아데스를 장군으로 선출했다. 비록 민주주의의 적敵인 참주였음에도 밀티아데스가 페르시아와 싸워본 경험 있는 유능한 장군임을 더 중요하게 평가한 것이다. 항복 대신 항전을 선택한 아테네는 최후통첩을 가져온 페르시아 사절단을 처형함으로써 배수진을 쳤다(기원전 491).

페르시아군을 실은 대규모 선단은 기원전 490년 여름이 끝날 무렵 도착했다. 그들은 해안선이 길어 대함대가 정박하기 좋고, 바로 옆에 평원이 있어 대군이 진을 치기에 적합한 마라톤에 상륙했다. 페이시스트라토스의 아들로서 한때 아테네 참주로 군림하다 쫓겨난 히피아스Hippias가 길 안내자로 나섰기에 가능했던 탁월한 선택이었다. 페르시아 원정군은 보병 2만 5,000명을 중심으로 이뤄진 대군이었다. 그리스 세계가 한 번도 경험한 적 없는 규모였다. 아테네는 가능한 한 모든 시민을 동원했지만 9,000명에 불과했다. 이웃 동맹인 플라타이아Plataea에서 온 응원군을 합쳐도 1만 명 정도였다. 아테네로서는 열세였지만 물러설 수 없는, 자유와 고향 모두를 건 싸움이었다.

역사는 마라톤을 기억하리라

사실상 전쟁 국면을 주도했던 밀티아데스는 마라톤으로 나아가 아테네로 향하는 길목을 차단했다. 전투에 앞서 밀티아데스는 아테네 군의 진형에 변화를 줬다. 중앙군의 병력을 줄이는 대신, 좌익과 우익의 병력을 늘린 것이다. 중앙군이 페르시아의 중앙군을 상대로 버텨주는 동안 수적 우위를 앞세운 좌우익군이 페르시아의 좌우익군을 격파한 후 중앙군을 사방에서 포위 공격하겠다는 전술이었다.

전투는 아테네군의 선공으로 시작됐다. 아테네의 중장 보병들은 방진方陣을 유지한 채 빠르게 진격했다. 역사적 순간이었다. 민주주의 시민들로 구성된 군대가 자신들의 자유를 지키려고 처음으로 전진한 것이다. 헤로도토스에 따르면 페르시아인은 그런 아테네인을 보면서 "전멸하고 싶어 발광한다"고 비웃었지만 결과는 달랐다. 페

마라톤 전사자들의 고분으로 들어가는 입구에 있는 밀티아데스 동상. 한 손에 칼을 들고, 다른 손으로는 아테네를 향해 진군하는 페르시아 군대를 향해 멈추라는 제스처를 취하고 있다.

르시아 경장 보병은 온 힘으로 내달려 부딪는 아테네 중장 보병의 압력을 버텨내지 못했다. 페르시아군의 전열은 무너졌고, 해안가에 정박한 함대를 향해 무질서하게 도망쳤다. 페르시아는 6,400명을 잃었다. 아테네의 전사자는 192명에 불과했다. 미미했던 아테네의 일방적 승리였다. 기원전 490년 9월의 어느 날이었다.

아테네인은 이때 전사한 192명의 시신을 모아 하나의 무덤에 합장했다. 바로 마라톤 고분이다. 세상에서 가장 가치 있는 무덤 중 하나다. 이곳에 묻힌 용사들은 마라톤 전투 이전에 그 어떤 군대도 가져보지 못한 일체감에 한껏 고양됐던 군대의 일원이었다. 그들은 마라톤 전투에 임해 같은 생각을 했을 것이다. '나는 노예가 아닌 자유인으로, 명령이 아니라 나의 의지로, 왕이 아닌 내 가족을 지키기 위해서 이 자리에 섰다.' 그렇다. 그들 모두는 군인인 동시에 시민이었다. 무엇보다 자유인이었다. 이들 덕분에 태어난 지 20년밖에 안 된 민주주의가 살아남았다. 이들 덕분에 민주주의 군대가 그어떤 전체주의 군대보다 강할 수 있다는 첫 번째 선례가 남았다. 그런 의미에서 내게 이 마라톤 고분은 이집트의 피라미드보다 크고 높다.

아테네인 최고의 영광이었던 마라톤 전투 참전

"이 무덤에 에우포리온Euphorion의 아들인 아테네인이 누워 있네. 마라톤의 숲과 그곳으로 진군한 페르시아 군대가 그의 용기를 증언하리라."
2세기에 활약한 그리스 여행가이자 지리학자 파우사니아스Pausanias가 자신의 책 《그리스 안내》에 남긴 어느 아테네인의 묘비명이다. 묘비명은 한 인간의 삶에 대한 총체적 평가다. 이 사람은 마라톤 전투 참전을 자신의 일생 중 가장 가치 있고 영광스러웠던 순간으로 꼽았다. 그는 누구일까? 아이스킬로스다. 그리스 3대 비극 작가 중 한 명이며, 비극의 창시자로 불리는 사람이다. 그는 살아생전 온 그리스 세계에 엄청난 명성을 떨쳤다. 그러나 묘비명에는 아테네 시민으로 마라톤에서 싸워 폴리스에 기여했다는 것만 간단히 적고 있다. 그만큼 마라톤 전투 승리는 아테네인에게 자부심이었다. 또한 10년 뒤 페르시아제국에 맞서 다시 싸울 결심을 하게 만든 원동력이었다.

스파르타 300 용사의 무덤 테르모필레
자유를 원한다면 와서 가져가라

●

〈300〉이란 제목의 영화가 개봉한 건 2007년 봄이다. 몇 달을 손
꼽아 기다렸다. 개봉 첫날, 개봉관 중에서 가장 큰 용산 아이맥스
로 갔다. 2시간여 동안 정신없이 영화에 몰입했다. 좋았다. 극장과
DVD를 포함해 지금까지 30번 이상 봤다. 화려한 전투 장면 때문
도, 남자 출연자들의 '절대 복근' 때문도 아니었다. 영화적 재미를
위한 과장과 왜곡에 홀린 것은 더더욱 아니었다. 영화의 소재가 된
스파르타 왕 레오니다스Leonidas(기원전 540~480)와 300 용사가 품었
던 이상과 용기 때문이었다. 인간은 자유를 포기할 수 없다는 이상.
자유를 지키려 기꺼이 목숨을 거는 용기. 영화를 보는 내내 심장이
쫄깃했던 이유다.

그 감동의 현장을 찾아가는 길은 설렐 수밖에 없다. 여러 갈래가
있지만 고대 그리스 세계의 성지 델포이에서 가는 길이 가장 극적

이다. 웅장하고 험준한 산맥을 굽이굽이 타고 넘어가기 때문이다. 높다란 산들 틈에 점점이 박힌 그림 같은 마을을 감상하는 재미도 쏠쏠하다. 그렇게 한참을 가다 보면, 어느 순간 산세가 뚝 끊기고 시원하게 푸른 바다가 펼쳐진다. 테르모필레Thermopylae다. 스파르타 전사 300명이 죽음으로 자유를 지키고자 했던 그곳에는 거대한 레오니다스 왕 동상이 서 있다. 체격이 건장한 왕은 창을 높이 들고 테르모필레를 응시하고 있다. 격렬했던 그날의 전투를 회상하는 것일까? 그날 왕과 300 용사는 바로 이곳에서 페르시아 100만 대군과 당당하게 맞서 싸우다 스러져갔다. 오직 자유를 위해!

우리의 목적지는 테르모필레다

기원전 480년 여름, 미증유의 위기로 그리스 문명 전체가 뿌리째 흔들렸다. 페르시아 대군이 마라톤 전투에서의 패배를 설욕하기 위해 그리스로 진군을 시작한 것이다. 페르시아의 대왕 크세르크세스 1세Xerxes 1(기원전 519?~465)가 직접 대군을 이끌었다(고대 역사학자 헤로도토스는 그 수가 보병만 170만 명이라고 적었으나, 현대 학자들은 20만 명 정도로 파악하고 있다). 페르시아로서는 절대 권력자의 친정親征인 만큼 패배란 있을 수 없었다. 모든 그리스 세계가 공포에 떨었고, 대부분의 폴리스는 자유를 포기하고 스스로 무릎을 꿇었다.

스파르타와 아테네를 중심으로 한 31곳의 폴리스만이 싸우고자 뭉쳤다. 7일 낮과 7일 밤에 걸쳐 헬레스폰투스해협(튀르키예 서부의 다르다넬스해협)을 건넌 페르시아 대군은 그리스의 좁은 해안가를 따라 천천히 남하했다. 승리를 자신한 여유로운 행군이었다. 오히려 다

급한 건 스파르타였다. 그리스 세계 최강의 군사력을 보유한 덕에 자연스럽게 반페르시아 연합군의 수장을 맡았으나, 8월이 되면 스파르타는 전쟁을 할 수 없을 터였다. 스파르타인이 가장 중요하게 여기는 종교 행사인 카르네이아Carneia 제전이 8월에 열리는데, 그 기간에 스파르타인은 도시를 떠날 수 없었다. 그것이 스파르타의 법이었다. 마라톤 전투 때 스파르타가 아테네를 돕지 못한 것도 카르네이아 제전 기간에 싸움이 벌어졌기 때문이다.

스파르타인은 지나칠 정도로 법에 충실했지만, 그렇다고 페르시아의 그리스 침공을 지켜만 볼 수도 없는 노릇이었다. 고민 끝에 스파르타는 레오니다스 왕의 지휘하에 일단 소규모 부대를 먼저 파견하기로 했다. 그 수가 300명이었다. 왕이 직접 용사를 선발했는데 용맹과 결단력, '대를 이을 아들이 있느냐'가 기준이었다. 최고의 용사 중에서도 여한 없이 죽을 수 있는 용사만 선발한 것이다. 왕과 특공대 300명은 북쪽으로 향했다. 목적지는 그리스 중부의 '뜨거운 문hot gate', 테르모필레였다.

나의 자유를 원한다면, 와서 가져가라

테르모필레는 깎아지른 듯한 산맥 끝머리와 바다 사이에 형성된 긴 협로였다. 협로 앞에 뜨거운 온천이 솟는 샘이 있어 '뜨거운 문'이라고도 불렸다. 예로부터 그리스 중부와 남부를 연결하는 요지였고, 페르시아 대군이 스파르타와 아테네가 있는 그리스 남부로 가려면 반드시 거쳐야 하는 유일한 통로였다. 오늘날에는 오랜 세월에 걸친 퇴적작용으로 해안선이 바다 쪽으로 1킬로미터 넘게 길어

테르모필레의 험준한 모습. 오랜 퇴적작용으로 오늘날은 해안선이 멀어졌으나, 페르시아 전쟁 당시에는 산자락이 끝나는 곳에서 바로 바다가 시작되는 천험의 요충지였다.

졌지만 기원전 480년에는 가장 좁은 지점의 폭이 15미터에 불과했다. 지형적으로 소수가 다수를 상대하기에 최적의 장소였다.

레오니다스와 특공대 300명은 다른 폴리스들이 파견한 4,000여 명의 군사와 함께 페르시아 대군을 기다렸다. 드디어 테르모필레에 도착한 크세르크세스는 사절을 보내 "무기를 내려놓고 항복하라"고 종용했다. 레오니다스의 대답은 간단하지만 명료했다. "Molon Labe!" '와서 (직접) 가져가라'는 뜻이다. 무기를 스스로 내려놓을 수 없다는, 자유를 스스로 포기할 수 없다는 담대한 선언이었다. 전투가 시작됐다. 페르시아 궁수들의 화살이 하늘을 가렸고, 지축을 울리는 굉음과 함께 수만 군대가 들이닥쳤다. 스파르타 용사들은 흔들리지 않았다. 협곡 입구를 막아선 채, 방진을 이뤄 마치 한 사람처럼 일사불란하게 움직이는 스파르타의 중무장 보병은 그야말로 최강의 전쟁 기계였다. 페르시아에서 가장 강력하다는 '불사不死 부대'조차 스파르타 병사 300명 앞에서는 속수무책이었다. 첫째 날, 둘째 날의 전투는 그렇게 페르시아군의 참패로 끝났다.

그러나 그 둘째 날 저녁, 그리스인 중 배신자가 나타나면서 상황이 급변했다. 배신자는 페르시아 측에 험준한 산을 넘어 테르모필레의 뒤를 칠 수 있는 샛길을 알려줬다. 크세르크세스는 즉시 최정예 불사 부대 1만 명을 샛길로 투입했다. 그 소식은 얼마 후 레오니다스에게도 전해졌다. 소수 그리스 연합군이 페르시아 대군에 포위당하는 건 시간문제였다. 모두의 이목이 총사령관 레오니다스에게 집중됐다. 레오니다스는 자신과 스파르타 특공대 300명은 남아서 협로를 지키고, 나머지 그리스군은 즉각 후퇴해 훗날을 도모하기로 했다. 스파르타인다운 결단이었다.

조국의 명을 받아 여기 누워 있노라

셋째 날 전투는 가장 치열했다. 스파르타인은 포위된 채 빗발치는 화살을 맞으면서도 항복하지 않았다. 창이 없으면 칼로, 칼이 부러지면 칼자루로, 칼자루마저 잃으면 주먹으로, 주먹에 힘이 빠지면 이로 물어뜯으면서 싸웠다. 레오니다스 왕을 비롯한 모두가 죽을 때까지. 크세르크세스는 그렇게 테르모필레를 차지했다. 기쁘기는커녕 등골이 오싹한 승리였다. 대왕은 페르시아인답지 않게 레오니다스의 시신을 훼손함으로써 분풀이를 했다. 그리고 페르시아 대군

300명의 스파르타 전사가 페르시아 대군을 상대로 싸웠던 테르모필레 전투 현장에는 오늘날 레오니다스 왕의 동상이 당당하게 서 있다. 그들은 비록 졌지만 자유를 위한 투쟁의 불쏘시개가 됨으로써 궁극적으로 그리스 세계가 페르시아제국을 상대로 최종 승리를 거두는 데 결정적으로 기여했다.

은 아테네를 향해 남쪽으로 나아갔다. 본격적인 전쟁의 시작이었다. 레오니다스와 300명의 스파르타 전사는 임무를 완수하는 데 실패했다. 그러나 그들의 영웅적 죽음은 산 자에게 용기를 불어넣었다. 그리스는 결국 떨쳐 일어나 이 전쟁을 승리로 마무리 지을 운명이었다.

레오니다스 동상 앞에 있는 작은 언덕은 스파르타 전사들이 최후의 저항을 벌인 곳으로 알려져 있다. 언덕에 오르면 작은 동판이 놓여 있는데, 그 위에 고대 그리스의 위대한 서정시인 시모니데스 Simonides의 시가 새겨져 있다. "길손들이여, 스파르타에 가서 전해주

레오니다스 왕 동상 앞 작은 언덕 콜로노스Kolonos는 300명의 전사가 최후를 맞이한 곳으로, 시모니데스의 추모시를 새긴 동판이 놓여 있다. 1세기의 철학자 아폴로니오스Apollonios는 세상에서 가장 높은 산으로 콜로노스를 들며 "그곳에는 준법과 고결한 자기희생의 정신이 올려져 있기 때문"이라고 말했다.

오. 조국의 명을 받아 우리 이곳에 누워 있노라고." 그들은 무덤조차 남기지 못했다. 여기 어딘가에 죽은 채 버려져 누워 있었고, 사라졌다.

그러나 그들은 역사에 자신들의 이름과 정신을 새겼다. 옛 시인의 노래처럼 그들은 조국의 명을 받아, 그리스의 자유를 지키려고 싸우다 죽었다. 당시에는 그리스 세계가, 오늘날에는 전 세계가 그 사실을 알고 있다. 인간이 자유의 소중함을 알고, 그 자유를 지키고자 노력하는 한 그들은 영원히 잊히지 않을 것이다. 이곳 테르모필레와 함께.

레오니다스와 테르모필레 전투를 보는 시각

역사는 '사실事實'에 기반한다. 그러나 사실만큼이나 주관적 관점도 중요하다. 레오니다스와 테르모필레 전투도 마찬가지다. 이 전투는 자유를 위한 숭고한 투쟁일까, 아니면 스파르타 전사에 대한 지나친 미화일까?

2011년 7월, 방송 촬영차 처음 테르모필레를 찾았을 때 레오니다스 동상 주변은 검은 옷을 입고 인상이 험악한 사람들 수백 명으로 가득했다. 신나치를 표방하는 극우 정당 지지자들이었다. 살벌했다. 경찰들조차 멀찍이서 바라볼 뿐이었다. 그들에게 레오니다스와 300 스파르타 전사는 진정한 영웅이었다. 핏줄의 순수성과 엄격한 사회통제를 중시한 스파르타 사회를 나치가 자신들에게 대입시켜왔기 때문이다.

반면, 영국 출신으로 1983년 노벨 문학상을 수상한 윌리엄 골딩William Golding(1911~1993)은 테르모필레 전투를 전제적인 페르시아의 침공에 맞서 싸움으로써 그리스 문명을 보존하고, 궁극적으로는 인류의 자유에 지대한 공헌을 한 세계사적 사건으로 봤다. 골딩은 1965년 출간한 에세이집 제목을 테르모필레를 뜻하는 'The Hot Gates'로 짓기도 했다. 여러분의 생각은 어떠한가? 선택은 독자 스스로의 몫이다.

아테네 해군의 승리, 살라미스
두 리더의 결단이 제국의 운명을 가르다

●

피레우스Piraeus 항구는 아테네의 외항外港이다. 바다에서 아테네로 가려면 반드시 피레우스를 통해야 한다. 그 사실은 고대부터 지금까지 변함이 없다. 오늘날에도 매일 셀 수 없을 정도로 많은 상선과 여객선이 이곳을 드나드는 이유다.

살라미스섬은 그런 피레우스 항구 건너편에 있다. 섬과 항구 간 거리는 '지척咫尺'이란 표현이 딱 들어맞을 만큼 가깝다. 사람들 간 왕래도 빈번해서 거대한 페리가 종일 섬과 항구 사이를 오간다. 언제 가도 오래 기다리지 않고 섬으로 건너갈 수 있다. 짭조름한 바다 내음을 맡으며, 시원한 바닷바람을 맞으며 살라미스로 건너가면 운치 있는 해안 풍광이 펼쳐진다. 그리스식 진한 커피를 파는 가게와 다양한 해산물 요리를 제공하는 식당, 거대한 문어를 오토바이에 싣고 달리는 청년들과 문어를 햇볕에 말리는 아주머니들…. 피레우

살라미스섬과 피레우스 항구 전경. 살라미스 전투 당시에는 사진 오른쪽 끝부분만이 피레우스 항구로, 페르시아의 전함들이 정박해 있었다. 전투 당일 항구와 섬의 뾰족한 지역이 만나는 좁은 해협으로 들어오던 페르시아 전함들은 기다리던 그리스 연합함대의 질풍같은 공격을 받고 패주했다.

스 항구와 달리 이곳은 평온하고 한가하다.

그러나 과거의 속살을 살짝 들춰보면 깜짝 놀란다. 지금과는 전혀 다른 모습으로, 역사의 망루 높은 곳에 살라미스섬이 서 있었던 적도 있기 때문이다. 지금으로부터 2,500년 전인 기원전 480년의 가을이었다.

파죽지세의 진격에 테르모필레가 뚫리다

그해 여름부터 살라미스섬은 소란스럽고 번잡했다. 페르시아군의 침공을 피해 온 아테네인으로 섬 전체가 가득 찼기 때문이다. 크세르크세스가 이끄는 페르시아군은 역사 이래 그리스 세계가 본 적 없는 대규모였다. 육지에서 최강이라는 스파르타의 소수 정예도 매우 험난한 요새 테르모필레를 3일 이상 지켜낼 수 없을 정도였다. 테르모필레를 통과한 페르시아군은 파죽지세로 남하했다. 항복과 항전의 갈림길에서 아테네인은 항복을 거부하고 아테네를 떠났다. 그들은 바로 이 살라미스섬에서 페르시아군을 기다렸다. 이곳에서 아테네인은 아테네와 그리스 문명 전체의 운명을 걸고 페르시아와의 전쟁을 준비했다. 이때 모두의 시선은 한 남자를 향하고 있었다. 테미스토클레스Themistocles(기원전 524?~460?). 아테네 해군의 건설자이며 장차 다가올 전쟁을 이끌 장군이었다.

테미스토클레스는 탁월한 통찰력과 창의력의 소유자였다. 열정적이고 용감했으며 무엇보다 시민들에게 '불편한 진실'을 말하는 걸 두려워하지 않았다. 또한 그는 탐욕과 기만의 일인자였다. 거액의 뇌물을 받아 챙기는 것으로 유명했고, 상대방을 매수해 일을 자기 뜻대로 이끌어가는 데도 능숙했다. 이런 단점들에도 불구하고 테미스토클레스는 장점을 바탕으로 아테네 정계에서 착실하게 입지를 다지며 성장했다. 피레우스에 대규모 항만 시설을 건설함으로써 훗날 아테네 제국의 전진기지 역할을 하도록 한 것도 그였다.

기원전 490년 마라톤 전투에 참전했던 테미스토클레스는 온 아테네가 승리에 들떠 환호할 때, 홀로 고민에 빠졌다. 마라톤에서의 승리가 끝이 아니라, 거대한 전쟁의 서막에 불과하다고 판단했기 때문이다. 자존심에 상처를 입고 위신이 깎인 페르시아의 다리우스 1세는 전력을 다해 다시 쳐들어올 터였다. 아테네를 비롯한 그리스 폴리스들이 그런 페르시아의 대군을 상대로 승리할 수 있을까? 고민 끝에 그는 답을 찾았다. 바다, 그리고 해군!

우리 모두는 함께 바다에서 싸운다

해군을 길러 바다에서 페르시아 대군의 보급로를 끊음으로써 전쟁을 승리로 이끌겠다는 계획이었다. 그러나 테미스토클레스의 천재성이 빛나는 대목은 그다음이다. 그는 이번 기회에 아테네를 육지에 기반한 국가에서 바다를 근간으로 한 해양 국가로 완전히 탈바꿈시키려 했다. 문제는 돈이었다. 해군을 건설하려면 막대한 비용이 필요했다. 이때 행운이 찾아왔다. 아테네 남쪽의 라우리움Laurium 은광에서 어마어마한 광맥을 발견한 것이다. 테미스토클레스는 민회를 설득해 그 돈으로 해군을 건설했다. 전쟁 발발 직전 아테네는 고대 지중해 최강 전함인 삼단노선三段櫓船을 200척이나 보유한 해양 강국으로 거듭나 있었다. 이는 국가의 발전 방향이란 측면뿐 아니라 민주주의라는 관점에서도 혁명적 변화를 가져왔다.

삼단노선에는 선원 200명이 승선하는데, 그중 노잡이가 170명으로 압도적이었다. 결국 전함 200척을 유지하려면 노잡이만 3만 4,000명이 필요하다는 계산이 나온다. 이는 아테네 시민을 총동원해야만 가능했고, 테미스토클레스는 그렇게 했다. 이제 나라를 지키는 일이 자신의 돈으로 중장 보병의 무구武具를 장만할 수 있는 중산층에서 건강한 신체만 있으면 가능한 모든 시민으로 확대된 것이다. 이로써 무산계급의 정치적 목소리가 커졌고, 아테네 민주주의의 참여 폭은 더욱 넓어졌다. 공동체의 결속력도 한층 강해지면서 전과는 비교도 안 될 정도로 강력한 에너지와 활력이 분출하기 시작했다.

그러나 막상 전쟁의 순간이 다가오자, 일부 보수적인 사람들은 모든 시민이 노잡이가 되어 바다에서 싸우자는 테미스토클레스의 아이디어에 반대했다. 이해할 수 있는 일이었다. 수백 년 동안 아테네를 비롯한 그리스 세계 군대의 주력은 중장 보병이었다. 그들이 국방의 중추였고, 사회의 주류였다. 더욱이 아테네의 중장 보병이 페르시아 군대를 상대로 마라톤에서 결정적 승리를 거둔 게 불과 10년 전이었다. 마라톤 승리의 기억이 아직 생생한 중장 보병들에게 싸워보지도 않고 무구를 내려놓은 채 배를 타라? 무리한 요구였다. 페르시아 대군이 쳐들어오는 상황에서 내분은 치명적이었다.

이때 키몬Kimon이 나섰다. 그는 마라톤 승전 장군 밀티아데스의 아들로서 중장 보병을 중심으로 한 보수파의 리더였다. 그런 키몬이 테미스토클레스의 전략을 공개적으로 지지한 것이다. 이번 전쟁

살라미스섬의 승전 기념비는 2,500년 전 이 앞바다에서 역사적 전투가 벌어졌음을 상기시켜주는 멋진 조형물이다. 그러나 아쉽다. 그날 승리의 진정한 주역은 배 위에서 창과 활을 들고 싸운 전사들이 아니라, 보이지 않는 곳에서 쉴 새 없이 노를 저어야 했던 노잡이들과 번듯한 이름 하나 남기지 못한 병사들이었다.

은 사느냐 죽느냐의 문제였다. 이런 문제 앞에서 당파의 이익이란 사소했다. 키몬 역시 중장 보병으로는 페르시아와 싸워 이길 수 없다는 걸, 바다에서 싸워야만 승산이 있다는 걸 인정한 것이다. 애국심과 전략적 통찰력을 공유한 두 리더, 키몬과 테미스토클레스의 신성동맹으로 아테네는 하나가 됐다.

아테네를 버려 아테네를 살리다

그리고 아테네를 버리고 떠났다. 자유를 지키기 위해. 텅 빈 아테네를 발견한 크세르크세스는 도시를 불태우고 약탈함으로써 화풀이를 했다. 그리 멀지 않은 살라미스섬에서 그 불길이 훤히 보였다. 아테네인은 슬픔을 가슴에 담고 최후의 전투를 준비했다. 페르시아 군대도 결전을 벼르기는 마찬가지였다. 100만 명 넘는 대군을 이끈 대왕의 친정이었다. 고작 테르모필레에서 거둔 승리로 만족할 수는 없었다. 대왕의 위신을 세워줄 결정적 승리가 필요했다.

테미스토클레스는 처음부터 살라미스해협을 결전지로 찍어두고 있었다. 이곳은 물살이 거센 좁은 해협이기에 페르시아 함선의 수적 우위를 무산시킬 수 있었다. 해전은 기원전 480년 9월 25일에 벌어졌다. 아테네가 이끄는 그리스 연합함대는 368척, 페르시아 해군의 함대는 2배 이상이었다. 그러나 전투는 그리스의, 아니 아테네의 완벽한 승리로 끝났다. 더 정확하게는 일치단결해서 노를 저은 이름 없는 아테네 시민들의 승리였다. 페르시아 해군은 풍비박산 났다. 그리스 정복의 꿈도 깨졌다. 크세르크세스는 즉각 철군을 결정했다. 살라미스에서의 패배가 더 큰 문제, 즉 보급의 단절과 이오니아(튀르키예 서해안)에서의 반란으로 이어질 수 있다는 걸 간파했기 때문이다. 살라미스 해전으로 그리스군은 결정적 승기를 잡았다. 페르시아군이 모두 물러간 것은 이듬해의 일이지만, 전쟁의 승패는 이미 살라미스 해전에서 결정됐다.

그로부터 2,500년이 흘렀다. 오늘날 살라미스에 그날의 위대한 순간을 기억하는 건 승전 기념비가 유일하다. 삼단노선 위에 올라 있는 두 남자. 그들은 함께 싸운 전우였고, 시민이었다. 그러나 나에겐 두 사람의 리더가 보인다. 테미스토클레스와 키몬. 그들이 배 위에 함께 서지 않았다면 아테네가 하나로 뭉칠 수 있었을까? 하나로 뭉치지 못했다면 아테네가 페르시아와 싸워 이길 수 있었을까? 이곳에서도 역사의 자명한 이치 중 하나를 깨닫는다. "뭉치면 살고, 흩어지면 죽는다."

승전 이끈 테미스토클레스, 페르시아로 망명하다

테미스토클레스는 아테네 해군의 아버지인 동시에 아테네 제국의 설계자였다. 아테네는 그에게 승리와 생존은 물론이고 미래도 빚졌다. 그러나 아테네의 민주주의는 관대함이란 덕목을 갖추지 못했다. 시민들은 언제나 영웅에게 박했고, 작은 실패에도 분노했다. 살라미스 승전 이후 아테네는 테미스토클레스를 권력에서 배제했다. 급기야는 도편추방하기에 이르렀다. 그는 자신이 구한 도시를 떠나 펠로폰네소스의 아르고스Argos라는 폴리스에서 지냈다. 그의 기구한 운명은 여기서 그치지 않는다. 아테네의 반대파들은 그를 반역죄로 고발했고, 민회는 그를 소환했다. 자신의 운명이 이미 결정돼 있음을 느낀 그는 도망가는 쪽을 선택했다. 그리고 아테네의 영향력이 미치지 않는 페르시아로 망명했다.

아이러니도 이런 아이러니가 없다. 더 의미심장한 것은 페르시아의 대왕 아르타크세르크세스 1세Artaxerxes I(크세르크세스의 아들)가 기꺼이 테미스토클레스를 받아들여 지방 총독으로 임명하고, 편안한 여생을 보낼 수 있도록 해줬다는 것이다. 아테네가 비록 페르시아를 이겼지만 최대 판도는 에게해에 불과했고 전성기는 오래가지 못했다. 페르시아는 아테네에 졌지만 제국은 여전히 광활했고, 아테네보다 오랜 세월 제국을 유지했다. 왜일까? 테미스토클레스의 기구한 운명이 그 해답 중 하나다.

페르시아와의 전쟁에 앞장선 플라타이아
모든 순간 명예로웠던 폴리스의 몰락

●

아테네에서 자동차로 30분 정도 올라가면 너른 평야가 나타난다. 산이 많고 척박한 그리스에서는 보기 드물게 풍요로운 보이오티아 Boeotia다. 다양한 작물과 채소 재배지가 이어지고, 사방의 스프링클러에서는 쉴 새 없이 물이 뿜어져 나온다. 시선을 멀리 옮기면 야트막한 구릉이 이어져 있다. 평안하다. 그러나 언제나 이렇지는 않았다. 긴 역사 동안 이곳 주민들은 훨씬 많은 시간을 긴장 속에서 보냈다. 그리스의 운명과 역사를 가른 중요한 전투가 몇 차례나 벌어진 분쟁의 땅이기도 했다. 이유는 보이오티아가 그리스의 남부와 중부를 연결하는 전략적 요충지에 자리 잡고 있기 때문이다.

보이오티아의 중심 도시는 테베다. 그리스신화에 의하면 페니키아 왕의 아들 카드모스Kadmos가 세웠다. 유명한 그리스 비극의 주인공 오이디푸스Oedipus가 왕이었던 도시이기도 하다. 한때 스파르타를 꺾고 그리스 세계의 패권을 잡은 적도 있지만 알렉산드로스 대왕에게 반항한 대가로 불탔다(기원전 335). 훗날 재건됐지만 과거의 영광을 되찾는 데는 실패했다. 지금도 특색 없는 지방 도시에 불과하다.

오히려 플라타이아가 인상적이다. 개인적으로, 보이오티아에서 가장 궁금했던 고대 도시이기도 한 플라타이아는 테베에서 서남쪽 직선거리로 13킬로미터 떨어진 곳에 있다. 오늘날 이곳은 폐허라 부르기도 민망할 정도로 남은 게 별로 없다. 표지판을 보고 찾아간 고대 도시에는 잡초가 무성했고, 무너진 일부 돌벽만이 쓸쓸하게 옛 흔적을 전하고 있다. 정말 도시가 있기는 했던 걸까? 드론을 띄워 공중에서 찍은 사진을 보고서야 믿을 수 있었다. 플라타이아는 역사적으로 영원히 기억할 만한 지명이다. 고대 그리스 시대에는 승리, 자유, 명예의 동의어이기도 했다. 그 플라타이아가 어쩌다 폐허만을 남기고 사라졌을까?

위대한 승리의 땅, 플라타이아

플라타이아는 작은 폴리스다. 비록 작지만 명예롭고 존경받았다. 플라타이아가 처음 역사에 이름을 날린 건 기원전 490년 늦여름이었다. 당시 마라톤에서는 아테네가 홀로 페르시아 대군과 대치하고 있었다. 그리스의 많은 폴리스가 아테네의 위기를 외면하고 있을 때, 플라타이아는 유일하게 같이 싸우기 위해 마라톤에 파병했다. 중장 보병은 1,000명을 넘지 못했지만 아테네는 기꺼이 감사해했다. 그들이 플라타이아 중장 보병의 전부였기 때문이다. 플라타

이아는 그렇게 동맹의 의리를 지켰다.

　플라타이아는 테베에서 코린토스, 스파르타, 혹은 아테네로 가는 길목에 있었다. 보이오티아 전체를 지배하려는 야망에 불탔던 테베는 언제나 플라타이아를 정복하고자 했다. 전략적 교차로에 있으나 작고 힘없는 폴리스의 운명은 고단할 수밖에 없다. 자유와 독립을 지키기 위해 아테네에 의존했고, 아테네는 이웃한 테베의 성장을 막기 위해 플라타이아를 도왔다. 오늘날에도 세계 곳곳에서 목도하는 국제정치의 한 장면이다. 그 동맹에 대한 신의를 지키기 위해 누구도 아테네의 승리를 예상하지 못했던 전투에 플라타이아는 자신의 운명을 걸었다. 무모하게 신의를 지킨 데 따른 보상은 컸다. 전투에서 아테네는 승리했고, 플라타이아는 그 영광을 나눠 가졌다.

플라타이아의 고고학 유적지에는 약간의 무너진 토대와 돌무더기만 남아 있다. 드론 사진 속 어렴풋이 남은 성곽과 도로의 흔적을 보고 나서야 한때 도시가 존재했다는 걸 믿을 수 있었다. 유적지 뒤로는 풍요로운 평야가 펼쳐져 있다. 플라타이아가 멸망한 진짜 이유는 저 평야를 지킬 힘이 없었기 때문일지도 모른다.

마라톤은 끝이 아니라 시작에 불과했다. 기원전 480년 페르시아의 대대적인 침공이 시작됐다. 폴리스 대부분은 강한 침략자 편에 붙었다. 아테네와 스파르타를 비롯한 31개 폴리스만이 페르시아에 맞섰다. 플라타이아는 그 소수 중 하나였다. 테베는 지역의 맹주였지만 시종일관 페르시아의 주구走狗였다. 그리스 세계의 자유와 독립이라는 가치를 테베는 한 번도 우선시한 적이 없다. 그 작은 플라타이아를 페르시아의 대군이 물려와 정복하고 불태웠다. 주민들은 일찌감치 피란을 떠났지만, 오랜 터전은 폐허로 변했다.

살라미스에서 아테네를 중심으로 뭉친 그리스 연합 해군에 대패한 후 페르시아 대왕 크세르크세스는 소아시아로 돌아갔다. 그리스 정복을 포기한 건 아니었다. 대왕의 사촌이자 맹장인 마르도니우스 Mardonius가 30만 명의 정예를 거느리고 남았다. 그들을 완전히 몰아내려면 살라미스만으로는 부족했다. 육지에서의 승리가 절실했다. 그리스 남부 펠로폰네소스반도의 맹주 스파르타가 동맹군을 이끌고 앞장섰다. 아테네도 8,000명의 중장 보병을 보냈다. 최종 승리를 위해 바다에서 다시 뭍으로 올라온 것이다. 고향을 잃고 난민으로 떠돌던 플라타이아의 중장 보병 600명도 참전했다. 그리스 연합군의 규모는 4만 5,000명에 달했다.

두 군대는 페르시아군의 병참 본부가 있는 테베 인근 플라타이아 평원에서 대치했다. 불탄 플라타이아가 훤히 보이는 곳이었다. 전투는 보급이 원활하지 않아 배고픔과 갈증에 시달리던 그리스 연합군이 한밤을 이용해 플라타이아 쪽으로 후퇴한 것을 계기로 시작됐다. 어둠과 낯선 지형 때문에 군대는 뿔뿔이 흩어졌다. 일부는 아침까지 철군해서 진을 치는 데 실패했다. 마르도니우스는 기회를 놓치지 않고 총공격을 명했다. 페르시아군은 스파르타군, 테베군은 아테네군과 맞붙었다. 혈전이었다. 스파르타는 최악의 상황에서 전투를 벌였지만 순식간에 판세를 뒤집었다. 죽음을 두려워하지 않고, 평생 같이 훈련했으며, 냉혹하게 창을 내지르는 전사들로 구성된 스파르타의 방진은 천하무적이었다. 마르도니우스가 전사하자 페르시아군은 무너졌다. 마라톤, 살라미스에서와 마찬가지로 다시 예상을 뒤엎고 그리스 연합군이 승리했다. 페르시아제국의 위풍당당했던 원정은 결국 플라타이아에서 종결됐다.

플라타이아 전투의 승리를 기념하기 위해 만들어진 델포이 청동 삼두사의 기둥. 델포이에 있는 기둥은 복제품으로 진품은 튀르키예 히포드롬 광장에, 기둥 위에 있던 뱀의 머리 일부는 이스탄불 국립고고학박물관이 소장하고 있다.

스파르타와 아테네 모두에 외면당하다

승리를 자축하기 위해 그리스 연합군은 폐허뿐인 플라타이아의 아고라 한복판에 모였다. 총사령관인 스파르타의 섭정 파우사니아스 Pausanias가 제우스에게 제물을 바치며 선언했다. "플라타이아인에게 영토와 도시를 돌려주어 독립 국가로 살아가게 하고, 누구도 그들을 부당하게 공격하거나 노예로 삼는 일이 없게 할 것이다." 파우사니아스는 더 나아가 플라타이아가 공격당하면 그곳에 모인 동맹군이 "있는 힘을 다해 도울 것"이라고까지 했다. 도시의 모든 것을 걸고 두 번이나 페르시아와 싸운 폴리스에 대한 감사이자 배려였다. 플라타이아의 주적은 언제나 테베였으니, 이 선언은 사실상 테베를 향한 경고였다.

불행히도 스파르타의 약속은 오래가지 않았다. 그리스 세계의 패권을 둘러싸고 펠로폰네소스 전쟁이 터졌기 때문이다. 스파르타를 맹주로 한 펠로폰네소스 동맹과 아테네가 이끄는 델로스 동맹 간 충돌이었다. 기원전 429년 3월, 전쟁은 스파르타의 강력한 동맹 테베가 아테네의 허약한 동맹 플라타이아를 야밤에 기습하면서 시작됐다. 그러나 테베의 기습은 실패했다. 플라타이아는 포로로 잡은 테베인 중 180명을 처형하고, 도시를 지킬 400명의 중장 보병을 제외한 모든 주민을 소개疏開함으로써 결사 항전의 의지를 천명했다. 아테네는 80명의 중장 보병을 파견해 동맹을 도왔다.

기원전 429년 5월, 테베가 실패하자 스파르타가 직접 나섰다. 아테네와의 전쟁에서 테베의 지원이 절실했던 스파르타는 50년 전 자신들이 했던 맹세를 헌신짝처럼 버렸다. 스파르타를 상대로 버티기 어려웠던 플라타이아는 항복해도 좋을지 여부를 동맹인 아테네에 물었다. 아테네는 전력으로 도울 테니 항복하지 말라고 했다. 플라타이아는 아테네의 말대로 항복 대신 도시의 벽을 방패 삼아 항전에 들어갔다. 그들은 무려 2년 동안이나 스파르타의 포위를 버텨냈다. 그 엄혹한 기간 동안 자기 코가 석 자인 아테네는 약속했던 도움을 주지 못했다. 결국 플라타이아 수비대는 공정한 재판을 약속받고 항복했다. 스파르타는 다시 약속을 헌신짝처럼 버렸다. 수비대는 처형당했고, 스파르타는 플라타이아를 테베에 넘겼다. 소원을 이룬 테베는 도시를 모두 파괴하고 완전히 평지로 만들었다. 플라타이아의 최후였다.

지금 눈앞에 펼쳐진 폐허는 그렇게 만들어진 것이다. 이름조차 생소한 폴리스 플라타이아는 페르시아 전쟁과 펠로폰네소스 전쟁이라는 격렬한 투쟁의 시기에 처음부터 끝까지 도덕적으로 성실했고 명예로웠다. 그런 폴리스를 페르시아는 정복했고, 테베는 불태웠다. 스파르타는 협박했고, 아테네는 외면했다. 아무도 없는 텅 빈 폐허를 걷다 보니 애달팠다. 우리의 처지가 겹쳤기 때문이다. 역사는 반복된다. 냉혹한 국제정치의 한복판에서 우리는 스스로를 지켜낼 수 있을까? 두려움에 소름이 돋았다.

플라타이아 승리의 유물, 전리품으로 만든 황금 솥

튀르키예의 이스탄불에 플라타이아와 관련한 유물이 남아 있다. 플라타이아에서의 위대한 승리를 기념하기 위해 그리스인은 페르시아로부터 획득한 전리품 10분의 1로 황금 세 발 솥을 만들어 델포이 신전에 봉헌했다. 세 발 솥은 청동으로 만든 삼두사三頭蛇(사진) 위에 얹혀 신전의 제단을 장식했다. 로마 황제 콘스탄티누스는 로마제국 전역에서 가장 값지다는 유물들을 끌어모아 새로운 수도 콘스탄티노플을 꾸미는 데 사용했다. 황금 세 발 솥과 청동 삼두사도 이때 델포이에서 콘스탄티노플로 옮겨졌다. 황제는 그리스 세계가 페르시아제국을 물리친 것을 기념하는 이 귀한 유물로 원형경기장 한가운데를 장식했다. 지금 세 발 솥은 사라지고 삼두사만 남아 그날의 영광과 사라진 폴리스의 슬픈 운명을 우리에게 전하고 있다.

아테네를 꺾고도 쇠락한 스파르타
스파르타 전사들은 왜 사라졌는가

●

펠로폰네소스반도는 그리스 남쪽 끝에 있다. 스파르타는 그 반도에서도 남쪽이니 그리스의 중심에서 한참 떨어져 있는 셈이다. 펠로폰네소스반도의 북부와 동부는 대부분 산악 지대다. 아테네에서 들어가려면 험준한 파르논Parnon산맥을 넘어야 한다. 파르논산맥을 넘어가다 내려다보면 맞은편으로 타이게투스Taygetus산맥이 거대한 병풍처럼 펼쳐진다. 스파르타는 이 두 산맥 사이의 평야에 있다.

인구 2만 명에도 못 미치는 작은 지방 도시다. 한때 아테네와 더불어 그리스 세계의 쌍벽을 이뤘던 폴리스란 사실을 믿기 어려울 정도로 오늘날의 스파르타는 쇠락해 있다. 시내 중심부에 있는 고고학박물관의 규모와 그 안에 소장된 유물 수준은 아테네와 비교하면 어안이 벙벙할 정도로 초라하다. 한 바퀴 둘러보는 데 10분이 걸리지 않는다. 눈길이 가는 유물도 딱히 없다. 고대 유적지도 참담하

기는 마찬가지다. 외진 주택가와 붙어 있는 고대 유적지는 폐허에
가깝다. 2012년 처음 방문했을 때는 입장표를 파는 곳도 없고, 관리
인도 찾을 수 없었다. 버려진 스파르타의 옛터에는 올리브나무만이
무성했다. 2019년에 다시 가보니 입구에 작은 매표소가 생겼고, 그
럴듯한 울타리도 쳐져 있었다. 그러나 올리브나무만 무성한 폐허란
사실은 변함없었다. 찾는 이도 역시 거의 없었다. 아테네와 스파르
타. 한때는 동지로 또 한때는 적으로 함께 고대 그리스의 역사를 만
들었던 두 도시의 간극이 너무나 넓고 깊다. 스파르타는 왜 이렇게
몰락해버린 것일까?

승리를 위해 그리스의 자유를 팔다

스파르타는 고대 그리스에서 가장 강력한 폴리스였다. 감히 쳐들어
올 적이 없었기 때문에 성을 쌓지 않은 유일한 폴리스였다. 그렇게
강한 폴리스를 만들기 위해 스파르타는 엄격하게 구성원들의 삶을
통제했다. 시민에게는 직업 선택의 자유가 없었다. 직업은 딱 하나,
군인뿐이었다. 남자아이는 일곱 살 때 집을 떠나 서른 살이 될 때까
지 공동 막사에서 생활했다. 매일 함께 육체를 단련하고, 군사훈련을
했다. 그 과정에서 자연스럽게 용맹, 규율, 명예, 복종 같은 스파르타
의 가치를 익혔다. 정치적 자유도 제한됐다. 시민 모임인 민회는 형식
적 기구에 불과했고, 2명의 왕과 소수 엘리트가 권력을 독점했다.
　스파르타 사회가 이렇게 엄격한 군사 중심의 과두제 국가가 된
건 식민지와 노예 때문이다. 그리스의 폴리스는 대부분 8세기를 전
후해서 늘어나는 인구를 부양하기 위해 활발하게 해외로 나아가 식

민지를 개척했다. 오직 스파르타만이 해외 대신 타이게투스산맥을 넘어 풍요로운 이웃 메세니아를 정복하고, 그들을 노예로 삼았다(기원전 7~8세기). 메세니아인 수가 스파르타인보다 훨씬 많았기 때문에 그들을 통제하려면 막강한 군사력이 필요했다. 스파르타의 모든 시민은 그렇게 군인이 됐다.

스파르타의 명성은 페르시아 전쟁 때 절정에 달했다. 페르시아의 크세르크세스가 대군을 이끌고 침공하자 스파르타는 용감하고 명예롭게 싸웠다. 레오니다스 왕은 300명의 특공대와 함께 테르모필레 협곡에서 장렬히 전사했다(기원전 480). 이듬해 플라타이아 전투에서 그리스 연합군이 결정적 승리를 거둘 수 있었던 것도 스파르타 전사들의 맹활약 덕분이다. 아테네가 살라미스와 미켈레 해전을 이끌며 바다를 방어했다면, 육지를 수호한 건 스파르타였다. 결국

옛 스파르타의 고고학 유적지에 서면 험준한 타이게투스산맥을 배경으로 현대의 스파르타 도심이 보인다.

두 도시가 힘을 합쳐 그리스의 자유를 지켜낸 것이다.

　페르시아군은 그리스 본토에서 물러났지만 전쟁은 아직 끝나지 않았다. 에게해를 되찾아야 했다. 아테네를 중심으로 해안가와 섬에 있는 폴리스들은 동맹을 맺어 함께 싸웠다. 육지 국가인 스파르타는 전쟁에서 손을 뗐다. 그 결과 에게해에서 페르시아를 몰아내고 주인이 된 아테네는 부유하고 강력한 해양 제국으로 거듭났다. 민주주의라는 낯선 체제와 바다라는 다른 공간을 토대로 한 아테네의 부상은 스파르타를 불편하고 불안하게 했다. 어제의 전우는 점차 오늘의 적으로 변해갔다. 전쟁은 불가피했다(기원전 431).

　스파르타는 '그리스의 자유'를 기치로 내걸었다. 페르시아에 대항해 여러 나라가 함께 싸워 쟁취한 자유를 앗아간 아테네를 응징하고, 델로스 동맹에 속박된 폴리스들에 자유를 되찾아주겠다는 주장이었다. 그러나 스파르타는 아테네를 응징할 수 없었다. 바다를 장악한 해군, 도시와 항구를 둘러싼 성벽, 전쟁 자금과 물자를 제공하는 자원을 갖춘 아테네는 예전과는 다른 차원의 폴리스로 발전해 있었기 때문이다. 전쟁에서 승리하려면 해군이 필요했고, 해군을 건설하려면 막대한 돈이 필요했다. 아테네 정치가 페리클레스가 지적했듯 "공적으로든 사적으로든 빈털터리"인 스파르타에 그런 돈이 있을 리 만무했다. 결국 스파르타는 돈을 구하기 위해 페르시아에 도움을 청했다. 그 대가로 전쟁에서 승리한 후, 에게해 주변 폴리스들을 페르시아에 넘기기로 비밀리에 약속했다. 승리를 위해 전쟁 명분으로 내세웠던 '그리스의 자유'를 페르시아에 팔아넘긴 것이다. 그러나 스파르타 해군이 바다에서 아테네 해군을 꺾기까지는 오랜 시간이 걸렸다. 페르시아에서 끊임없이 흘러 들어오는 황금이 없었다면 스파르타는 절대 버티지 못했을 것이다. 아테네가 시칠리아 원정 실패와 쿠데타로 힘이 많이 약해지고, 리산드로스Lysandros라는 탁월한 장군이 스파르타 함대의 사령관을 맡고 나서야 스파르타는 전쟁을 끝낼 수 있었다(기원전 404).

테베에 패하며 역사에서 사라지다

승리한 스파르타는 거추장스러운 대의명분을 내팽개치고 페르시아와 한 약속을 지켰다. 아테네가 사라졌으니 어차피 스파르타의 패권에 도전할 국가도 없었다. 페르시아와 스파르타는 아테네의 부와 권력을 빼앗아 나눠 갖고, 그리스 세계에 힘으로 군림했다. 스파

테르모필레 협곡에서 단 300명의 특공
대로 페르시아의 크세르크세스 대군에
맞서 싸운 레오니다스. 스파르타의 전
사답게 용감하고 명예롭게 맹렬히 싸우
다 장렬히 전사했다.

르타같이 폐쇄적이고 군국적인 나라가 약속한 자유를 믿은 어리석
음의 대가는 참혹했다. 스파르타는 그리스 세계의 민주 정부를 하
나씩 쓰러트리기 시작했고, 전략적 요충지에는 군대를 배치했으며,
패권 국가에 바치는 공납금의 규모를 아테네 때보다 배로 올렸다.
검박하게 살다 돈맛을 본 스파르타인의 탐욕은 절제를 몰랐다.

　폭력과 착취를 견디다 못한 폴리스들은 반反스파르타 동맹을 결
성했다. 펠로폰네소스 전쟁에서 스파르타의 한결같은 우방이었던
테베가 선봉에 섰다. 군사 천재 에파미논다스Epaminondas의 지휘하
에 테베와 그 동맹들은 레욱트라Leuctra 전투에서 스파르타 군대를
궤멸했다(기원전 371). 에파미논다스는 메세니아를 독립시키고, 노예

스파르타는 한때 아테네와 함께 그리스 세계를 대표하는 폴리스였지만, 지금은 인구 2만 명도 채 안 되는 작은 지방 도시에 불과하다. 중앙 광장을 장식하고 있는 동상 '스파르타의 영웅'은 용맹한 스파르타 전사와는 어울리지 않게 왜소하고 커다란 방패를 들 힘조차 없어 무릎을 꿇고 있다. 옛 동상의 오른손에는 장난감처럼 생긴 칼이 들려 있었으나 그마저도 어디론가 사라졌다. 힘에만 의존하다 그 힘을 잃었을 때 사람들의 기억에서 지워진 스파르타의 역사를 상징하는 듯하다.

를 해방해 스파르타의 물적 토대를 완전히 파괴해버림으로써 자신의 천재성을 다시 입증했다. 아테네처럼 개방적 사회와 고결한 문화를 창조해본 적도 없고, 교역과 생산으로 부를 창출해본 적도 없는 스파르타가 이제 할 수 있는 일이라곤 싸움뿐이었다. 스파르타의 남자들은 돈을 벌기 위해 용병으로 이 나라 저 나라 팔려가는 신세로 전락했다. 그리고 다시는 재기하지 못한 채 역사에서 잊혔다. 반면, 아테네는 펠로폰네소스 전쟁이라는 파멸적인 장기전에서 패배했음에도 불과 10년 만에 부활에 성공했다. 그 후 2,400년 가까운 긴 세월의 부침에도 아테네는 언제나 그리스 문명의 중심이었고, 오늘날 그리스 수도로 발전했다.

아테네의 아크로폴리스는 수많은 사람으로 언제나 붐빈다. 스파르타의 유적지는 대조적으로 올리브나무만 무성하다. 옛 명성은 덧없고, 옛 터전은 처량하다. 무엇이 두 폴리스의 운명을 갈랐던 것일까? 지금도 지구상에는 수많은 나라가 있다. 그들이 추구하는 이상과 가치, 목표는 천차만별이다. 세월이 흐른 후에야 남는 자와 사라진 자, 추앙받는 국가와 조롱받는 국가, 기억되는 문명과 잊힌 문명으로 갈릴 것이다. 누가 궁극적 승자일까? 굳이 그 답을 찾기 위해 타임머신을 타고 미래로 갈 필요는 없을 것이다. 스파르타의 역사를 통해 이미 우리는 답을 알고 있다.

스파르타 몰락의 원인, 인구 감소

스파르타가 몰락한 가장 중요한 사회적 이유는 인구 감소였다. 기원전 479년 플라타이아 전투 때 스파르타는 중장 보병 5,000명을 파견했다. 그러나 기원전 371년 테베와 레욱트라에서 싸울 때는 중장 보병을 2,000명 정도밖에 동원할 수 없었다. 기원전 5세기의 대지진, 노예 반란, 잦은 전쟁 때문에 성인 남성 수가 급격하게 줄었기 때문이다. 스파르타에서는 남자들이 한창 나이에 병영 생활을 해야 했기에 부부가 함께 지내는 시간이 별로 없어 출산율이 낮았다. 폐쇄적 사회라 이민을 받아들이거나 거류 외국인에게 시민권을 주는 것도 쉽지 않았다. 기원전 331년 마케도니아의 지배에 맞서 반란을 일으켰다 대패하자 알렉산드로스 대왕은 스파르타를 향해 '쥐들의 전투'라며 경멸을 감추지 않았다. 그렇게 사자는 쥐가 되어 사라졌다.

페리클레스와 아크로폴리스
필멸의 인간으로 불멸의 영광을 꿈꾸다

●

아테네의 아크로폴리스는 언제나 사람들로 붐빈다. 그리스 문명의 정수를 보기 위해 전 세계에서 몰려온 이들이다. 그들과 함께 가파른 언덕을 오르고, 바깥 세계와 성스러운 언덕을 이어주는 웅장한 프로필라이온Propylaeon을 지나면 바로 아크로폴리스다. 예상외로 넓은 공간이 펼쳐진다. 파르테논 신전과 에레크테이온Erechtheion, 니케의 신전만이 단출해서 아쉽다. 아직 제자리를 찾지 못한 대리석 조각들은 바닥에 놓인 채 언제가 될지 모를 재건의 순간을 기다리고 있다. 그때가 오기는 할까?

　사람들은 무심히 대리석을 지나 아크로폴리스 중앙으로 향한다. 이 공간에서 가장 유명하고 거대한 파르테논 신전을 향해서! 그러나 파르테논마저도 막상 정면으로 마주하면 실망할 수 있다. 뼈대만 남아 있기 때문. 신전 내외는 보수공사를 위한 기계장치로 덮여 있다. 허무함을 견디며 요기조기 살피다 보면, 이토록 허물어지고 파괴됐지만 묘하게 아름답고 우아하다는 사실에 감탄한다. 이 불완전함에 2,400년 넘는 시간의 흐름과 상상력을 더하면 어떻게 될까? 1세기의 위대한 저술가 플루타르코스Ploutarchos가 표현했던 그 아크로폴리스를, 그 파르테논을 만나게 될 것이다.

"각각의 건축물은 완성된 순간 이미 고풍스러운 아름다움을 간직하고 있었고, 지금까지도 이제 막 완성했을 때와 같은 활력을 뿜어낸다. 그리하여 건축물들에는 영원한 싱그러움이 꽃피어 마치 시들지 않는 젊음과 나이를 모르는 활력을 들이마신 듯 세월을 타지 않는 것처럼 보인다."

시간을 초월한 아름다움과 활력! 플루타르코스는 아크로폴리스의 본질을 제대로 짚었다. 여기에 하나를 더 보탠다면 '속도'다. 이 위대한 공간은 여러 세대에 걸쳐 차곡차곡 쌓아 올린 것이 아니다. 대부분 한 시대에, 그것도 한 사람에 의해 시작되고 완성됐다. 그의 이름은 페리클레스. 그가 리더로 있을 때 아테네 민주정은 절정에 도달했다. 아테네 제국은 에게해를 지배했다. 아테네 문명은 불멸의 영광을 얻었다. 그 증거로 페리클레스의 아테네는 아크로폴리스와 파르테논을 남겼다. 그는 어떤 사람이었을까? 그때의 아테네는 어떤 공동체였을까?

위대한 민주주의 리더의 등장

페리클레스Perikles(기원전 495~429)는 페르시아 전쟁의 영웅 크산티푸스Xanthippus의 아들이다. 어머니는 아테네 최고의 명문 귀족 알크마

아크로폴리스와 파르테논 신전은 아테네뿐 아니라 그리스 문명의 금자탑으로 오늘날까지 명성을 떨치고 있다. 페리클레스는 페르시아에 의해 파괴된 아크로폴리스를 새롭게 재건해 민주주의가 추구하는 높은 이상과 탁월한 가치를 아테네 시민에게, 더 나아가 미래의 후손에게 전하고자 했다. 그의 계획은 성공했다.

이온Alcmaeon 가문의 일원으로 아테네에 민주정을 도입한 클레이스테네스Cleisthenes의 조카였다. 그는 자연스럽게 민주파의 리더로 성장했다.

　페르시아 전쟁이 끝난 이후의 아테네는 마라톤 전투의 승전 장군 밀티아데스의 아들 키몬이 이끌었다. 키몬은 해군으로 바다에서 페르시아와 싸우자는 테미스토클레스의 전략에 찬성했고, 살라미스 해전에서 누구보다 용맹하게 싸운 애국자였지만 기본적으로 보수파였다. 비록 아테네의 미래는 바다에 있지만, 보수적인 자영농이 사회의 중심이어야 한다고 키몬은 생각했다.

그러나 페리클레스의 생각은 달랐다. 노잡이를 비롯한 모든 시민이 적극적으로 공무에 참여하고, 전적으로 권력을 행사해야 한다고 생각했다. 이를 위해 페리클레스는 민회와 법정에 참석하는 모든 시민에게 수당을 지급하는 법안을 발의해 통과시켰다. 이로써 아테네에서는 가난한 사람도 생업에 대한 걱정 없이 적극적으로 공동체 일에 참여할 수 있게 됐다.

페리클레스가 행한 여러 민주주의 개혁 조치는 대다수 민중에게 잠재해 있던 엄청난 에너지를 발산시켰다. 이를 바탕으로 아테네는 더욱 과감하게 바다로 진출했고, 바다를 지배하는 제국의 길로 나아갔다. 스파르타를 비롯한 그리스의 다른 폴리스들이 과두제를 엄격하게 유지함으로써 내부 잠재력을 갉아먹고 있었던 것과는 정반대였다.

페리클레스가 계획하고 진행하고 완성하다

아테네 시민은 무절제한 열정과 죽 끓는 변덕으로 유명했다. 그들의 위대한 리더는 순식간에 버림받거나 쫓겨나거나 잊히곤 했다. 페리클레스만은 예외적으로 30년이란 세월 동안 변함없이 그들로부터 지지를 받았다. 전쟁도 평화도, 파괴도 재건도, 페리클레스는 선택할 수 있었다. 어떻게 가능했을까?

스스로 높은 전망을 제시하고, 그걸 충족시킴으로써 모두의 모범이 됐기 때문이다. 페리클레스는 민주주의를 이끌어갈 지도자의 덕목으로 통찰력, 설득력, 애국심, 청렴의 네 가지를 꼽았다. 그리고 자신이 정한 덕목을 달성하기 위해 노력하고 또 노력했다. 그의 존재는 덩달아 아테네 민회를 탁월하게 만들었다. 비전 없이 눈앞의 이익만을 추구하는 단견短見, 실체 없는 감언이설, 애국심으로 포장한 사익 추구, 청렴한 척하면서 뒤로는 탐욕을 채우는 위선은 설 자리를 잃었다.

그런 페리클레스가 처음부터 계획하고 진행하고 완성한 것이 새로운 아크로폴리스였다. 이를 위해 페리클레스는 아테네 시민에게 그리스 세계의 패권을 놓고 다투던 페르시아, 스파르타와 화친을 맺도록 설득했다. 평화가 필요했기 때문이다. 그에게 재건은 페르시아와의 오랜 전쟁에서 승리한 걸 축하하는 것 이상이어야 했다. 과거의 아테네를 복원하는 동시에 새로운 미래에 대한 전망을 제시해야 했다. 파르테논을 비롯해 우리가 아직도 찾곤 하는 아크로폴리스는 그런 원대한 목적하에 재건되었다.

전설적인 조각가 페이디아스Pheidias가 총감독을 맡고 그리스 최고의 예술가들이 모두 동원됐다. 특히 길이 70미터, 너비 30미터에 이르는 파르테논 신전은 곳곳에 미묘한 굴곡을 줌으로써 인간의 눈에는 완벽한 직선인 듯 착시를 불러일으키는 혁신적인 건물로 지어졌다.

모든 작업이 끝났을 때 민주주의와 제국을 양대 축으로 한 아테네는 페리클레스의 생각대로 그리스 문명의 위대함을 상징하는 생생한 기념비가 됐다.

필멸의 인간으로 불멸의 영광을 추구

아테네는 그렇게 업적을 남겼다. 그들의 성취는 장차 알렉산드로스의 정복로를 따라 헬레니즘이란 이름으로 멀리 인도까지 전해질 터였다. 로마제국을 사로잡아 유럽 문명의 토대가 될 터였다. 단지 페리클레스를 비롯한 몇몇 리더의 힘만으로는 불가능했다. 아테네의 수많은 사람이 함께 피와 땀을 흘렸기 때문에 가능했다. 강제에 의해서가 아니라 자발적인 참여로.

2,400년도 더 전에 어떻게 그것이 가능했을까? 자유로운 사회의 시민이라면 누구나 국가와 사회에 물어볼 수 있다. 왜 국가를 위해 목숨을 내놓아야 하는지, 왜 사회를 위해 희생하고 기여해야 하는지. 페리클레스는 여기에 답을 내놓았다. 인간답게 살아가기 위해서는 행복이, 행복을 위해서는 자유가, 자유를 위해서는 용기가 필요한데, 오직 자유롭고 민주적인 공동체 아테네만이 그 모든 것을 제공할 수 있다고. 그 안에서 자유로운 시민은 공정한 경쟁을 통해 자신의 탁월함을 추구하고, 이에 대한 보상으로서 불멸의 영광을 얻게 된다고 페리클레스는 얘기했다. 경쟁, 탁월함, 불멸의 영광이라는 가치는 호메로스의 서사시에서 아킬레우스와 헥토르 같은 영웅이 추구하던 것이었다.

페리클레스는 소수의 영웅에게만 가능하다 여겼던 그리스의 전통적 가치를 민주 사회의 자유로운 시민 모두에게 개방했다. 수많은 사람이 민주주의에 퍼부었던 비난, 즉 민주주의는 모든 것을 하향 평준화시킨다는 생각을 단호하게 거부한 것이다. 페리클레스에게 민주주의는 모든 인간을 상향 평준화시킬 수 있는 유일한 방법

페리클레스. 아테네 민주주의 황금기를
열었다. 그는 민주주의를 이끌어갈 지도
자의 덕목으로 통찰력, 설득력, 애국심,
청렴의 네 가지를 꼽았고, 자신도 끊임없
이 이를 위해 노력했다. 베를린 알테스박
물관 소장.

이었고, 재건된 아크로폴리스는 그 생생한 증거였다. 그러나 영원
한 것은 없다. 탁월한 왕이 계속 배출되지 않는 것처럼, 민주주의
지도자도 연이어 훌륭한 사람이 등장하기는 쉽지 않다. 페리클레스
를 잃은 다음 날부터 아테네 민주주의는 허물어지기 시작했다.

그런 파르테논 신전과 아크로폴리스를 수많은 사람에 치이며 급
하게 구경하고 끝내는 것은 너무나 아쉬운 일이다. 그래서 나는 언
제나 노을이 질 무렵 아크로폴리스 건너편 필리포스 언덕을 오른
다. 언덕 곳곳에는 극소수의 사람이 아크로폴리스의 야경을 보기
위해 기다리고 있다. 기다림의 가치는 충분하다. 형언할 수 없는 아

름다움이 펼쳐지고, 그 속에서 페리클레스가 아테네 시민과 함께 추구했던 가치가 무엇이었는지를 명확하게 이해하게 된다. 그들은 필멸의 인간으로 태어나 불멸의 영광을 추구했다. 민주주의 사회에서, 자유로운 인간으로. 2,400년도 더 전의 일이란 게 놀랍다.

아크로폴리스 유물의 보고, 아크로폴리스 박물관

 아크로폴리스에서의 아쉬움을 달래기에 안성맞춤인 곳이다. 아크로폴리스 입구에 있는 현대식 박물관의 전시품은 아크로폴리스에서 출토된 유물을 중심으로 이뤄져 있다. 유물의 수준은 아테네 국립고고학박물관 다음으로 높다. 에레크테이온 신전을 떠받치고 있는 여신상 형태의 열주 진품과 파르테논 신전의 조각상이 압권이다. 특히 파르테논 신전을 장식했던 대리석 조각은 신전과 똑같은 크기의 공간에 전시돼 있어 당시의 화려하고 웅장했던 신전 모습을 상상하기에 부족함이 없다. 대영박물관에 있는 엘긴 대리석Elgin Marbles이라 불리는 파르테논 조각들과 비교해보는 것도 흥미롭다. 아테네가 제국으로 성장하는 과정에서 동맹국과 맺은 각종 조약을 새겨놓은 표지판들도 인상적이다.

테베 패권의 시작과 끝,
레욱트라와 카이로네이아
한 군사 천재의 탁월한 전략

●

그리스 중부 보이오티아의 테베는 신화와 비극, 역사의 삼위三位에 놓인 도시다. 페니키아의 왕자 카드모스는 제우스에게 납치된 여동생 에우로페를 찾아 나섰으나 실패했다. 그는 고향으로 돌아가지 않고 델포이 신탁에 따라 테베를 건설했다. 여기까지는 그리스신화다. 아버지를 죽이고 어머니와 결혼할 운명을 타고난 오이디푸스는 운명의 저주에서 벗어나려 발버둥 쳤지만 결국 실패했다. 그는 테베의 왕이었다. 이처럼 오이디푸스를 비롯한 그리스 비극의 여러 소재가 테베를 배경으로 하고 있다.

기원전 4세기 중반 테베가 한 세대 동안 그리스 세계의 패권을 장악한 것은 역사다. 황금기는 길지 않았다. 테베의 패권은 마케도니아의 필리포스 2세에 의해 무너졌고, 도시 자체는 알렉산드로스 대왕에 의해 파괴됐다. 대왕이 죽은 후 재건됐지만 과거의 영광을 되찾지 못한 채 오늘에 이르렀다. 그래서일까? 지금 테베는 인구 2만 여 명에 불과한 작은 도시다. 유네스코 세계유산 목록에 등록됐다는 것이 무색할 정도로 유물과 유적은 빈약하다. 그러나 한 번쯤은 가볼 만하다. 조용한 도심을 걸으며 테베의 역사와 운명을 떠올리다 보면 자신을 성찰하기에 안성맞춤이다. 보이오티아 지방의 중심에 위치해 그 주변에 소소하게 볼만한 곳이 많은 것도 장점이다. 특히 레욱트라와 카이로네이아Chaeroneia가 좋다. 테베의 패권이 시작되고 끝난 옛 전쟁터들이다.

어제의 전우가 오늘의 적이 되다

레욱트라는 테베에서 서쪽으로 16킬로미터 떨어져 있다. 그리스에서 드물게 평평하고 풍요로운 땅답게 레욱트라로 가는 길은 온통 밭이다. 그 평원 한가운데 조형물 하나가 덩그러니 서 있다. 레욱트라 전투 기념비다. 본체는 원통형이고 지붕은 방패 모양의 장식을 둥글게 이어 만들었다. 'Leuctra Victory Monument'라고 적힌 녹슨 표지판만이 이곳의 역사적 의미를 전하고 있다. 먼 옛날 이곳에서 그리스 세계의 패권을 차지하기 위해 스파르타와 테베, 두 강대국이 건곤일척의 전투를 벌였다.

두 나라는 오랜 세월 동맹이었다. 펠로폰네소스 전쟁이라는 길고 파괴적인 국면 내내 두 나라는 아테네를 상대로 함께 싸워 승리했다. 혈맹 관계가 틀어진 건 전후 처리 과정에서였다. 테베는 라이벌 아테네의 멸망을 원했다. 스파르타는 패배한 아테네를 존속시키려 했다. 아테네의 빈자리를 테베가 차지할까 두려웠기 때문이다. '영원한 적도 친구도 없고, 국가이익만이 있을 뿐'이라는 국제관계의 비정한 철칙이 확인되는 순간이었다.

테베는 상처받았으나 강대국의 꿈을 포기하지 않았다. 스스로의 힘으로 보이오티아 전역을 통합하고자 했다. 테베의 야망은 새로운 경쟁자의 등장을 원치 않는 스파르타의 소망과 정면으로 배치됐다. 충돌이 불가피했다. 스파르타가 선수를 쳤다. 친스파르타 성향의 테베인을 동원한 쿠데타로 괴뢰정부를 세웠다(기원전 382). 테베가 해방된 건 기원전 379년, 탁월한 정치가 펠로피다스Pelopidas에 의해서였다. 복원된 테베 정부는 확고하게 반反스파르타적 태도를 보였다. 펠로피다스는 에파미논다스를 발탁했다. 그는 숨은 진주였다. 둘은 손잡고 테베의 부흥을 위해 분투했다.

테베, 마침내 스파르타를 꺾다

기원전 371년 7월, 마침내 스파르타는 테베의 성장을 막기 위해 군대를 파병했다. 레욱트라에 모습을 드러낸 스파르타 연합군은 중장 보병만 1만 명에 이르는 대군이었다. 스파르타 왕 클레옴브로토스Cleombrotus가 이끌었다. 이에 맞선 테베 연합군 중장 보병은 6,500명에 불과했다. 명성, 사기, 군세 모든 면에서 스파르타가 우세했다. 그러나 테베에는 에파미논다스가 있었다. 스파르타가 지닌 모든 우세를 무력화할 만큼 탁월한 전략가였다.

전투에 앞서 에파미논다스는 중장 보병의 진형에 큰 변화를 줬다. 전통적으로 중장 보병 방진의 가로 대열은 그 수가 12열 내외였다. 에파미논다스는 스파르타군 정예와 상대할 테베군 좌익의 가로

레욱트라 전투는 위대한 군사 강국 스파르타의 몰락을 알리는 신호탄이었다. 한 사람의
천재적 지도자가 전쟁터는 물론이고 국가 간 패권 경쟁에서 얼마나 결정적인 역할을 할
수 있는지 보여주는 대표적인 전투이기도 했다. 오늘날 레욱트라에는 테베의 승리를 기
념하는 조형물만 남아 먼 옛날의 위대했던 순간을 기억하고 있다.

테베 한복판에 서 있는 에파미논다스의 동상. 천재적인 군사전략으로 스파르타를 상대로 압도적 승리를 거뒀다.

대열을 50열로 대폭 늘렸다. 대신 중앙과 우익의 열은 줄였다. 한 번도 본 적 없는 괴이한 진형이었다. 전투가 시작되자 에파미논다스는 좌익의 테베군을 빠르게 진격시켰고, 중앙과 우익의 부대들은 돌격 속도를 늦췄다. 결국 테베군은 전체적으로 좌익이 앞서고 우익이 뒤처지는 사선형으로 전진했다.

스파르타는 모든 부대의 열을 동일하게 12열로 맞추고, 같은 속도로 전진하는 전통적인 방식으로 임했다. 자연스럽게 좌익의 테베군이 우익의 스파르타군과 먼저 충돌했다. 스파르타의 중장 보병이 무적이기는 했지만 수적으로 너무 열세였다. 고작 12열의 방진으로는 빠르게 부딪쳐오는 50열의 방진을 막아낼 수 없었다. 스파르타의 방진은 처참하게 깨졌다. 충돌 초기에 왕과 많은 장교가 전사했기 때문에 스파르타는 제대로 된 반격조차 못했다. 테베군의 압도적 승리였다. 에파미논다스는 누구도 생각지 못했던 창의적인 전술로 무적의 스파르타 중장 보병을 일대일 전투에서 쳐부쉈다. 펠로폰네소스 전쟁 승리 이후, 그리스 세계에 난폭하게 군림하던 스파르타의 패권이 순식간에 무너졌다.

재기를 위한 스파르타의 노력은 만티네아Mantinea 전투의 패배로 수포로 돌아갔다(기원전 362). 에파미논다스는 레욱트라에서 사용한 전법으로 스파르타군을 궤멸시켰다. 스파르타는 경험에서 아무것도 배우지 못했다. 그러나 테베도 치명적 손실을 보았다. 에파미논다스가 전사한 것이다. 국가에서 차지하는 비중이 너무 컸던 탓에 그의 부재는 테베의 미래에 암울한 그림자를 드리웠다. 그리스 세계 전체에도 마찬가지였다. 당대의 역사가 크세노폰Xenophon의 표현처럼, 모든 사람이 만티네아 전투의 승리자가 그리스의 통치자가 되고 패배자는 신하가 될 것이라 생각했지만, 결과는 무승부에 가까웠다.

펠로폰네소스 전쟁의 승자였던 스파르타는 몰락했고, 패자였던 아테네는 부활했으나 예전만 못했다. 테베는 스파르타를 꺾었지만 에파미논다스의 죽음으로 지도력에 치명적 타격을 입었다. 그리스 세계는 권력의 공백이라는 위험한 상황을 맞이했다. 장차 누가 그리스 세계의 패권을 장악할 것인가? 새로운 바람은 북쪽에서 일고 있었다.

대제국 마케도니아의 등장

한 국가가 정상에 오르는 것은 어렵다. 정상을 유지하는 것은 더욱 어렵다. 민주주의를 바탕으로 해양 제국을 건설한 아테네도, 엄격한 과두제를 근간으로 발전한 군사 강국 스파르타도 한 세대 이상 패권을 유지하지 못했다. 테베도 마찬가지였다. 도전자는 그리스 북부에서 새롭게 등장한 마케도니아였다. 거친 땅에 자리한 마케도니아는 강인한 백성과 풍부한 천연자원을 갖추고 있었지만 삼류 국가였다. 왕권이 약했고, 귀족들이 분열된 채 정쟁만을 일삼았기 때문이다.

국가의 운명이 바뀐 건 필리포스 2세Philippos II(기원전 382~336)가 등장하면서부터였다. 그는 어린 시절을 테베에서 인질로 보냈다. 이때의 테베는 에파미논다스의 지도력 아래 스파르타를 꺾고 그리스 세계의 새로운 강자로 부상하고 있었다. 어린 필리포스는 에파미논다스의 개혁과 테베의 변화를 세심히 관찰하고 연구했다. 테베를 찾는 많은 사람과의 교류를 통해 그리스 폴리스들이 펠로폰네소스 전쟁, 스파르타의 가혹한 통치, 테베와 스파르타의 패권 전쟁을 거치면서 예전의 힘과 활력을 잃어버렸음도 알았다. 모국으로 돌아와 왕좌를 차지한 필리포스는 테베에서 배운 것을 적용해 마케도니아를 개혁했다. 군대를 혁신하고, 왕권을 강화하고, 귀족을 통합했다. 급성장한 마케도니아 왕국은 그리스 세계 전체로 영향력을 확대하기 시작했다.

내분과 무사안일에 젖어 있던 그리스 세계는 마케도니아의 성장이 무엇을 뜻하는지 알지 못했다. 아예 관심조차 없었다는 게 더 적

카이로네이아 전투에서 테베는 수백 년간의
염원 끝에 겨우 달성한 패권을 너무나 쉽게
잃었다. 그 자리에는 패배 후 테베인이 세운
사자상이 외롭게 서 있다.

합한 표현일 것이다. 유일하게 아테네의 데모스테네스만이 필리포
스를 경계하지 않으면 아테네를 비롯한 그리스 세계가 자유를 빼앗
길 것이라고 경고했지만 허사였다. 아테네인은 변했다. 그들은 더
이상 자유와 영광을 추구하고 국가를 위해 기꺼이 헌신하는 100년
전의 시민이 아니었다. 편안한 일상을 즐겼고, 힘든 군역은 용병에
게 맡겼다. 자유를 사랑했지만, 그 자유를 지키기 위해 피와 땀을
흘릴 생각은 없었다.

　데모스테네스가 얘기하는 불편한 진실을 아테네인은 외면했다.
필리포스의 야망이 구체화하고, 마케도니아 군대가 남쪽을 향해 진군하자 그제야 정신을 차렸다. 테베도 취약한 패권에 안주하느라 세상의 변화를 놓치기는 마찬가지였다. 오랜 숙적이던 테베와 아테네는 뒤늦게 손을 잡고 마케도니아에 맞서기 위해 북진했다. 두 군대는 테베에서 북쪽으로 50킬로미터쯤 떨어진 카이로네이아에서 격돌했다. 필리포스 2세의 아들 알렉산드로스가 이끄는 기병대의 활약에 힘입어 마케도니아가 승리했다(기원전 338). 테베의 패권은 무너졌다. 그리스 세계의 자유도 종말을 고했다.

그 결정적 전투 현장으로 가는 길의 풍광은 레욱트라와 유사하다. 현장에는 테베인이 싸우다 죽은 용사들을 추모하기 위해 세운 사자상만이 외롭게 남아 있다. 돌사자의 표정이 참 묘하다. 슬픔인지 안타까움인지 무심함인지 종잡을 수 없다. 신화와 비극, 역사에 기록된 화려한 명성과 달리 눈앞에 남은 건 '테베'라는 작은 도시와 목적이 다른 2개의 전쟁 기념비뿐이란 사실 앞에서 내가 느끼는 감정과 비슷하다. 좀 더 생각해보면 그조차 주제넘은 상념이다. 테베는 아테네·스파르타와 더불어 그리스 세계의 3대 패권국 중 하나였고, 테베의 적은 경이로운 정복자 알렉산드로스 대왕이었다. 우리가 이름조차 기억하지 못하는, 그 시대의 수많은 폴리스들에 비하면 테베는 위대했다. 그러나 그 막강했던 패권도 한 세대를 넘기지 못했다. 한 천재의 위대함을 자신들의 것으로 착각했고, 취약한 권력에 안주했고, 외부의 변화에 무지했기 때문이다. 비슷한 일들은 지금도 세계 곳곳에서 일어나고 있다. 우리가 모르고 지나갈 뿐.

테살로니카와 알렉산드로스 대왕
인류가 존재하는 한 영원히 기억될 이름

●

테살로니카Thessalonica(현재의 테살로니키)는 그리스 북부의 중심지다. 아테네에 이은 제2의 도시이며 항구다. 다행히 최근에는 그리스 경제 부활에 대한 기사들이 나오고 있지만, 몇 년 전 그리스를 여행할 때는 상황이 달랐다. 잘못된 정치가 국가를 어떻게 망쳤는지 뼈저리게 느낀 때가 많았다. 오랜 세월 계속된 포퓰리즘은 안 그래도 부존자원 없는 그리스 경제를 나락으로 떠밀었다. 의욕과 능력을 갖춘 사람들은 더 나은 기회를 찾아 떠났다. 남겨진 사회는 갈수록 활력을 잃었다. EU의 도움으로 고속도로는 그럴듯하게 만들었지만, 그 위를 달리는 차들은 찾아보기 힘들 정도였다. 고속도로를 전세낸 것 같은 기분에 우쭐하다가도, 낯선 이국에서 홀로란 사실에 오싹하기도 하다.

이동하는 사람과 물건이 없다는 건 무엇을 뜻할까? 나라가 멈춰

섰다는 증거다. 이때만큼은 매일같이 막히는 한국의 고속도로가 그렇게 고마울 수 없다. 그런 그리스에서도 차량이 막혀 정체를 빚는 구간이 몇 곳 있다. 테살로니카 주변이 특히 그렇다. 이 도시를 중심으로 남쪽으로는 아테네, 동쪽으로는 튀르키예 이스탄불, 북쪽으로는 북마케도니아 스코페Skopje를 거쳐 오스트리아 빈까지 길이 이어진다. 교통의 요지다. 물론 내가 테살로니카를 찾는 이유는 따로 있다. 이 도시 안팎에 고대 마케도니아 왕국의 유적이 산재해 있기 때문이다.

고대에 그리스 북부는 문명의 경계였다. 아테네, 스파르타, 테베, 코린토스를 중심으로 그리스 세계가 번영하던 기원전 6세기부터 기원전 4세기에 이곳에는 낙후된 마케도니아 왕국이 있었다. 마케도니아인은 스스로를 '그리스인'이라고 주장했지만, 그리스인은 그들을 '야만인'이라며 무시했다. 지금은 거꾸로다. 그리스가 누구보다 적극적으로 마케도니아와의 인연을 강조한다. 냉전 이후 1992년 유고연방이 해체되면서 '마케도니아Macedonia'라는 나라가 생기자 국명을 바꾸라고 집요하게 요구할 정도였다. 위대한 정복자 알렉산드로스 대왕의 마케도니아를 다른 나라에 빼앗길 수는 없다면서. 결국 오랜 협상 끝에 마케도니아는 '북마케도니아'로 국명을 변경했지만(2019), 그리스는 이마저도 받아들일 수 없다며 대규모 시위를 벌이기도 했다. 그것도 아테네에서! 마케도니아를 원수처럼 미워했고, 필리포스 2세와 알렉산드로스 대왕의 죽음을 진심으로 기뻐했던 데모스테네스를 비롯한 고대 아테네인이 이 사실을 알았다면 기절초풍할 일이다.

테살로니카 해안가에 있는 알렉산드로스 대왕
의 기마상.

마케도니아와 알렉산드로스 대왕에 대한 그리스의 집착은 테살
로니카에서 절정에 달한다. 중앙마케도니아주의 주도州都이기도 한
이 도시는 해안가에 알렉산드로스 대왕의 거대한 기마상을 세워놓
았다. 마치 테살로니카가 알렉산드로스의 도시인 양. 실제로 많은
여행객이 마케도니아의 옛 수도 펠라Pella를 둘러본 후 테살로니카
에 들러 대왕의 동상을 감상한다. 비록 고대 로마, 비잔티움, 오스만
튀르크의 풍부한 문화유산이 도시 곳곳에 남아 있기는 해도 알렉
산드로스 대왕의 이름을 따라갈 만한 것은 없다. 아이러니는 테살
로니카가 알렉산드로스 대왕과는 아무 연관도 없다는 사실이다. 이

도시는 대왕이 죽은 후 세워졌다. 그것도 알렉산드로스 대왕의 집안과는 악연으로 얽힌 카산드로스에 의해.

위험한 도전, 세상을 정복하다

알렉산드로스는 기원전 356년 마케도니아의 수도 펠라에서, 필리포스 2세와 에피루스Epirus 왕국의 공주 올림피아스Olympias 사이에서 태어났다. 스승은 대철학자 아리스토텔레스였다. 그는 부모와 스승의 기대치를 한참 뛰어넘어, 그들이 이해할 수 없는 경지에 이른 흔치 않은 인물이었다. 20세 청춘에 아버지로부터 왕국과 동방원정의 꿈을 물려받았다(기원전 336). 마케도니아의 적들은 어린 왕을 깔보고 반란을 일으켰다. 알렉산드로스는 사방에서 들불처럼 일어난 반란을 바람처럼 빠르게 진압함으로써 자신이 탁월한 장군임을 증명했다. 주제 파악에 실패한 테베가 반란의 대가로 불타 사라진 것도 이때였다. 동방 원정은 기원전 334년 봄, 그리스 세계를 평정한 알렉산드로스가 헬레스폰토스해협(현재의 다르다넬스해협)을 건너면서 시작됐다. 그는 파죽지세로 나아갔다. 당대 최강 페르시아제국을 무너트렸고, 미지의 땅 인도까지 진출했다. 쉼 없는 원정은 기원전 323년 6월, 알렉산드로스가 바빌론 왕궁에서 급사할 때까지 계속 이어졌다.

사후 알렉산드로스는 역사에 '위대한' 정복자로 기록됐다. 단순히 넓은 땅을 차지했기 때문에 그런 수식어가 붙은 게 아니다. 정복과정에서 인종을 초월한 평등, 문화를 초월한 관용, 동서를 초월한 통합이라는 새로운 이정표를 인류 앞에 제시했기 때문이다. 그의

알렉산드로스. 높은 이상과 위대한 지성, 용맹함으로 제국을 건설했고 인종과 문화를 초월한 통합의 이정표를 제시했다. 사후 위대한 정복자로 기록됐다.

이상理想은 멀고 험한 원정길을 따라 형성됐고, 정복지가 넓어질수록 원대해졌다.

원정 동안 알렉산드로스는 외부의 적하고만 싸운 게 아니었다. 적은 내부에도 있었다. 더 위험하고 치명적이었다. 적은 선대 왕 때부터의 국가 원로, 명망 있는 군 지휘관, 대왕의 친구와 측근을 망라했다. 그들의 눈에 비친 알렉산드로스는 위험하고 무모했다. 왕은 마케도니아인이 정복자란 사실을, 그리스 문화만이 우수하고 동방은 야만의 땅이라는 것을 잊은 듯했다. 페르시아의 관습을 따랐고, 피정복민을 동등한 제국 운영의 파트너로 대했다. 고향으로 돌아가기는커녕 앞으로만 전진했다. 그걸 이해할 수도, 인정할 수도 없었던 사람들은 대왕의 적이 됐다. 이해할 수 없기는 마찬가지였으나, 왕에게 절대적으로 충성하던 이들은 친구로 남았다.

도대체 알렉산드로스는 왜 그랬을까? 스스로 이유를 밝힌 적은 없지만 미루어 짐작은 가능하다. 그는 10년도 안 되는 짧은 기간 동안 과대망상에 가까운 이상, 위대한 지성, 무분별한 용기를 바탕으로 페르시아보다 거대한 제국을 건설했다. 세상의 경이驚異라 불릴 만했다. 문제는 제국의 운영과 영속永續이었다. 제국의 크기는 마케도니아의 국력이 감당할 수 있는 규모를 한참 벗어났다. 제국을 움직이고 유지하려면 페르시아인을 비롯한 현지인의 참여와 도움이 절대적으로 필요했다. 현지인이 그저 피정복민이거나 노예여서는 곤란했다. 그들은 동등한 알렉산드로스 제국의 신민이어야 했다. 여기에 이의를 제기하는 적을 왕은 무자비하게 제거했다. 마케도니아 군부의 이인자 파르메니온Parmenion의 아들 필로타스Philotas는 왕의 친구였지만, 클레이투스Kleitus는 전쟁터에서 왕의 목숨을 구해준 생명의 은인이었지만 죽음을 피하지 못했다.

오직 이름만을 남기다

카산드로스Kasandros(기원전 355~297)도 적이었다. 그는 알렉산드로스가 원정을 떠나 있는 동안 마케도니아의 섭정을 맡은 안티파트로스Antipatros(기원전 397~319)의 아들이었다. 카산드로스는 알렉산드로스의 융합·포용 정책을 증오하는 철저한 마케도니아인이기도 했다. 대왕의 사후 벌어진 처절한 후계 전쟁에서 카산드로스는 마케도니아 왕국을 차지했다. 그 과정에서 카산드로스는 걸림돌이 되는 알렉산드로스의 일가친척을 모조리 제거했다. 왕의 어머니 올림피아스, 왕의 부인 록사나Roxana, 왕의 아들 알렉산드로스 4세 모두가 카

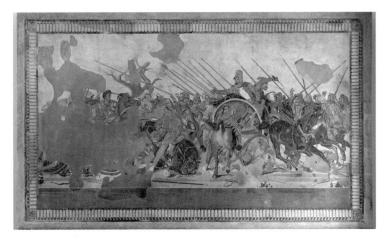

기원전 333년 알렉산드로스 대왕(왼쪽)이 페르시아와 세기의 대결을 벌인 '이수스 전투'를 다룬 모자이크. 오른쪽은 전투에서 패한 페르시아의 다리우스 3세. 1831년 폼페이에서 출토된 이 작품에는 승패가 갈린 인물들의 표정이 생생하게 살아 있다. 나폴리 국립고고미술관 소장.

산드로스 손에 죽었다. 그럼에도 불구하고 자신의 권력에 정통성을 더하려면 알렉산드로스의 피가 필요했다. 카산드로스는 알렉산드로스의 이복 여동생 테살로니케Thessalonike of Macedon와 결혼했다. 순종적이었던 그녀는 카산드로스의 손에 묻은 핏자국을 지워줬을 뿐 아니라 대를 이을 아들도 셋이나 낳았다. 카산드로스는 이에 대한 감사의 뜻으로 도시를 건설하고 그녀의 이름을 따 '테살로니카'라고 불렀다.

　긴 역사를 거치면서 테살로니카는 그리스 북부의 중심 도시로 성장했다. 도시의 건설자와 대왕의 악연을 잊은 듯 알렉산드로스와의 인연을 강조하고 있다. 광장 한가운데 바다를 향해 서 있는 젊은 정복자의 기마상은 웅혼하고 고독하다. 마치 자신의 이상을 향해 앞만 보고 질주했던 왕과 같다. 그 이상은 너무 급진적이어서 당대인들이 받아들이기 어려웠다. 왕이 죽자 그의 이상이 가장 먼저 사라졌다. 제국은 부하들의 후계 다툼 속에 무너졌다. 그의 피붙이들도 사후 15년 만에 다 죽었다. 오직 그의 이름만 남았다. 그러나 인류가 존재하는 한 영원히 기억될 이름이다. 그가 창조한 보편성에 입각한 세계시민주의와 함께. 대왕 알렉산드로스!

테살로니카에서 태어난 무스타파 케말

테살로니카에서 둘째로 유명한 사람은 그리스인이 아니라 튀르키예인이다. 무스타파 케말Mustafa Kemal(1881~1938). 튀르키예공화국의 건국자이자 초대 대통령으로 아타튀르크 Ataturk(튀르키예의 아버지)로 추앙받는 사람이다. 케말이 테살로니카에서 태어났다는 것 자체가 그리스의 애달팠던 역사를 증명한다.

테살로니카가 그리스 북부와 함께 오늘날 튀르키예의 전신인 오스만제국의 손아귀에 떨어진 건 1430년이었다. 그 후 순차적으로 그리스 전체가 오스만제국의 지배를 받았다. 그리스 중남부는 1822년 독립에 성공했으나, 북부는 오스만제국의 멍에에서 벗어나지 못했다. 테살로니카는 1913년에야 그리스의 품으로 돌아갔다. 무려 500년 가까운 세월 동안 튀르키예의 지배 아래 있었다. 현재 케말의 생가는 '아타튀르크 박물관'으로 쓰이고 있다.

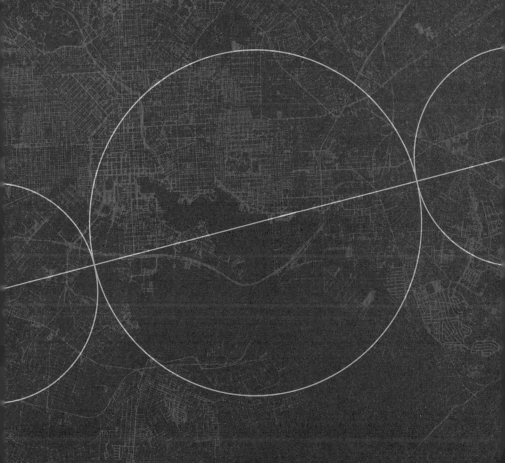

2장

로마

이상의 제국을 탄생시킨 관용의 리더십

로물루스가 정착한 팔라티노 언덕

위대한 제국, 로마가 시작되다

●

로마는 한때 제국이었고, 오늘날은 도시다. 과거에도 세상을 매혹했고, 지금도 사람들을 끌어들인다. 한국인에겐 친숙하다. 도시 곳곳의 소나무 때문이다. 특히 도시 한가운데 있는 팔라티노 언덕 Monte Palatino은 쭉쭉 뻗은 소나무들의 우아한 자태로 유명하다. 한국의 소나무와는 사뭇 다르지만, 이곳에 서면 낯설지 않다. 포로로마노Foro Romano를 가로질러 언덕 위에 올라서면 감탄사가 절로 터진다. 바람과 풍광! 남국의 따사로운 햇살을 잊게 해줄 만큼 시원한 바람이 끊임없이 불어온다. 탁 트인 전망도 압권이다. 로마제국의 영광을 간직하고 있는 포로로마노가 한눈에 내려다보인다. 위풍당당한 콜로세움에서 아스라이 보이는 성베드로 대성당에 이르기까지 온 로마가 발아래 놓인다. 로물루스Romulus가 왜 이곳에 로마를 세웠는지, 왜 이곳에 부유한 로마 귀족들의 대저택이 즐비했는지,

팔라티노 언덕에 있는 루키우스 셉티미우스 세베루스Lucius Septimius Severus(146~211) 황제 궁전의 유적. 전성기의 화려함과 웅장함을 가늠하기에 충분하다. 로마에서 가장 살기 좋았던 곳답게 언덕은 황궁의 유적으로 가득하다.

왜 이곳에 황제의 궁이 있었는지 알 것 같다.

로마는 위대한 제국이었다. 특히 긴 생명력으로 유명하다. 서로마제국은 1,200년 동안 이어졌고, 동로마제국은 무려 2,200년이란 장구한 역사를 자랑한다. 이 장수 제국 로마를 상징하는 표현이 몇 개 있는데, 그중 하나가 "로마는 하루아침에 이뤄지지 않았다Rome wasn't built in a day, ROMA NON UNO DIE AEDIFICATA EST"이다. 로마제국은 어느 한 사람의 노력으로, 어느 한 세대의 번영만으로 만들어진 제국이 아니란 뜻이다. 무수히 많은 사람과 세대가 오랜 세월 희생하고 노력함으로써 이뤄낸 제국이다. 그러나 그 긴 세월 중 가장 중요한 순간을 꼽으라면 역시 '시작'일 것이다. 로물루스가 이곳 팔라티노 언덕에 로마를 세운 바로 그 순간! 제국의 모든 것은 그 순간 첫걸음을 떼었다.

늑대 소년이 마침내 도시를 세우다

로마제국의 국부國父 로물루스는 역사와 신화의 경계에 있는 인물이다. 신화는 허황된 이야기가 아니다. 단군신화가 그러하듯이 신화는 고대인의 사유와 표상을 반영하고 있다. 그렇다면 로마인이 로물루스의 건국신화를 통해 전하고자 했던 생각과 상징은 무엇일까? 양치기 우두머리 로물루스의 신화 속 정체는 '신神의 아들'이었다. 아버지는 전쟁의 신 마르스Mars, 어머니는 알바롱가Alba Longa의 왕녀 레아 실비아Rhea Silvia였다. 알바롱가는 트로이의 왕자 아이네이아스Aeneias 혹은 그의 후손이 멸망하는 트로이를 탈출해 천신만고 끝에 이탈리아 중부 라티움Latium에 세운 도시국가다.

그러나 로물루스의 어린 시절은 고난 그 자체였다. 로물루스와 그의 쌍둥이 동생 레무스Remus는 어머니가 왕녀였으나 순결을 서약한 신녀神女였던 관계로 비밀리에 버려졌다. 그들을 구한 건 어미 늑대로, 형제를 발견해 젖을 먹여 키웠다. 그 후 양치기들이 형제를 발견했고, 무리 안에서 함께 자랐다. 로물루스는 어려서부터 양치기들 사이에서 리더로 두각을 나타냈다. 성년이 된 로물루스는 자신을 따르는 3,000여 명의 추종자를 이끌고 팔라티노 언덕에 도시를 세웠다. 도시라기보다는 팔라티노 언덕을 중심으로 펼쳐진 7개의 언덕 위에 세운 촌락에 가까웠을 것이다. 로물루스는 도시를 자신의 이름을 따 '로마ROMA'라 불렀다. 기원전 753년 4월이었다. 건국 과정에서 그의 권위에 도전하는 쌍둥이 동생 레무스는 제거되고 말았다.

번영의 초석, 사비니 부족과의 전쟁

나라를 건국한 로물루스는 통치 시스템을 정비했다. 핵심은 왕, 원로원, 민회 세 기관 간의 견제와 균형이었다. 왕은 종교·정치·군사의 최고 책임자이지만 로마 시민으로 구성된 민회에서 선출했다. 유력한 시민으로 구성된 원로원은 왕에게 조언하고, 왕을 도와 로마를 이끌었다. 이 시스템이야말로 훗날 로마가 제국으로 성장할수 있었던 비결 중 하나인데, 로마인은 그 영광을 로물루스에게 돌리고 있는 것이다.

통치 시스템과 더불어 로물루스가 최우선으로 힘을 쏟은 부분은 부국강병이었다. 로마가 이탈리아반도를 통일하기 전까지 이탈리

늘대의 젖을 먹는 로물루스와 레무스 쌍둥이 형제의 청동상.

아는 수많은 부족과 도시국가가 난립하는 정글이었다. 이웃과의 싸움이 다반사였다. 패배는 곧 죽음을 뜻했다. 살아남으려면 강해야했고, 그 토대는 경제적 번영이었다. 노동력이 생산의 가장 중요한 요소였던 고대사회에서는 인구가 국력의 척도였고, 번영의 기초였다. 로물루스는 로마의 신전에 들어오면 누구도 체포되지 않는다고 선포해 인근의 범죄자와 도망자를 끌어들였다.

　기발한 이민 정책에 힘입어 로마의 인구는 급성장했지만, 예상치 못한 부작용을 낳았다. 로마로 흘러 들어온 범죄자와 도망자 대부분이 남자였던 탓에 여자가 부족해진 것이다. 도시 분위기는 흉흉해졌고, 출산 부족에 대한 우려도 커졌다. 로물루스는 이 문제를 해결하기 위해 '집단 납치극'이라는 상상을 초월하는 방법을 동원했다. 이

니콜라 푸생의 작품 〈사비니 여인들의 약탈〉이다. 파리 루브르박물관 소장.

옷에 사는 사비니 부족을 초대해 축제를 열고, 한창 분위기가 무르익었을 때 사비니 처녀들을 무력으로 강탈한 것이다. 술에 취한 채 기습당한 사비니 남자들은 하릴없이 도시 밖으로 내쫓겼다. 로마 남자들은 납치한 사비니 처녀들을 아내로 맞았다. 로물루스 본인도 사비니 왕의 딸 헤르실리아Hersilia와 결혼했다. 로마의 이 같은 만행은 사비니 부족으로서는 참을 수 없는 치욕이었다. 결국 전쟁이 벌어졌다. 두 부족은 일진일퇴를 거듭했지만 최종 승자는 로마였다.

자크 루이 다비드의 작품 〈사비니 여인들의 중재〉이다. 그림 왼쪽의 나이 든 남자가 사비니의 왕 타티우스, 오른쪽의 젊은 남자가 로물루스다. 두 남자 사이에 뛰어들어 싸움을 말리고 있는 흰옷 입은 여인이 헤르실리아다. 루브르박물관 소장.

패자에 대한 포용에서 출발한 제국의 영광

패배한 사비니 부족 전체의 운명이 로물루스에게 달렸다. 이때 로물루스는 승자의 모든 권리를 포기하고, 로마와 사비니가 동등하게 함께 살자는 예상 밖의 제안을 했다. 모든 권력도 두 부족이 나눠 갖자고 했다. 사비니의 왕 티투스 타티우스Titus Tatius는 제안을 받아들였다. 거절할 이유가 없었기 때문이다. 로물루스와 타티우스는 공동 왕이 됐고, 두 부족은 원수에서 가족이 됐다. 로마의 인구는 순식간에 2배로 늘어났다. 국력도 배가됐다. 그렇게 로마는 패자

팔라티노 언덕에 있는 팔라티노 경기장 유적의 모습이다.

조차 동화시키는 방식으로 라티움의 최강자로 발돋움할 준비를 마쳤다. 로물루스는 왕위에 38년 머무른 후, 비바람과 함께 홀연히 사라졌다. 전설의 왕에게 어울리는 신비로운 마지막이었다. 로마인은 그가 신이 됐다고 여겼다.

로물루스 이래로 로마의 권력자들은 팔라티노 언덕에서 살았기 때문에 이곳에는 황제들이 살던 황궁 유적이 즐비하다. 그 유적들은 전성기 로마의 힘과 부를 충분히 느끼게 해준다. 그러나 진짜 감동은 언덕 구석에 있는 '로물루스의 오두막'이라 불리는 허름한 옛 주거지에서 느낄 수 있다. 로물루스가 직접 살았던 곳이 아니라, 그 시대로 거슬러 올라갈 만큼 오래됐다 하여 붙은 이름이다. 오두막이란 명칭에 어울리게 참 보잘것없다. 사실에 근거한 로마제국의 출발은 이처럼 한미했다. 양치기, 도망자, 농부들이 모여 세운 초미니 국가였다. 그런 로마였지만 결국에는 제국으로 성장했다. 무엇을 통해서? 사비니 부족의 예에서처럼 패배한 적조차 받아들여 한 식구로 만드는 포용의 힘을 통해서였다. "태산은 한 줌의 흙도 버리지 않고, 바다는 한 줄기의 강물도 밀어내지 않는다"는 중국의 옛말처럼 로마는 모두를 끌어안음으로써 제국이 됐다. 로마인이 건국 시조 로물루스의 신화를 통해 후손의 마음속에 각인시키고자 한 것이 '포용'이었다면, 그들의 바람은 성공한 셈이다.

사비니 여인들의 비극이 남긴 예술품

사비니 여인들의 비극적 운명은 많은 예술가에게 영감의 원천이었다. 그녀들은 납치되어 가족과 떨어져야 했고, 원치 않는 결혼으로 아이를 낳아야 했다. 그러나 시간의 흐름과 함께 원한은 잊히고 가족이 탄생했다. 로마와 사비니의 전쟁은 그녀들에게 자기 아이의 아버지인 남편과 친정 식구가 벌이는 동족상잔의 비극이었다.

《플루타르코스 영웅전》에 따르면 로물루스와 강제 결혼한 헤르실리아는 두 부족의 화해를 눈물로 호소했다. 프랑스혁명기의 화가 자크 루이 다비드Jacques Louis David의 〈사비니 여인들의 중재The Intervention of the Sabine Women〉는 그 이야기를 생생하게 보여준다. 젊은 로물루스의 방패에는 'ROMA'와 늑대의 젖을 먹는 쌍둥이 형제가 그려져 있다. 헤르실리아를 중심으로 사비니 여인들은 아이들을 내세워 비극적인 싸움을 멈춰 달라고 호소하고 있다. 프랑스 화가 니콜라 푸생Nicolas Poussin, 이탈리아 조각가 조반니 다 볼로냐Giovanni da Bologna 등 많은 예술가도 이 소재를 작품으로 남겼다. 사진은 조반니의 작품 〈사비니 여인들의 약탈〉이다.

공화제를 주도한 원로원 성지 쿠리아
로마 공화정의 건국자 브루투스

●

'세상의 우두머리Caput Mundi'는 로마를 일컫는 말이다. 지중해가 세상의 중심이던 시절, 로마는 작은 도시에서 출발해 제국으로 성장했다. 유럽·아프리카·아시아 세 대륙을 지배함으로써 지중해를 '로마의 호수'로 만들었다. 그러니 '세상의 우두머리'라는 오만한 표현이 어색하지 않다. 서구 역사에서 로마는 제국의 이상理想이며 표준이다. 지금까지도 그렇다. 그들은 모든 면에서 로마에서 벗어날 수 없다. 그러나 지금의 로마에서 옛 영광을 고스란히 느낄 수는 없다. 2,000년이란 긴 시간의 흐름이 로마제국의 많은 것을 지웠기 때문이다. 그런 사실은 포로로마노에서 가장 극명하게 드러난다.

고대 로마의 정치·경제·사회생활의 중심이었음에도, 제국의 흔적이 꽤 많이 남아 있음에도, 이곳은 폐허에 가깝다. 무너져 내린 황톳빛 건물, 외롭게 서 있는 대리석 기둥, 형체조차 알아볼 수 없는 건물

포로로마노 전경. 오른쪽에 보이는 갈색의 큰 건물이 쿠리아다. 고대부터 원로원이 있었던 자리로, 오랜 역사 속에서 불타고 재건축하기를 반복했다. 지금의 건물 외관은 3세기 디오클레티아누스 황제 때의 모습으로 1937년에 복원한 것이다. 쿠리아 옆에 있는 루키우스 셉티미우스 세베루스 황제 개선문은 그의 즉위 10주년과 파르티아 전쟁 승리를 기념해 만들었다(203).

의 초석, 발굴됐으나 놓을 곳을 몰라 한쪽 구석에 쌓여 있는 무수한 대리석 잔해…. 전성기의 화려하고 장엄한 로마는 더 이상 눈앞에 존재하지 않는다. 상상력과 호기심만이 그 간극을 줄여줄 수 있다.

질문을 던져보자. 어떻게 7개 언덕에서 출발한 이 작은 도시가 세계의 우두머리가 될 수 있었을까? 해답 중 하나를 포로로마노 한쪽 구석의 '쿠리아Curia'라 부르는 건물에서 찾을 수 있다.

왕정이 독재로 질주하다

쿠리아는 원로원 회의가 열리던 곳이다. 원로원은 로마만의 독특한 제도다. 건국신화의 주인공 로물루스가 중요한 집안의 가장들을 불러 모아 구성했다. 시작은 100명. 왕, 민회와 더불어 3대 국가기관이었으나 그 기능은 왕에 대한 조언 등으로 제한적이었다. 로마는 왕정하에서 국가의 기틀을 다졌다. 나름의 법과 제도를 정비하고, 주변 지역을 정복했으며, '로마'라는 공동체에 대한 관념을 길렀다. 사비니 여인 약탈 사건에서 알 수 있듯이 로마는 전쟁과 포용을 통해 성장했다.

로마 건국 이전부터 이탈리아 중부에 확고하게 자리 잡고 있던 에트루리아Etruria가 한창 성장 중인 로마로 유입된 건 어쩌면 자연스러운 일이었다. 왕이 선출직이었던 덕분에 능력 있는 에트루리아 출신의 루키우스 타르퀴니우스 프리스쿠스Lucius Tarquinius Priscus가 대중 유세를 통해 왕좌에 올랐다. 압도적 다수의 시민이 뛰어난 성품과 능력의 소유자인 그에게 표를 던졌다. 로마의 제5대 왕이다.

타르퀴니우스는 원로원 의원을 200명으로 늘렸다. 왕당파를 형성해 비非로마 출신인 자신의 권력을 강화하고, 원로원의 정치적 영향력을 확대해 국정을 안정시키기 위해서였다. 제6대, 제7대 왕도 타르퀴니우스 가문이 배출했다. 한 가문이 왕위를 독점하자 시민들 사이에서 불만이 터졌다. 제7대 왕 수페르부스Lucius Tarquinius Superbus는 힘으로 불만을 눌렀다. 권위를 높이고 업적을 쌓기 위한 전쟁과 각종 건설에 로마 시민을 강제로 동원했다. 그에게는 '오만왕'이라는 별명이 붙었다. 세습 권력의 전제적인 민낯에 시민들의 분노가 쌓이기 시작했다. 남은 건 촉매와 리더였다.

여인의 정절을 위해 칼을 들다

촉매는 왕의 아들이 제공했다. 왕가의 일원이자 귀족인 콜라티누스 Lucius Tarquinius Collatinus의 아내 루크레티아Lucretia는 아름답고 정숙했다. 당시 로마는 이웃 도시국가 아르데아Ardea와 한창 전쟁 중이었다. 콜라티누스도 출정 중이었다. 루크레티아에게 눈독을 들이고 있던 섹스투스Sextus 왕자가 이때를 노렸다. 깊은 밤 루크레티아의 집으로 숨어 들어간 왕자는 겁박하며 자기 뜻에 따를 것을 명했으나 그녀는 맞섰다. 죽이겠다는 협박으로도 그녀를 굴복시키지 못하자 왕자는 '불명예' 카드를 꺼내 들었다. 그녀와 노예를 죽여 알몸으로 침실에 눕혀놓음으로써 사람들이 루크레티아가 간통을 저지르다 대가를 치른 것으로 위장하겠다고 협박한 것이다. 명예를 목숨보다 중요하게 여기던 루크레티아는 마침내 굴복했다. 왕자는 욕망을 채웠고 의기양양하게 떠났다.

왕자는 자신이 저지른 일이 불러올 후폭풍을 전혀 예상치 못했

에두아르도 로잘레스Eduardo Rosales 작품의 〈루크레티아의 죽음〉이다. 자결한 여인 옆에서 칼을 치켜들고 복수를 맹세하는 이가 로마 공화정의 기틀을 다진 브루투스다. 스페인 마드리드의 프라도미술관 소장.

다. 권력에 취했기 때문이다. 루크레티아는 아버지와 전쟁터에 있는 남편에게 "무서운 일이 벌어졌으니 지금 즉시 믿을 만한 친구와 함께 집으로 오라"는 내용의 편지를 보냈다. 4명의 남자가 달려왔다. 루크레티아는 자신에게 닥친 비극을 설명하고, 강간범을 처벌해줄 것을 약속해달라고 했다. 남자들이 맹세하자 루크레티아는 칼을 뽑아 자결했다. 아버지와 남편은 넋을 잃고 눈물을 흘렸다. 이때 남편과 함께 온 친구가 그녀의 가슴에서 칼을 뽑아 들고 외쳤다.

"이 여인의 피로써 맹세하노라. 왕과 그의 자식들을 죽이고, 다시는 누구도 로마의 왕이 되지 못하게 하겠노라."

그의 이름은 루키우스 유니우스 브루투스Lucius Junius Brutus, 혁명가였다.

공화국을 위해 아들을 죽이다

브루투스는 왕의 조카였다. 어머니가 왕의 누이였고, 아버지는 로마의 거부巨富였다. 탐욕스러운 외삼촌 수페르부스가 자기 가문의 재산을 탐내 형을 죽이자 현명한 브루투스는 바보인 척했다. 천대받으며 살아남아 때를 기다렸다. 그 '때'가 루크레티아의 죽음과 함께 찾아왔다. 왕이 전쟁 때문에 자리를 비웠으니 더할 나위 없었다. 브루투스는 루크레티아의 시신을 광장으로 옮겼고, 그녀에게 닥친 비극을 전했다. 브루투스의 지도하에 로마 시민들은 슬픔과 분노를 행동으로 옮겼다. 로마는 왕을 폐하고 왕가를 추방했다(기원전 509).

오만왕과 아들들은 고향인 에트루리아로 망명했다. 혁명의 원인 제공자 섹스투스는 살해됐다. 브루투스는 왕을 대신할 집정관직을 만들었다. 2명인 집정관의 권력은 왕과 같았으나 근본적으로 달랐다. 그들은 평민의 투표로 선출됐으며 임기가 1년으로 제한됐다. 오늘날 많은 민주공화국이 채택하고 있는 대통령제의 원형이 이때 만들어진 것이다.

브루투스와 루크레티아의 남편 콜라티누스가 초대 집정관으로 선출됐다. 이제 로마는 왕이 아닌 법이 통치하는 공화국이 됐다. 브루투스는 공화국을 지키기 위해 원로원을 강화했다. 귀족 다음 서열인 기사 계급의 지도자들을 대거 편입시켜 그 수를 300명으로 늘

SPQR은 라틴어 'Senatus Populus que Romanus'의 약자로, 로마의 원로원과 민중을 뜻한다. 원로원은 리더 그룹과 이들을 따르는 민중이 로마제국의 토대임을 상징한다.

렸다. 국가적 단합과 계급 간 갈등 완화까지를 고려한 조치였다.

쫓겨난 수페르부스 왕은 음모를 꾸몄다. 공화 혁명에 반감을 가지고 있던 많은 귀족이 동참했다. 브루투스의 아들들도 마찬가지였다. 음모는 발각됐고 관련자들은 처형당했다. 브루투스는 자신의 손으로 아들들에게 사형을 내렸고 그 집행을 지켜봤다. 그에게는 아들보다 자유와 공화共和의 가치가 중요했다. 음모 다음은 전쟁이었다. 에트루리아 도시국가들이 수페르부스 왕에게 병사를 댔다. 로마는 이에 맞서 싸워 이겼다. 브루투스는 전투 중에 전사했다. 온 로마가 그의 죽음을 애도했다.

　브루투스의 집권 기간은 짧았지만 혁명은 성공했다. 계속되는 음모와 전쟁에 맞서 원로원을 중심으로 뭉친 로마는 끝내 공화제를 지켜냈다. 이탈리아반도를 통일하고, 지중해 제국을 건설하는 데 앞장선 것도 원로원이었다. 지금 포로로마노에 남은 건 몇 차례에 걸쳐 불타고 재건되기를 반복한 공회당의 잔해다. 볼품없다고 느낄 수 있으며, 무심히 지나칠 수도 있다. 조금만 상상력을 발휘해보자. 무려 2,500년 전부터 이 터 위에서 로마의 리더들은 토론하고, 결정하고, 실행하고, 책임졌다. 온 세상이 왕과 사제에게 무릎 꿇을 때 로마인은 왕을 내쫓고 원로원을 중심으로 스스로 권력을 잡았다. 그리스와 더불어 로마가 오늘날까지도 동서를 막론하고 중요한 이유다. 그래서 로마는 제국의 수도였지만, 공화국의 성지다. 아이러니다.

거대한 제국으로 성장한 로마 정치체제의 변화

로마제국은 하나의 정치체제에서 이뤄지지 않았다. 변신을 거듭했다. 시작은 왕정으로 로물루스가 세웠다. 티투스 리비우스Titus Livius를 비롯한 고대 로마의 역사가들은 이때를 기원전 753년으로 기록하고 있다. 로물루스부터 7명의 왕이 차례로 로마를 다스렸다. 로마계, 사비니계, 에트루리아계가 번갈아가며 통치했다. 왕위를 상속이 아니라 선출로 결정했기 때문이다. 브루투스가 혁명으로 왕정을 뒤엎고 공화정을 수립했다. 원로원 중심의 공화국 치하에서 로마는 제국으로 성장했다. 원로원이 배출한 헌신적인 귀족과 그들에게 힘을 보탠 열정적인 민중이 있었기 때문에 가능했다. 영토가 지나치게 확장되고 공화정이 사실상 소수 귀족 가문의 전유물로 전락했을 때 로마는 제국으로 변신했다. 카이사르와 그의 후계자 아우구스투스가 혁명의 주역이었다(기원전 27-23). 제정은 제국 전역에 걸쳐 팍스로마나를 가져왔다.

로마 역사의 상징 아피아 가도
로마는 착실히 길을 닦으며 싸웠다

•

로마는 술렁였다. 로마와 이탈리아 남부를 잇는 아피아 가도를 따라 올라온 사절 때문이었다. 그의 이름은 키네아스Cínĕas. 그리스 테살리아Thessalia 사람으로 에피루스 왕 피로스Pyrrhus(기원전 319~272)의 측근이었다. 키네아스는 '용병의 천재'로 알려진 피로스가 제시한 강화안案을 가져왔다.

로마는 최근 헤라클레아Heraclea에서 피로스에게 크게 패했다(기원전 280). 한 번의 전투에서 로마가 입은 병력 손실은 사망자 7,000명과 포로 2,000명을 포함해 1만 5,000명에 달했다. 후폭풍은 거셌다. 피로스의 군대는 로마에서 60킬로미터 떨어진 곳까지 진격해 들어왔다. 그리스계 도시가 많은 남부 이탈리아 대부분이 피로스의 편에 섰다. 로마에 패배했던 반도 중부와 북부의 부족들도 다시 들고 일어나 피로스와 손잡았다. 로마에는 절체절명의 위기였다.

부축을 받으며 원로원에 들어서고 있는 아피우스 클라우디우스. 그는 피로스와의 결사 항전을 주장함으로써 강화로 기울던 원로원의 여론을 일거에 뒤집었다.

피로스 왕이 제시한 내용은 치욕적이었지만, 승자가 먼저 패자에게 손을 내밀었으니 모양새는 나쁘지 않았다. 그래서 원로원은 주저했다. 격론이 오갔고 국론이 분열됐다. 이때 한 노인이 부축을 받으며 원로원에 모습을 드러냈다. 고령과 시력을 잃은 눈 때문에 오랫동안 국정에서 물러나 있던 전직 집정관 아피우스 클라우디우스 카이쿠스Appius Claudius Caecus(기원전 340~273)였다. 그는 외쳤다.

"강화라니! 피로스가 이탈리아를 떠나는 것이 강화의 전제 조건이다!"

로마는 영토를 늘릴 때마다 길을 만들었고, 길을 통해 제국을 통합했다. 로마는 '가도의 여왕'이라 일컫는 아피아 가도를 시작으로 제국 전역에 15만 킬로미터의 도로를 만들었다. 건설 수준이 워낙 뛰어났기에 일부 구간은 아직까지 활용되고 있다.

　그의 열정이 원로원 의원들에게 불굴의 용기를 불어넣었다. 원로원은 키네아스에게 "로마는 이탈리아 땅에 외국 군대가 주둔하는 한 절대 협상하지 않는다"라고 통보했다. 이후 로마의 국가 원칙이 된 유명한 말은 이때 처음 등장했다. 승자의 사절은 그렇게 패자의 도시에서 쫓겨났다. 다시, 전쟁이 시작됐다.

제국의 첫 가도를 건설하다

키네아스는 왔던 길을 되돌아갔다. 그 길의 이름은 아피아 가도Via Appia. 원로원 분위기를 단숨에 뒤집은 그 눈먼 노인 아피우스 클라우디우스 카이쿠스가 재무관 시절 입안하고 건설한 길이다. 아피아는 그의 이름 '아피우스'에서 따온 것이다. 지금도 남아 있고, 심지어 사용되고 있다. 기원전 312년부터 건설하기 시작했으니 무려 2,300년 넘게 존재해온 길이다. 옛 아피아 가도에 서면 지금도 가슴이 벅찬 이유다.

가도 표면에는 여전히 접합면이 딱 들어맞는 마름돌이 깔려 있고, 주변에는 소나무와 사이프러스가 무성하다. 로마 시대의 유적도 즐비하다. 비록 폐허이지만 지금까지 견뎌왔을 2,000년의 풍상風霜을 생각하면 기특할 따름이다. 길은 로마와 카푸아Capua를 잇기 위해 만들었다. 지금은 소도시로 전락했지만, 당대의 카푸아는 나폴리만큼 중요했다. 반도의 남부와 중부를 연결하는 요충지에 자리했기 때문이다.

기원전 509년 브루투스의 혁명으로 공화국이 된 로마는 느리지만 착실하게 성장했다. 이즈음에 이르러 카푸아까지 세력을 확장했다. 카푸아를 지키고, 그곳을 발판 삼아 더 남쪽으로 국경을 확장하려면 신속하게 군대를 이동시킬 가도가 필요했다. 사람과 물자를 유통해 로마와 카푸아를 경제-생활공동체로 만드는 것도 가도의 중요한 목표였다. 모두 아피우스 클라우디우스 카이쿠스의 아이디어였다.

로마와 그리스의 대격돌

로마의 성장은 필연적으로 남부 이탈리아와의 충돌을 가져왔다. 남부는 일찍부터 그리스인이 개척한 식민 도시를 중심으로 발전했다. 이른바 지중해에 넓게 펼쳐진 대★그리스 세계의 중심이었다. 로마의 출현은 이들에게 낯설고 불쾌했다. 이탈리아반도의 모든 도시가 로마의 패권에 복종하느냐, 그리스 세계와 연대해 대항하느냐 하는 기로에 섰다. 반도 남쪽에서 가장 부유한 타렌툼Tarentum(현재의 타란토)은 후자를 선택했다. 장군으로서 명성이 지중해 세계에 드높던 피로스를 초빙했다. 마케도니아 알렉산드로스 대왕의 친족인 피로스는 소국 에피루스에 만족하지 못했다. 왕은 이탈리아반도와 시칠리아를 중심으로 새로운 나라를 세우려 했다. 로마는 명장이 넘어야 할 첫 번째 산이었다. 피로스는 2만 명의 중무장 보병과 3,000명의 기병, 20마리의 코끼리로 구성된 군단을 이끌고 이탈리아로 왔다(기원전 280).

이제 막 지중해에 모습을 드러내기 시작한 신흥 로마와 오랜 세월 지중해를 지배해온 그리스의 첫 충돌이었다. 피로스의 명성을 익히 듣고 있던 로마는 총력 대응 체제에 나섰다. 로마는 물론이고 모든 복속국과 동맹국에 전쟁 분담금을 부과했다. 군 복무 면제가 원칙인 무산자無産者들도 징집했다. 집정관 푸블리우스 라이비누스Publius Laevinus는 그렇게 이뤄진 5만여 명의 군대를 이끌고 남진했다. 두 세력은 타렌툼의 식민지 헤라클레아에서 격돌했다. 승리는 코끼리 부대를 앞세운 피로스에게 돌아갔다. 그러나 피로스도 4,000명의 용사를 잃었다. 로마의 병력 손실(1만 5,000명)에는 미치지 못했지만 왕은 냉철했다. 로마의 시민군은 얼마든지 보충할 수 있지만, 자신의 베테랑 용병은 대체할 수 없었다. 이때의 승리를 사실상 패배로 인식한 피로스는 로마에 강화 사절을 파견했다. 그러나 로마의 거절로 재개된 전쟁에서 그의 불안한 예감은 현실이 됐다. 이길수록 왕의 군대는 줄었고, 로마의 군대는 져도 줄지 않았다.

이탈리아반도를 통일하다

로마는 베네벤툼Beneventum(현재의 베네벤토) 근처에서 피로스 왕을 상대로 결정적 승리를 거뒀다(기원전 275). 피로스 왕은 이탈리아를 떠나 고향으로 돌아갔다. 그는 병법의 천재였지만, 로마의 결기를 꺾지는 못했다. 피로스 왕이 떠나자 타렌툼은 항복했다. 외부의 힘에 기대어 나라를 지키고자 했던 자에게 어울리는 최후였다. 타렌툼이 굴복하자 함께 손잡고 로마에 대항했던 삼니움Samnium과 루카니아Lucania도 항복했다. 기원전 270년, 마침내 로마는 이탈리아를 통일했다.

　반도를 지배하기 위해 새로운 요새가 곳곳에 들어섰고, 반도를 하나로 잇기 위해 도로를 확장하기 시작했다. 아피아 가도는 카푸아에서 베네벤툼, 타렌툼을 거쳐 브룬디시움Brundisium(현재의 브린디시)으로 이어졌다. 가도의 종점에 로마는 거대한 칼럼column 2개를 세웠다. 오늘날 하나는 남았고, 하나는 사라졌다. 육지가 끝나고 바다가 시작되는 곳에 외로이 우뚝 솟은 칼럼! 예나 지금이나 강렬한 인상을 남긴다. 500년 가까이 걸려 그리스 세계의 문턱에 섰을 때 로마인은 무엇을 생각했을까? 로마가 지중해를 지배하는 새로운

아피아 가도의 종착지인 브린디시 항구. 사진에서 밝게 빛나는 기둥이 지중해의 시작점
을 알리는 표지인 칼럼이다.

시대, 이를 위한 새로운 투쟁이 시작되기 직전이란 걸 알았을까?

옛 브룬디시움 항구는 쇠락했지만 바람만은 여전히 세차다. 지금은 그저 바람일 뿐이지만, 로마에서 시작된 길이 여기서 끝났을 때 불었던 것은 단순한 바람이 아니었다. 지중해 역사상 가장 거대한 변화의 바람이었다. 역사는 그렇게 누구도 깨닫지 못하는 동안 구르기 시작했다.

다양한 역사의 현장이 된 아피아 가도

아피아 가도는 로마의 상징이다. 로마에서 브룬디시움으로 이어지는 이 길을 통해 그리스로, 그리스를 통해 동부 지중해 전역으로 뻗어나갈 수 있기 때문이다. 제정 초기에 네로 황제의 기독교 박해를 피해 로마를 떠나던 베드로가 예수와 만난 것도 이 길 위에서였다. 로마로 향하는 예수에게 베드로는 "주여, 어디로 가시나이까?"라 물었고, "나는 다시 십자가에 못박히기 위해 가느니라"라는 답을 들었다. 깨달음을 얻은 베드로는 로마로 되돌아갔고, 기독교인과 함께 죽었다.

공화정 말기에 일어난 대규모 노예 봉기, 곧 스파르타쿠스 전쟁의 현장이기도 하다. 무력으로 노예 봉기를 진압한 크라수스 장군은 6,000명에 달하는 노예를 십자가에 못 박아 아피아 가도에 세웠다. 길을 오가는 수많은 사람에게 던지는 경고였다. 역시 공화정 말기에 로마의 권력을 두고 귀족파와 평민파가 싸운 내전에서 폼페이우스가 그리스로 가기 위해 선택했던 길이고, 폼페이우스를 추격하기 위해 카이사르가 간 길이기도 하다. 훗날 아우구스투스가 카이사르를 암살한 자들을 추격해 진군한 길도 아피아 가도였다.

두 강자가 격돌한 시칠리아 메시나해협
200척의 배를 몰고 나타난 재력가들

•

메시나Messina의 사절이 로마에 나타난 건 기원전 265년이었다. 사절은 로마의 동맹이 될 것을 자처했다. 예상치 못한 제안에 원로원은 당황했다. 당시 메시나는 시칠리아섬의 맹주인 시라쿠사Siracusa에 함락당하기 직전이었다. 스스로 도시를 지켜낼 가능성이 없다고 판단한 메시나의 지배층은 카르타고와 로마 중 하나에 의탁하기로 결정했다. 카르타고는 서지중해의 오랜 패자覇者였고, 로마는 이탈리아반도를 막 통일한 신흥 강국이었다. 메시나의 최종 선택은 로마였다.

원로원의 고민은 깊었다. 제안을 거절하면 메시나는 카르타고에 넘어갈 가능성이 컸다. 제안을 받아들이면 카르타고와의 분쟁이 불가피했다. 그러나 로마는 겁쟁이가 아니었다. 분쟁이 두려울 리 없었다. 문제는 건국 이래 500년 가까이 유지해온 이탈리아 중심의 국가 정책을 변화시키는 것이었다. 반도를 떠나 바다를 건너는 것은 지금까지와는 다른 새로운 시대로의 진입을 뜻했다. 원로원은 민회로 결정권을 넘겼다. 그리스 세계의 영웅 피로스 왕을 몰아내고 이탈리아반도를 통일한 시민은 원로원보다 과감했다. 로마는 "모든 이탈리아인에 대해서는 로마가 보호권을 갖는다"는 명분으로 메시나의 제안을 승낙했다. 로마 군대가 시칠리아로 향했다. 지중해 역사를 송두리째 바꿀 거대한 전쟁의 시작이었다.

서지중해의 패자 카르타고와 로마의 충돌

메시나해협은 이탈리아반도와 시칠리아섬을 연결한다. 시칠리아의 메시나와 반도의 레조디칼라브리아Reggio di Calabria, 두 항이 관문이다. 두 도시 모두 고대 그리스인이 건설했다. 그때부터 지금까지 2,700년 동안 배가 오가며 두 도시 사이를, 반도와 섬 사이를 잇고 있다. 그래서일까? 레조디칼라브리아에서 정기 여객선을 타고 메시나로 향하면 깊은 향수에 잠기게 된다. 그리스인도, 페니키아인도, 로마인도, 사라센인도, 노르만인도, 아라곤인과 프랑스인도 모두 같은 방식으로 이 해협을 건넜다. 시기와 배의 형태가 다를 뿐이었다. 제2차 세계대전이 끝날 때까지 이 해협을 건너다닌 무수한 제국의 목적도 유사했다. 정복과 지배! 시칠리아가 지정학적으로 지중해의 심장에 해당했기에 이 섬을 향한 강대국들의 욕망은 더욱 컸다.

시칠리아의 도시 대부분은 그리스인이 세웠고, 일부는 페니키아인이 만들었다. 두 민족은 지중해를 무대로 활약했다. 기원전 3세기 서지중해의 패자는 오늘날의 북아프리카 튀니지에 있던 카르타고였다. 페니키아의 식민 도시로 출발했으나 뛰어난 지정학적 위치를 토대로 급성장했다. 이 무렵에는 고향인 시리아·레바논 해안 도시국가들의 위세를 능가하는 해양 강국이 됐다. 그런 카르타고에 시칠리아의 중요성은 말할 필요도 없었다. 시라쿠사를 중심으로 한 그리스계 도시들과의 오랜 전쟁을 통해 카르타고는 시칠리아의 절반 정도를 손에 넣었다(기원전 275). 이 와중에 이탈리아반도를 통일한 로마가 해협을 건너 메시나를 세력권에 넣는다는 것은 카르타고로서 용납하기 힘든 일이었다. 두 강대국은 충돌했다.

육지에서 최강이었던 로마군은 손쉽게 시칠리아를 장악했다. 그러나 카르타고를 섬에서 완전히 내몰지는 못했다. 제해권이 카르타고에 있었기 때문이다. 카르타고는 바다를 통해 해안가에 있는 강력한 요새에 물자를 보급했다. 동시에 로마와 로마 동맹국 간의 해상 무역을 마비시켰다.

함대가 없는 로마로서는 속수무책이었다. 전쟁 발발 전, 카르타고 외교 사절의 "우리 말을 듣지 않으면 로마인은 바다에 손도 담그지 못할 것이다"라는 경고가 현실화됐다. 결국 카르타고를 굴복시키고 시칠리아를 온전히 지배하기 위해서는 해전이 불가피했다. 바다에서 싸우려면 전함이 필요했다.

로마는 망설이지 않았다. 즉각 함대 건설에 돌입했다. 전함을 건조해본 경험이 없었기 때문에 좌초한 카르타고 군선을 가져다 본떠서 만들었다. 힘든 과정이었다. 카르타고에 적대적인 그리스 식민 도시 시라쿠사나 마르세유 해군의 도움을 받았다면 훨씬 수월했겠

이탈리아반도와 시칠리아섬을 연결하는 전략적 요충지에 있는 메시나 항의 전경. 고대부터 중요한 항구였던 이곳은 이탈리아반도를 통일한 로마가 처음으로 발을 디딘 해외 영토로, 로마는 이곳을 장악함으로써 지중해를 자신들의 호수로 만든 거대 제국으로 발돋움했다.

지만, 로마는 쉬운 길을 가지 않았다. 제국을 꿈꾸는 나라가 국방을 남에게 의존할 수는 없었다. 로마는 스스로의 힘으로 함대 건설이라는 난제에 도전했고, 1년이라는 짧은 시간에 120척의 전함을 진수했다(기원전 260).

로마의 과감한 결단과 놀라운 실행력에 카르타고는 주눅이 들었다. 바다를 지배해온 수백 년 세월이 무상할 만큼 카르타고는 연전연패했다. 자신감을 얻은 로마는 아프리카를 침공했다. 카르타고를 직접 공격해 전쟁을 일거에 끝내겠다는 대담한 작전이었다. 카르타고는 전의를 상실하고 강화를 청할 정도로 궁지로 내몰렸으나 결국에는 대승을 거뒀다(기원전 255). 로마군 사령관 레굴루스Regulus가 거듭되는 승리에 자만한 것이 가장 큰 패인이었다. 설상가상으로 로마군은 아프리카 철군 과정에서 폭풍으로 함대 4분의 3을 잃었다. 역시 바다에 무지한 사령관이 노련한 함장들의 경고를 무시하고 항해를 강행한 탓이었다.

로마의 판정승

전선은 다시 시칠리아로 옮겨왔다. 두 강대국은 일진일퇴를 거듭했다. 로마는 시칠리아 내 카르타고 영토의 핵심 도시인 팔레르모Palermo를 점령하면서 다시 승기를 잡았다. 승부를 원점으로 되돌린 건 전선에 막 투입된 새 집정관 클라우디우스의 무모한 드레파눔Drepanum 기습이었다. 오늘날의 시칠리아 서부 트라파니Trapani 인근에 있는 드레파눔은 카르타고 함대의 정박지였다. 미숙한 로마 사령관의 경솔한 공격은 노련한 카르타고 제독 아드헤르발Adherbal의 침착한 수비에 막혀 대재앙이 됐다(기원전 249).

이제 로마와 카르타고 모두 지쳤다. 로마 원로원은 차마 15년 이상 끌어온 전쟁을 그만둘 용기가 없어 하릴없이 6년 세월을 허비했다. 카르타고는 상황이 좀 나았다. 젊은 명장 하밀카르 바르카스Hamilcar Barcas(기원전 270?~228) 때문이었다. 진정한 장군이었던 하밀카르는 용병들의 마음을 사로잡고, 소규모 함대로 로마 해안 지대를 약탈해 군자금을 마련했다. 시칠리아의 로마 세력권은 하밀카르 앞에서 속수무책으로 무너지기 시작했다.

패전을 눈앞에 뒀다고 생각한 순간 놀라운 일이 벌어졌다. 로마의 몇몇 재력가들이 사재를 털어 전함 200척과 선원 6만 명으로 구성된 대함대를 편성해 국가에 자발적으로 헌납한 것이다. 역사상 유례를 찾기 어려운 일이었다.

하밀카르의 소함대는 로마의 대함대에 압도당했다. 카르타고 본국은 마지막 남은 힘을 짜내 보급 함대를 시칠리아로 보냈다. 로마 함대는 오늘날의 시칠리아 서부 파비냐나Favignana섬 근처에서 이 보급 함대를 수장시켰다. 카르타고의 마지막 희망은 그렇게 지중해 깊은 바다로 가라앉았다. 로마가 승리했다(기원전 241). 이것이 바로 제1차 포에니 전쟁이다.

23년 전 해협을 건너 메시나로 향할 때, 로마는 승리를 확신할 수 없었다. 바다를 무대로 싸워본 적 없는 그들에게 메시나해협의 거센 바람과 거친 파도는 두려움 자체였을 것이다. 로마는 그 두려움을 극복하고 해협을 건넜다. 그 후 수많은 시행착오에도 불구하고 승리했다. 구성원들의 용기가 비겁을, 헌신이 탐욕을 압도했기 때

북아프리카 튀니지에 있는 카르타고의 옛 모습. 로마제국이 등장하기 이전 카르타고는
서지중해의 패권 국가였으나 로마와 벌인 제1차 포에니 전쟁에서 결국 패배했다.

문이다. 그러나 로마는 가까스로 이겼기에 카르타고를 멸망시킬 수 없었다. 전쟁은 끝나지 않았다. 머지않아 북쪽에서 새로운 겨울이 다가올 운명이었다.

십자군 원정의 출발점 메시나

"우린 메시나를 거쳐서 간다." 십자군 전쟁을 다룬 영화 〈킹덤 오브 헤븐 Kingdom of Heaven〉(2005)에서 기사이자 영주 '고프리'가 프랑스에서 만난 아들 '발리안'에게 예루살렘으로 가는 여정을 설명한 대사다. 영화의 묘사대로 중세 메시나는 십자군 원정의 출발점이었고, 서유럽과 성지를 연결하는 전략적 요충지였다. 특히 십자군 가운데 가장 화려했던 3차 십자군의 주역인 프랑스 필리프 2세와 잉글랜드 리처드 1세가 예루살렘을 향해 출발한 곳도 메시나였다.

1571년에 동지중해를 장악한 후 서지중해를 넘보던 오스만튀르크의 해군에 맞서 스페인제국과 베네치아가 연합해 결성한 신성동맹의 대함대가 집결하고 출전한 곳도 메시나였다. 이곳에서 출발한 신성동맹 함대는 레판토에서 오스만튀르크 함대를 상대로 대승을 거둬 그들의 서진을 막았다. 그림은 레판토 해전의 상상도이다.

포에니 전쟁의 격전지 트라시메노 호수
알프스 정복자 한니발의 등장

•

이탈리아 중부 움브리아Umbria 지방의 트라시메노Trasimeno 호수는
고즈넉하다. 물결은 잔잔하기 이를 데 없고, 하늘은 이탈리아 특유
의 푸르름을 과시한다. 찌그러진 원형에 가까운 호수는 전체적으로
풍광이 아름답지만, 가장 뛰어난 곳은 산과 물이 어우러진 북쪽이
다. 이탈리아반도의 중앙을 남북으로 가르는 아펜니노Apennino산맥
일부가 호수와 맞닿아 산수山水가 어우러지기 때문이다. 그러나 이
런 감상은 오늘날 이 지역에서 평온한 일상을 살아가는 주민, 혹은
여행차 잠시 들른 관광객의 몫일 뿐이다. 호수 북변 곳곳에는 한때
이곳이 로마와 카르타고, 두 제국이 격렬하게 충돌했던 전쟁터였음
을 보여주는 표석들이 세워져 있다.

전투는 기원전 217년 봄 혹은 초여름 어느 날 벌어졌다. 당시 로
마 달력에 대한 혼선으로 정확한 날짜에 대해서는 4월 설과 6월 설

알프스를 통과한 한니발은 이곳 트라시메노 호숫가에서 최정예 로마군을 궤멸시켰다. 그 때의 치열했던 역사 현장은 지금 흔적도 없이 지워졌고, 평화로운 호수의 일상만이 펼쳐 져 있다.

이 갈린다. 그날 이곳에서 전혀 다른 성격의 두 제국은 승리라는 똑 같은 목표를 향해 질주했다. 승리는 카르타고에 돌아갔다. 정확하 게는 카르타고 원정군의 총사령관 한니발Hannibal(기원전 247~183?)이 이겼다. 호수는 로마인의 피로 물들었고, 이탈리아반도 전체가 경 악했다. 시칠리아와 서지중해의 패권을 두고 두 제국이 다퉜던 전 쟁에서 로마가 승리를 거둔 게 24년 전이었다. 이제 승자와 패자의 처지가 바뀌기 시작했다.

조국을 버리고 이국異國으로 가다

카르타고에 강화조약은 평화를 가져왔다. 그러나 평화의 대가는 가혹했다. 시칠리아를 잃었고, 지중해라는 풍요로운 바다에 대한 독점적 권리를 상실했다. 자긍심 넘치는 카르타고인에게 무엇보다 치욕적인 건 국가의 존립을 로마의 의지에 맡겨야 하는 현실이었다. 지금은 로마가 새롭게 얻는 과실에 만족하며 아프리카에 관심을 두고 있지 않지만 언제까지 그럴까? 국제정치는 언제나 국익國益과 비정非情이란 2개의 톱니바퀴로 돌아간다. 로마가 국익의 이름으로 카르타고에 더 많은 것을 요구할 날이 반드시 올 터였다. 그때 카르타고는 어쩌할 것인가? 미래를 내다보는 혜안과 내일을 위해 오늘을 희생하는 결단은 역사에서 거의 찾아볼 수 없는 미덕이다. 카르타고도 예외가 아니었다. 패전국의 여론은 갈렸다. 언제일지 모르지만 벌어질 것이 확실한 전쟁에 대비해야 한다는 주전파와 지금 평화를 돈으로 살 수 있으면 그만이라고 생각하는 주화파. 두 당파의 골은 깊었다.

제1차 포에니 전쟁(기원전 264~241) 막판에 카르타고의 영웅으로 떠올랐던 하밀카르는 주전파의 리더였다. 냉철했던 하밀카르는 조국의 한계를 직시했다. 권력을 장악하고 있는 주화파는 부패하고 무능했다. 자신이 시칠리아에서 목숨을 걸고 싸우는 동안 무사안일로 승리 기회를 날려버린 사람들이었다. 조국에서 그는 무력했다. 하밀카르는 가족과 자신을 따르는 군대를 이끌고 조국을 떠났다. 오늘날의 스페인, 이스파니아Hispania가 목적지였다.

한니발, 알프스를 정복하다

로마에서 멀리 떨어진 이스파니아에서 하밀카르는 제2의 카르타고 제국을 세우고자 했다. 그는 원주민을 정복하고, 도시들을 세우고, 농업과 광업을 육성했다. 로마제국 정복이라는 원대한 목표를 위한 기반 다지기였다. 도중에 전사했지만, 하밀카르의 꿈은 사위를 거쳐 아들 한니발에게 이어졌다(기원전 220). 30대를 눈앞에 둔 한니발은 이미 많은 것을 경험한 노련한 장군이었다. 그의 위대함은 앞으로 로마라는 당대 최강의 제국을 상대로 펼쳐질 장기간의 전쟁에서 입증될 터였다. 한니발은 권력을 물려받자마자 전쟁을 결심했다. 기원전 219년 봄, 이스파니아 남부 해안에 있는 로마의 동맹시 사군툼Saguntum을 공격한 것이 신호였다. 사군툼을 정복한 한니발은 근거지인 이스파니아를 동생 하스드루발Hasdrubal에게 맡기고 이탈리아를 향해 진군을 시작했다.

이 시기의 로마는 한니발에 대한 군사적 우위를 확신했다. 근거 없는 자신감은 아니었다. 이스파니아에서 이탈리아로 오는 길은 멀고 험했다. 피레네산맥과 론Rhone강, 다시 알프스산맥을 지나야 했다. 어떤 곳도 대군을 이끌고 쉽게 돌파할 수 있는 지역이 아니었다. 특히 알프스는 자연이 이탈리아에 선물한 천연 방벽이었다. 해안과 알프스 사이의 좁은 통로들만 제대로 방어하면 충분했다. 더군다나 로마에는 최고 수준을 자랑하는, 동원 가능한 50만 병력이 있었다. 패장敗將의 이름 없는 아들에게 신경 쓸 이유가 없었다. 자신감은 태만을 낳았고, 태만은 한니발에게 기회를 제공했다. 그는 로마 군대의 예상을 깨고 빠르게 전진했다. 시간 싸움에서 이긴 한

니발의 군대는 별다른 저항 없이 알프스 앞에 섰다. 거친 자연, 호전적인 원주민과 싸우며 한니발의 군대는 앞으로 나아갔다. 대군을 이끌고 알프스를 넘어 이탈리아로 진입한다는, 당시 사람들이 상상도 못한 군사 작전을 감행한 것이다. 그리고 돌파했다.

로마의 대군을 연이어 격파하다
알프스를 정복한 한니발의 군대를 기다리는 것은 북이탈리아의 풍요로운 평원이었다. 처음 이스파니아를 떠날 때 보병 5만 명과 기병 9,000명이던 군대는 보병 2만 명에 기병 6,000명으로 감소했다. 비록 수는 줄었지만, 그들은 이미 알프스산맥을 상대로 싸워 이긴

장엄하게 늘어선 알프스산맥은 이탈리아를 지켜주는 자연 방벽이었다. 한니발, 샤를마뉴, 나폴레옹 같은 정복자는 이 산을 넘었고, 그때마다 역사를 새로 썼다.

정예精銳였다. 허를 찔린 로마는 즉각 4만 명의 대군을 편성해 북으로 보냈다. 한니발과 로마는 포Po강의 지류인 트레비아Trebbia강 변에서 격돌했다(기원전 218). 기병대를 유연하게 활용한 한니발이 승리했다.

로마는 다시 대군을 편성해 한니발을 추격했다. 평민파의 리더인 집정관 가이우스 플라미니우스Gaius Flaminius는 서둘렀다. 한니발은 신중하게 적을 유인했다. 스스로 대단한 장군이라 여긴 플라미니우스는 한니발을 상대로 승리를 거두고 싶은 욕심에 무턱대고 트라시메노 호수와 아펜니노산맥 사이의 좁은 길로 뛰어들었다. 한니

트라시메노 전투 상상도. 호수를 북쪽에, 산맥을 남쪽에 배치했지만 실제로는 반대다. 로마 바티칸박물관 지도 갤러리 소장.

발의 군대가 이미 이 길을 통과했다고 여기며. 전투의 문외한이 보기에도 이곳의 지형은 치명적이다. 여러 차례 전공을 세운 플라미니우스는 왜 보지 못했을까? 과욕에 눈이 멀고, 상대를 무시했기 때문이다. 한니발 군대는 호수를 제외한 사방에 매복해 있었다. 전투는 3시간 가까이 계속됐다. 격전 중에 플라미니우스는 로마에 앙심을 품고 있던 북이탈리아 원주민에게 살해됐다. 그의 죽음으로 로마 군대의 사기는 꺾였다. 그 이후는 카르타고군에 의한 일방적 살육이었다(기원전 217).

연이은 패전으로 인해 로마로 가는 길이 한니발에게 활짝 열렸다. 로마로서는 절체절명의 위기였다. 24년 전 로마는 바다의 왕자였던 카르타고를 상대로 바다에서 싸워 이겼다. 이제 육지의 강자

로마가 카르타고에 육지에서 패배한 것이다. 역사의 무게중심은 그렇게 급격하게 기울기 시작했다. 승리에 자만하고 상대를 무시한 로마의 자업자득이었다.

한니발은 대군을 이끌고 어떻게 알프스를 넘었을까?

기원전 218년에 한니발은 3만 명의 대군과 1만 5,000필에 달하는 말과 40마리 가까운 코끼리와 함께 알프스를 돌파했다. 막대한 희생을 치렀지만 그의 정예는 살아남았고, 로마를 멸망 직전까지 몰아넣었다. 이때 한니발은 어떤 루트를 통해 알프스를 넘었을까? 고대사의 흥미로운 논쟁거리 중 하나다.

그 설은 고대부터 분분했다. 로마 역사가 리비우스는 몽주네브르Mont-genevre고개, 그리스 출신으로 로마에서 활동한 폴리비오스는 작은 생베르나르St. Bernard고개라고 주장했다. 19세기 독일 역사가로 로마사의 권위자 테오도어 몸젠Theodor Mommsen은 폴리비오스 설을 지지한다. 브리태니커 백과사전에서도 위의 두 코스를 포함해 다섯 가지 가능성을 얘기하고 있다. 그러나 2016년 영국 퀸스대학교 주축으로 구성된 연구팀이 프랑스와 이탈리아 국경 지대인 콜드라트라베르세트Col de la Traversette에서 다량의 말과 노새 배설물 흔적을 발견함으로써 논쟁이 재점화됐다. 연구팀이 배설물의 탄소연대를 측정한 결과 한니발 원정 때인 약 2,200년 전 것임이 밝혀졌기 때문이다.

물론 이 발견으로 한니발의 이탈리아 침공 루트가 확정된 것은 아니다. 물적 증거가 더 필요하다. 어쨌든 한니발의 알프스 정복은 대단한 업적임에 틀림없다. 여전히 사람들이 궁금증을 품게 하고, 찾아 나서도록 만들고 있으니 말이다.

로마군이 세 번째 대패한 칸나에 평원
역사상 가장 치열했던 포위섬멸전

●

"교육이란 게 참 무섭다." 처음 칸나에Cannae에 갔을 때 동행했던 방송 PD가 독백처럼 던진 말이다. 그때 우리는 칸나에 평원이 훤히 내려다보이는 언덕 위에 서 있었다. 고고학 발굴지인 언덕에는 먼 옛날 있었던 전투를 기리듯 부서진 칼럼 하나만이 덩그러니 남아 있다. 알고 보면 그 전투와는 상관도 없는 기둥이다. 그날따라 비가 왔다. 촉촉하게 칸나에를 적시는 비를 맞으며 우리는 상념에 젖었다. 감정이 묘했다. 역사책에나 있을 법한 '칸나에'가 눈앞에 펼쳐져 있었다. 이곳에서 그 옛날 무려 7만 명에 달하는 로마군이 몰살당했는데, 평원은 마치 아무 일 없었다는 듯이 평온했다. 침묵을 깨는 독백은 그때 튀어나왔다. 무슨 뜻인지 묻자, 대답이 이랬다.

"한니발은 어릴 때부터 아버지로부터 로마에 대한 증오를 배웠다는데, 결국 이곳 칸나에까지 와서 수만 명의 로마군을 몰살시키지 않았습니까? 아버지 하밀카르의 집요한 조기교육이 없었다면 칸나에의 비극도 없지 않았을까요?"

반은 맞고 반은 틀리다. 하밀카르의 교육이 한니발로 하여금 유독 로마를 미워하고, 로마를 이기기 위해 평생을 바치도록 한 건 맞다. 그러나 그런 교육이 없었어도 한니발은 칸나에에 섰을 것이다. 한 산에 두 마리의 호랑이가 함께 살 수 없듯이, 지중해에 두 제국이 공존할 수는 없었다. 로마와 카르타고, 둘 중 하나는 사라져야 했다. 그리고 한니발은 카르타고 주전파의 리더였다. 칸나에는 그의 운명이었다.

로마는 결코 포기하지 않는다

제1차 포에니 전쟁에서 패배한 후, 이베리아반도를 토대로 권토중래를 꿈꿨던 카르타고의 주전파는 한니발의 기치 아래 이탈리아로 진격해 들어왔다. 그들은 알프스를 정복했다. 트레비아 전투와 트라시메노 전투에서 로마군을 상대로 연이어 대승을 거뒀다. 트라시메노 전투 결과, 로마는 이탈리아 중부 전체를 잃었다. 로마로 가는 길이 한니발 앞에 뚫렸다. 순간 패닉에 빠졌으나 로마는 빠르게 냉정을 되찾았다. 로마로 이어진 티베리스강의 다리를 부수고, 성벽을 보수했다. 퀸투스 파비우스 막시무스Quintus Fabius Maximus를 독재관에 임명하고, 새롭게 군단을 재편성했다. 전쟁은 아직 끝나지 않았다.

예상을 깨고 한니발은 로마로 진군하지 않았다. 그의 목표가 단순히 로마를 약탈하는 게 아니었기 때문이다. 한니발은 로마를 뿌리째 뽑아내고자 했다. 그러기 위해서는 이탈리아 전역을 로마로부터 떼어내야 했다. 연이은 패배에도 불구하고 이탈리아반도를 촘촘하게 잇고 있는 로마의 동맹 체제는 흔들리지 않았다. 주요 도시 중 어느 곳도 한니발의 손을 잡아주지 않았다. 근거지인 이베리아반도에서 멀리 떨어져 나온 원정군으로서는 또 한 차례의 대승이 필요했다. 한니발은 충분한 휴식을 취한 후, 남부 이탈리아를 향해 내려갔다.

독재관 파비우스 막시무스는 냉철하게 다음과 같은 결론을 내렸다. "한니발은 천재다. 나를 비롯한 로마의 그 누구도 한니발과 견줄 수 없다. 그러므로 정면 대결은 피해야 한다. 한니발의 대군은 원정군으로 보급을 약탈에 의존하고 있다. 전면전 대신 소규모 전투로 전력을 약화시키면 천하의 한니발도 어쩔 수 없이 스스로 물러날 것이다."

그의 전략은 단순했지만 핵심을 찌르고 있었다. 파비우스 막시무스는 지구전持久戰에 돌입했다. 효과는 있었다. 최소한 더 이상의 패배는 없었으니까. 그러나 처음부터 오래갈 수 없는 전략이었다. 로마인은 비록 패배자였지만 비겁자는 아니었던 까닭이다. 한니발 군대가 이탈리아반도를 휩쓸며 약탈하는 걸 지켜보기만 하는 것은, 싸우다 죽은 수만 명의 동료 시민에 대한 복수를 외면하는 것은, 로마인의 기질에 맞지 않았다. 독재관에 대한 비난이 빗발치고, 원성이 높아졌다. 국가의 위기와 분노한 민심을 자기 출세의 기회로 이용하려는 이기적인 정치인은 동서고금을 막론하고 존재한다. 로마라고 예외일 리 없다. 주전파들이 설쳐대기 시작했다. 다시 전쟁의

카르타고의 장군 한니발. 대군을 이끌고 알프스를 넘어 로마를 공격했다. 역사상 가장 위대한 장군 중 한 명이다.

파고가 높이 일었다.

역사상 가장 치열했던 포위섬멸전

로마 시민은 압도적인 지지로 강력하게 전쟁을 주장한 테렌티우스 바로Gaius Terentius Varro를 새로운 집정관에 선출했다. 아이밀리우스 파울루스Lucius Aemilius Paullus가 동료 집정관으로 뽑혔다. 바로는 무

〈집정관 아이밀리우스 파울루스의 최후〉(1773년작). 로마군은 무적이 아니었다. 한니발과의 전쟁처럼 연이어 대패한 적도 있다. 그러나 전투에 져도 결국 전쟁에는 이기는 것이 로마군이었다. 적을 두려워하지 않는 용기, 패배에도 포기하지 않는 불굴의 의지가 있었기 때문이다. 예일대학교 미술관 소장.

능했다. 로마사의 권위자 테오도어 몸젠의 표현에 따르면 "내세울 만한 것은 천한 가문과 안하무인의 파렴치함뿐"인 자였다. 이성의 실종과 자격 없는 리더의 등장. 거대한 비극은 이제 시간문제였다. 로마는 한니발과 싸우기 위해 로마 역사상 유례없는 대군단을 편성하기로 했다. 무려 8개 군단이 신임 집정관들과 함께 한니발을 향해 출전했다.

그는 칸나에 평원에 있었다. 한니발은 나폴레옹과 비슷했다. 언제나 본인이 우세를 점할 수 있는 곳에 먼저 나아가 적을 기다렸다. 칸나에 평원이 딱 그랬다. 이곳의 너른 평원은 강력한 기병대를 가진 한니발에게 결정적으로 유리할 터였다. 바로와 파울루스가 이끄는 8만 6,000명의 대군은 아랑곳하지 않고 평원으로 들어섰다. 전투는 몸젠이 밝혀낸 대로 6월 어느 날 벌어졌다. 예상대로 우세한 기병대를 활용한 한니발의 군대가 사방에서 로마군을 포위하는 데 성공했다. 전투는 사실상 이때 끝났다. 남은 건 학살뿐이었다. 전선에 배치된 7만 6,000명 중 7만 명이 목숨을 잃었다. 집정관 파울루스를 비롯해 80명의 원로원 의원과 장교 3분의 2도 함께 죽었다. 세계 전쟁사에서 전무후무한 대참패였다. 반면, 한니발 군대의 피해는 6,000명에 불과했다. 더욱이 그 대부분도 보충병에 불과한 켈트족이었다. 한니발의 정예는 건재했다.

이때 블랙코미디 같은 일이 발생했다. 누구보다 큰 소리로 파비우스 막시무스의 지구전을 비난했던, 누구보다 자신 있게 한니발을 상대로 승리를 장담했던, 누구보다 무모하게 칸나에에서 전투를 이끌었던 바로가 살아남은 것이다. 전세가 불리함을 깨닫고 재빨리 도망친 덕이다. 7만 명 넘는 병사를 죽음으로 몰아넣은 총사령관은 뻔뻔스럽게 살아남아 로마로 돌아왔다.

만약 이런 일이 우리 사회에서 벌어졌다면 어떤 일이 생겼을까? 아니, 다른 나라였다면 어땠을까? 예측하기 어렵지 않다. 그런데 로마에서는 아무 일도 없었다. 책임 소재를 둘러싼 공방도, 어떤 비난도 들리지 않았다. 오히려 원로원 의원 전원이 성문까지 나가 바

2,200년 전 로마와 카르타고는 칸나에에서 지중해 세계를 두고 건곤일척의 전투를 벌였다. 그날 하루 동안 양쪽에서 무려 7만 6,000명의 군인이 목숨을 잃었다. 모든 것은 역사 속에 묻혔고, 현재는 주변 언덕 위에 외롭게 선 옛 기둥만이 칸나에를 바라보고 있다.
© Jörg Schulz/Wikimedia

로를 맞이하며 '조국을 포기하지 않고 돌아온 것'에 감사를 표했다. 참사를 미사여구로 감추려는 허언도 아니고, 가련한 사내를 향한 조롱도 아니었다. 트레비아, 트라시메노에 이어 칸나에에서의 패배로 로마는 12만 명에 달하는 병사를 잃었다. 당시 인구수를 고려하면 '회복 불가능한 손실'이라고 봐도 무방할 것이다.

지금 절대적으로 필요한 것은 비방이나 책임 공방이 아니라 절체절명의 위기 속에서 국가를 구하고 재건하는 것이었다. 그러기 위해서는 로마인 간의 신뢰를 회복하고 화합을 이뤄야 했다. 바로를 향한 감사는 이를 위한 처절하고 현실적인 몸부림이었다. 로마는 아직 지지 않았다. 역사상 가장 극적인 대역전극은 화합을 통해 시작될 참이었다.

로마군을 최강으로 만든 특별한 전통

로마 군대는 어떻게 최강이 됐을까? 많은 이유가 있지만 현장 사령관에게 폭넓은 재량권을 부여하고, 패전할 경우에도 장군에 대해 지나친 처벌을 하지 않는 전통도 중요하게 손꼽힌다. 이는 전쟁과 인간에 대한 로마인의 인식과도 관련이 있다.

로마인은 누구도 패전을 원하지 않는다고 봤다. 패배는 고의가 아니라 실수나 무능함에 기인하며, 패전 장군이란 오명만으로도 당사자에게는 충분한 벌이라고 생각했다. 패전에 대해 과도하게 책임을 물으면 현장에 나가 있는 장군들이 적극적으로 임무를 수행할 수 없다. 장군들이 움츠러들면 어떻게 전쟁에서 승리할 수 있겠는가?

정치적 이유도 있었다. 로마는 기본적으로 집정관과 법무관 같은 고위 정치인이 사령관을 맡았다. 그들에게 패전의 책임을 묻는다는 핑계로 정적을 제거할 수 있고, 그런 행위가 정치적 투쟁으로 변질될 수도 있었다. 실제로 한니발과의 전쟁 과정에서 로마가 대패했던 트레비아, 트라시메노, 칸나에 전투는 총사령관이 모두 평민파였다는 공통점이 있다. 귀족이 패전을 이유로 이들을 제거했다면 정치투쟁에서는 승리했을지 몰라도, 로마는 분열해 멸망했을 것이다. 원로원이 바로를 비난하지 않고 따뜻하게 맞은 것은 그런 이유 때문이었다.

로마에 정복된 도시국가 시라쿠사
어리석은 리더의 잘못된 선택

●

제국은 투쟁하고, 문명은 충돌한다. 인류 역사에서 무수히 반복되는 보편적 현상이다. 로마와 카르타고의 전쟁도 그중 하나였다. 성격이 전혀 다른 두 제국은 애당초 서지중해를 나눠 가질 수 없었다. 전쟁은 불가피했다. 이때 가장 힘든 것은 충돌하는 제국들이 아니다. 제국들 사이에 낀 중소 국가다. 중립은 죽기 살기로 싸우고 있는 제국이 허용하지 않는다. 한 편에 줄을 설 수밖에 없다. 쉬운 선택이 아니다. 고래 싸움에 새우 등이 터지지 않으려면 각별한 노력과 냉철한 판단이 필요하다. 문제는 그게 쉽지 않다는 것이다. 그래서 제국 간 대규모 전쟁이 끝나 승자와 패자가 결정되면, 중간에 낀 많은 나라가 사라지거나 예전만 못한 처지로 전락한다. 포에니 전쟁 때도 그랬다. 대표적인 나라가 도시국가 시라쿠사Siracusa였다.

시라쿠사는 항구다. 지중해의 심장이라는 시칠리아 동쪽에 있다.

시라쿠사 전경. 지중해 세계의 주요 도시국가 중 하나로 수학자이자 공학자였던 아르키
메데스의 출생지로 유명하다.

그리스인은 일찍이 지중해 전역에 진출해 식민 도시를 세웠다. 시라쿠사도 이때 그리스 본토의 주요 폴리스 중 하나인 코린토스의 개척자들이 건설했다(기원전 734년경). 거대한 지중해 교역의 중심지이자 개척자들의 열성적 노력 덕분에 시라쿠사는 거대 도시로 성장해 번영을 누렸다. 그때의 흔적을 시라쿠사는 오늘까지 보존하고 있다.

항구 전면에 툭 튀어나온 작은 섬 오르티자Ortigia 초입의 아폴로 신전은 남아 있는 흔적만으로도 그 웅장함을 짐작케 한다. 내륙의 나지막한 언덕에 있는 거대한 그리스식 극장은 항구와 구도심을 향한 압도적 전망과 함께 시라쿠사가 한때 아테네와 자웅을 겨룬 자부심 넘치는 도시였음을 드러낸다. 번영은 시라쿠사가 자유와 독립을 잃고 로마에 무릎 꿇은 이후에도 계속됐다.

그리스식 극장 아래에 있는 로마 원형극장 터가 그 증거다. 로마에 복속되기 이전 시라쿠사의 위세는 대단했다. 서지중해의 패자霸者 카르타고와 싸워 시칠리아 동반부東半部를 영향권 아래 뒀다. 아테네를 지지하는 세력과 스파르타를 지지하는 세력이 정면으로 충돌한 펠로폰네소스 전쟁 기간(기원전 431~404)에는 스파르타의 동맹으로 활약했다. 이때 시라쿠사는 시칠리아에 쳐들어온 아테네 군대를 몰살시켜 전쟁의 승패를 가르기도 했다(기원전 415~413). 그토록 대단했던 시라쿠사는 어떻게 멸망했을까? 왜 자유와 독립을 잃고 로마제국 속으로 사라졌을까? 어리석은 리더의 잘못된 선택 때문이었다.

하나 된 로마, 분열된 카르타고

포에니 전쟁(기원전 264~146)은 고대 지중해 지역의 세계대전이었다.

시라쿠사의 항구가 내려다보이는 곳에 있는 웅장한 그리스식 극장은 한때 이 도시가 지중해 세계에서 차지했던 비중을 상징한다. 시라쿠사는 아테네·카르타고와 싸우며 성장하고 번영했으나 제2차 포에니 전쟁 때 동맹을 잘못 선택함으로써 로마에 자유와 독립을 잃었다.

로마와 카르타고는 120년 가까운 세월 동안 세 차례 격돌했다. 그 하이라이트는 '한니발 전쟁'이라고 하는 제2차 포에니 전쟁(기원전 218~201)이었다. 천재적인 장군 한니발은 연이은 승리로 로마를 존폐의 갈림길로 몰았다. 칸나에 전투(기원전 216) 직후가 그 절정이었다. 그러나 로마는 강했다. 군사력보다 정신 상태가 그랬다. 최악의 상태에서 로마는 책임을 묻고 서로를 비방하기보다 하나로 뭉쳤다. 생존의 구원은 타협이 아니라 오로지 승전에 있다는 데 구성원들이

합의했다. 포로 문제를 구실로 강화의 물꼬를 트려 했던 한니발의 사절은 로마의 성벽 앞에서 되돌아가야 했다. 누구나 알지만 아무나 결정할 수 없는 길을 로마는 선택한 것이다. 전쟁의 승패는 사실 이때 결정됐다.

카르타고는 반대의 길을 갔다. 그들은 약했다. 내부가 분열돼 있었기 때문이다. 전쟁에 반대하는 세력은 한니발이 승기를 잡았음에도 정적政敵을 전폭적으로 지원하려 하지 않았다. 칸나에 전투 직후 카르타고가 범국가적으로 한니발을 지원했다면 로마는 버티기 힘들었을 것이다. 그러나 분열되고 서로를 시기한 카르타고는 그러지 못했다.

결과론적으로 이 전쟁은 로마와 카르타고의 충돌이 아니었다. 국가 로마와 개인 한니발의 싸움이었다. 오늘날 우리는 안다. 이 순간에 로마는 승리를 향해서, 카르타고는 패배를 향해서 착실하게 한 걸음씩 내딛고 있었다는 것을. 그러나 당시를 살아가던 사람 대부분에게는 한 치 앞도 보이지 않는 혼돈의 시대였다.

로마를 버리고 카르타고를 선택하다

시라쿠사의 히에론Hieron II(기원전 308~215)은 탁월했다. 50년 가까이 시라쿠사의 통치자로 시칠리아에 강한 영향력을 행사했다. 그는 카르타고와 로마 사이에서 고심했다. 평화 시에는 중립을 유지했고, 전쟁 시에는 로마에 붙었다. 두 제국의 충돌을 시라쿠사의 군주는 못마땅하게 여겼지만, 그에겐 전쟁을 막을 힘이 없었다. 충돌이 시작되면 언제나 그의 선택은 로마를 향한 계산적 충성이었다. 살아남으려면 강한 나라를 선택해야 했기 때문이다.

　칸나에 전투 직후에 찾아온 히에론의 죽음은 다가올 시라쿠사 멸망의 전조였다. 후계자인 손자 히에로니무스Hieronymus는 어리석은 10대 중반의 소년에 불과했다. 그에겐 로마와 카르타고의 국력과 전쟁 상황을 제대로 판단할 능력이 없었다. 소년은 "전쟁이 끝나면 시칠리아 전체의 소유권을 시라쿠사에 넘기겠다"는 카르타고의 말에 속아 덜컥 동맹을 바꿨다. 시칠리아의 절반은 카르타고인이 개척한 땅이었다. 시라쿠사와 카르타고는 시칠리아의 패권을 두고 수백 년간 싸워왔다. 카르타고와 로마의 충돌 또한 시칠리아를 둘러싸고 시작됐다. 그런 시칠리아를 카르타고가 숙적인 그리스계 시라쿠사에 넘기겠다는 발상 자체가 불가능했다. 자신의 할아버지가 왜 굴욕을 참아가며 로마 편에 섰는지를 손자는 심사숙고하지 않았다.

　카르타고의 군대가 도시 안으로 들어왔고, 시라쿠사는 분열했다. 정치적 혼란 속에서 히에로니무스는 살해됐고, 도시의 지배권은 카르타고 군인들 손아귀에 들어갔다.

시라쿠사 무너지다

로마는 한니발을 상대로 선전했던 백전노장 마르쿠스 클라우디우스 마르켈루스Marcus Claudius Marcellus를 파견했다. 시라쿠사 공성전의 시작이었다(기원전 213~212). 전쟁은 치열했다. 군사력은 로마가 월등하게 우세했지만, 시라쿠사는 박식한 수학자이자 공학자 아르키메데스가 히에론 시절 구축한 완벽한 수비 체계를 갖추고 있었다. 생

토머스 랄프 스펜스의 〈시라쿠사 방어를 지휘하는 아르키메데스〉이다. 아르키메데스(그림 하단 오른쪽)가 로마군의 공격에 맞서 시라쿠사 방어를 지시하는 상상화. 그러나 천재의 방어 시스템으로도 시라쿠사는 멸망을 피하지 못했다.

각보다 오랜 시간이 걸렸지만 결국 승리는 로마군에게 돌아갔다. 전쟁 결과는 우수한 무기보다 총사령관의 능력과 군인들의 결기에 따라 결정되기 때문이다.

마르켈루스는 자비를 베풀지 않았다. 500년 넘게 지중해 교역을 이끌어온 부유한 상업도시는 약탈당했고, 사령관의 신신당부에도 불구하고 아르키메데스를 비롯한 수많은 시민이 살해됐다. 시라쿠사는 그렇게 멸망했다. 훗날 다시 번영을 구가하지만, 당시는 단지 로마제국의 식민 도시일 뿐이었다.

역사는 반복된다. 인간이 역사에서 많은 것을 배우지 못하기 때문이다. 제2, 제3의 시라쿠사는 계속 존재했다. 오늘날에도 있고 미래에도 있을 것이다. 어리석은 약소국의 숙명이 애달프다.

로마를 배신한 카푸아의 최후

시라쿠사만 잘못된 선택을 한 건 아니었다. 카푸아Capua도 마찬가지였다. 시라쿠사가 시칠리아섬에서 가장 강력한 도시국가였다면, 카푸아는 이탈리아반도에서 로마 다음으로 강력했다. 보병 3만 명과 기병 4,000명을 파견할 수 있는, 로마 연방의 핵심 도시였다.

그러나 칸나에 전투 이후 반로마파는 친로마파의 강력한 반대에도 로마를 버리고 한니발을 선택했다. 로마로서는 절체절명의 순간에 다가온 뼈아픈 배신이었고, 한니발에게는 가장 강력한 원군이었다. 카푸아의 종말은 시라쿠사와 유사했다. 한니발은 이 도시를 지켜내지 못했고, 결국 카푸아는 로마에 무조건 항복했다(기원전 211). 벌은 가혹했다. 지도층은 참수당하거나 투옥됐고, 시민 상당수는 노예로 팔려갔다. 도시의 부는 로마에 몰수됐다. 이때 카푸아는 역사의 2선으로 물러났고, 오늘날까지 이탈리아 중부의 소도시로 남아 있다. 사진은 폐허로 남은 오늘날의 카푸아 원형경기장으로 규모 면에서 로마의 콜로세움 다음으로 컸다.

스키피오의 이탈리카, 한니발의 크로토네
국가의 단합이 운명을 가르다

●

로마는 지중해 세계 곳곳에 깊은 흔적을 남겼다. 그 문명과 역사의 기록을 확인하기는 쉽다. 유럽 각국을 여행하다 보면 수시로 로마의 유산과 마주하기 때문이다. 피해가는 것이 오히려 지극히 어렵다. 그 유산과 마주할 때마다 '참 대단하다'는 생각이 든다. 멀리로는 2,500년 전부터 가깝게는 1,500년 전의 흔적 아닌가? 이렇게 제국을 건설하고 유지하는 과정에서 그들은 다양한 이야기를 만들어냈다. 그중에서도 가장 흥미진진하고 감동적인 이야기가 한니발과 벌인 제2차 포에니 전쟁이다. 로마는 이 전쟁에서 승리함으로써 단숨에 지중해 세계의 지배자로 떠오를 수 있었다. 그 과정에서 로마는 여러 번 존폐의 기로에 섰지만 오뚝이처럼 다시 일어났다.

오늘날 유적으로 남아 2,200년 전 고대 지중해판 세계대전의 결정적 순간을 증언하고 있는 두 도시가 있다. 바로 이베리아반도 서 남쪽 끝머리에 있는 이탈리카와 이탈리아반도 남쪽에 있는 크로토네다. 지금은 폐허로 남은 두 곳에서 한니발 전쟁을 이끌었던 두 남자를 떠올린다.

스키피오, 한니발의 심장을 겨누다

이탈리카Italica는 고대 로마의 도시다. 오늘날 스페인 남부의 중심 도시 세비야Sevilla 바로 옆에 있다. 폐허라 부르기엔 유적이 많이 남아 있지만 만족스러울 만큼은 아니다. 역사적 상상력과 공감대가 부족한 사람에겐 실망스러울 수 있다. 반대로 역사적 상상력과 공감대가 풍부한 사람은 감개무량할 것이다. 2만 5,000명을 수용했다는 원형경기장에서 화려한 모자이크 장식을 간직하고 있는 개인 빌라에 이르기까지 고대 로마제국 도시의 모든 것을 갖췄다.

무엇보다 이탈리카는 로마가 이베리아반도에 건설한 첫 번째 도시로, 스키피오의 군단병들이 세웠다(기원전 206). 훗날 로마제국의 전성기를 이끈 오현제五賢帝 중 트라야누스Marcus Ulpius Trajanus와 하드리아누스Publius Aelius Hadrianus가 이곳 출신이다. 이처럼 이탈리카는 업적과 명성에서 어디에도 뒤지지 않는 위대한 3명의 로마인과 직접적인 관련이 있다. 그러나 제2차 포에니 전쟁 당시까지 이베리아반도는 한니발 가문의 근거지였다. 특히 이탈리카는 페니키아의 오랜 전략적 요충지인 카디스Cadiz에서 멀지 않은 곳이다. 스키피오는 어떻게 이 깊숙한 지역까지 쳐들어와 로마의 깃발을 꽂을 수 있었을까?

푸블리우스 코르넬리우스 스키피오Publius Cornelius Scipio(기원전

로마의 장군 스키피오. 한니발에 맞서 승리를
거두고 로마를 지켜냈다.

236~184)는 로마의 명문가 출신이다. 같은 이름의 아버지 푸블리우
스와 삼촌 그나이우스Gnaeus는 출중한 군인으로, 한니발 전쟁에서
이베리아 전선을 담당했다. 아버지와 삼촌이 전사한 후, 스키피오
는 민회에서 이베리아 전선의 총사령관으로 선출됐다. 27세의 젊은
나이였다. 비상시국이었기에 가능했던 파격이지만, 젊은 스키피오
는 장차 모두의 예상을 뛰어넘는 성공을 거둔다. 전략적 통찰력과
대중적 인기를 겸비한 스키피오는 이베리아에 도착하자마자 카르
타고의 거점 도시 카르타헤나Cartagena를 기습했다. 이후 카르타고노
바Carthago Nova, 즉 '새로운 카르타고'로 이름이 바뀐 이 도시는 중
요했던 만큼 난공불락의 요새이기도 했다. 스키피오는 카르타헤나

이탈리카의 원형경기장. 로마 장군 스키피오는 한니발의 근거지인 이베리아반도를 정복한 후 이탈리카를 세웠다.

항구 일부가 썰물 시간대에 바닥을 드러낸다는 극비 정보를 활용해서 단 하루 만에 도시를 점령했다(기원전 209). 이베리아 전체가 격동했다.

스키피오의 다음 목표는 안달루시아였다. 한니발의 동생 하스드루발과 마고Mago가 주둔한 곳이었다. 그 둘은 스키피오의 적수가 아니었다. 기원전 206년 스키피오는 세비야 인근 일리파Ilipa에서 카르타고의 대군을 상대로 결정적 승리를 거뒀다. 탁월한 리더는 언제나 멀리 내다보고, 핵심을 간파한다. 스키피오도 그랬다. 이제 이베리아에서 카르타고의 지배권은 붕괴했다. 권력의 공백이 생긴 것이다. 언젠가 한니발 전쟁이 끝나고 나면, 로마는 자의 반 타의 반으로 카르타고를 대신할 터였다. 이제 카르타고가 다시 진입하는 것을 방어하고, 훗날 이베리아 전체를 지배하기 위한 거점이 필요했다. 이탈리카는 그렇게 탄생했다. 안달루시아의 동맥인 과달키비르Guadalquivir강에서 가깝고, 페니키아의 오랜 전략적 요충지인 카디스를 견제할 수 있는 곳에.

한니발의 배후가 무너졌지만 전쟁은 아직 끝나지 않았다. 위축됐다고는 하지만 여전히 한니발은 이탈리아 안에 있었고, 카르타고 역시 건재했다. 스키피오의 눈은 이제 카르타고 본국을 향했다. 오랜 전쟁을 끝낼 때가 된 것이다. 이탈리아 안에서가 아니라, 카르타고 성벽 앞에서.

홀로 로마에 맞선 한니발의 최후

크로토네Crotone는 고대 그리스인이 세운 도시다. 오늘날의 이탈리아 남부 칼라브리아Calabria주에 있다. 크로토네 근처에 카포콜론나Capo Colonna라는 유적지가 있는데, 폐허에 가깝다. 발굴조차 제대로 이뤄지지 않고 있는 너른 터에 덩그러니 신전 기둥 하나만이 눈에 띈다. 기둥의 높이는 8미터가 넘는다. 투박하지만 강건한 도리아 양식(고대 그리스의 대표적 건축양식)이다. 신전은 그리스 여신 헤라에게 바쳐졌다. 당대에는 남부 이탈리아에서 가장 장엄한 건축물이었다니, 세월이 무상하다. 신전보다 더 무상한 것은 한니발의 삶이다. 그는 평생을 '로마 타도'라는 단 하나의 목표를 위해 살았다. 그러나 로마 타도에 실패한 상처 입은 사자는 이탈리아를 떠나야 했다. 한니발은 이곳 크로토네 항구에서 고향 카르타고로 향했다. 칸나에 전투에서 로마군 7만 명을 몰살했던 한니발. 그는 왜 떠나야만 했던 것일까?

한니발은 천재였다. 그의 용병 앞에 로마군은 연전연패했다. 그의 외교 앞에 로마의 동맹 체제는 흔들렸다. 이탈리아 제2의 도시 카푸아는 로마를 배신했고, 시칠리아의 맹주 시라쿠사는 한니발과 동맹을 맺었다. 그러나 한니발에게는 치명적 약점이 있었다. 정확하게는 한니발이 아니라, 카르타고라는 국가의 약점이었다. 그들은 서지중해의 패권을 두고 로마와 싸우고 있었음에도 하나로 뭉치지 못했다. 언제나 당파심이 애국심을 이겼고, 개인의 이익이 국가의 이익보다 중요했다.

한니발이 아무리 천재라 해도 개인의 힘만으로 로마 전체와 싸울 수는 없었다. 로마는 한니발과의 정면충돌을 피하고, 그의 근거지 이베리아반도를 잠식해 들어갔다. 한니발에게는 원군援軍이 절대적으로 필요했지만, 오지 않았다.

점차 한니발은 수세에 몰렸고, 이탈리아 남부에서 발이 묶였다. 기원전 207년, 드디어 기다리던 원군이 알프스를 넘어 이탈리아로 왔다. 동생 하스드루발이 사령관이었다. 한니발은 북상했다. 동생과 만나기 위해서였다. 로마군이 한니발에게 가던 하스드루발의 밀서密書를 가로챘다. 비극의 시작이었다. 의도를 간파당한 하스드루발은 메타우루스Metaurus강 변에서 로마군의 기습을 받았다. 군대는 궤멸됐고, 사령관은 명예롭게 전사를 선택했다. 로마군은 동생의 잘린 머리를 형의 진지에 던졌다. 삶과 죽음을 사이에 둔 10년 만의 재회였다. 이로써 한니발에게 처음이자 마지막으로 찾아온 대규모

크로토네의 헤라 신전 유적. 한니발은 로마 정복에 실패한 후 크로토네를 거쳐 본국으로 돌아갔다.

병력 충원과 보급의 기회는 영영 사라지고 말았다. 한니발은 모든 것이 끝났음을 알았다.

스키피오의 군대가 아프리카에 도착하자 카르타고 역시 종말을 느꼈다(기원전 204). 한니발에게 귀환 명령이 떨어졌다. 크로토네에 머물던 한니발은 이를 갈고, 신음을 토하고, 겨우 눈물을 참아냈다. 그도 결국에는 인간에 불과했다. 한니발은 자신의 말을 죽이고 배를 탔다(기원전 203). 이탈리아를 떠나기에 앞서 카포콜론나의 헤라 신전에 자신의 업적을 기록한 동판을 남겼다. 그는 떠나는 배 위에서 자신의 업적을 품은 헤라 신전을 바라봤을 것이다. 무엇을 생각하고 느꼈을까? 감히 상상하기 어렵다. 어쨌든 그는 실패했다. 로마는 살아남았고 더욱 강해졌다. 이제 생존을 걱정해야 하는 쪽은 한니발과 카르타고였다.

한니발은 이베리아에서 이탈리아로 갔고, 스키피오는 이탈리아에서 이베리아로 갔다. 각자의 어깨 위에 조국의 운명과 지중해의 패권이라는 짐을 진 채였다. 이제 두 남자는 북아프리카의 자마 Zama에서 운명처럼 마주했다(기원전 202). 역사가 티투스 리비우스의 표현대로 "그들의 시대뿐 아니라, 모든 앞선 시대의 기록을 살펴보아도 가장 위대한 두 장군"의 격돌이었다. 승리는 스키피오의 몫이었다. 그의 전술이 좀 더 유연했고, 그의 부대가 훨씬 강인했기 때문이다. 스키피오는 관대한 강화 조건을 제시했고, 한니발은 받아들였다. 사실상 포에니 전쟁의 종말이었다. 제3차 포에니 전쟁(기원전 149~146)은 로마의 억지스러운 시비와 카르타고의 절망스러운 저항에 불과했다. 이때를 기점으로 승자는 거대한 제국으로 도약했다. 패자는 일개 상업도시로 전락했다. 극명하게 운명이 갈린 것이다. 예외 없는 역사. 그래서 더 무섭다.

그라쿠스 형제와 카피톨리노 언덕
진정한 리더가 남긴 위대한 정신

●

카피톨리노Capitolino 언덕을 오르는 길은 두 갈래다. 하나는 콜로세움이 끝나는 곳에서 시작되어 로마제국의 심장이던 포로로마노를 가로지른다. 그 이름은 비아 사크라Via Sacra, '성스러운 길'이란 뜻이다. 로마의 개선식은 이 길을 따라 진행됐다. 연초에 집정관을 비롯한 로마 최고위 관료들도 이 길을 따라 걸었다. 모두의 목적지는 카피톨리노 언덕 위에 있는 유피테르(주피터) 신전. 그리스의 제우스에 해당하는 주피터는 로마에서도 으뜸 신이었다. 개선장군은 그 앞에서 승리를 고했고, 집정관은 한 해의 행운을 기원했다.

또 다른 길은 반대편 베네치아 광장에서 시작된다. 코르도나타Cordonata라는 낮고 넓은 돌계단을 따라 올라가면 그 끝에 캄피돌리오Campidoglio 광장이 나온다. 카피톨리노 언덕 한가운데를 차지하고 있는 광장은 르네상스를 대표하는 천재 미켈란젤로가 만들었다. 한

완만하게 펼쳐진 계단을 올라 그리스신화의 쌍둥이 신 카스토르Castor와 폴룩스Pollux의 거대한 동상을 지나면 카피톨리노 언덕에 닿는다. 언덕이란 표현이 무색할 만큼 낮고, 광장이라 부르기 어색할 만큼 좁은 공간이지만 로마제국 역사상 가장 강렬한 개혁의 외침이 울려 퍼졌던 곳이다.

광장에 가로등 불빛이 켜지면 마법처럼 르네상스의 로마가 펼쳐진다. 중앙에 마르쿠스 아우렐리우스 황제의 기마상이 당당하다.

때 언덕의 주인이던 주피터 신전이 내뿜던 신성함을 바닥에 새겨진 기하학적 아름다움이 대신하고 있다. 광장 중앙에는 로마제국의 전성기인 오현제 시대의 마지막을 장식했던 마르쿠스 아우렐리우스Marcus Aurelius Antoninus(121~180) 황제의 기마상이 당당하다. 돌계단 쪽을 제외한 3면은 고풍스러운 궁전이고, 포로로마노로 이어진 길은 가려서 보이지 않는다.

이 광장의 절정은 해 질 녘이다. 가로등에 불이 들어오면 21세기의 로마는 사라지고, 마법처럼 르네상스의 로마가 펼쳐진다. 두 길 중 어느 쪽을 선택해도 좋다. 한 길은 역사와의 벅찬 동행이고, 다른 길은 천재와의 멋진 만남이니까. 그렇게 도착한 언덕과 광장은 거기서 그치지 않는다. 강렬한 역사의 이야기를 담고 있다. 언제 어디서나 있었고 미래에도 계속될, 리더와 개혁에 대한 이야기.

사회의 근간, 자영농이 무너지다

3년에 걸친 제3차 포에니 전쟁이 끝났다(기원전 146). 카르타고는 항복했고, 불에 탔다. 기원전 202년 북아프리카 자마에서 스키피오가 한니발을 상대로 이겼을 때부터 예상됐던 결말이다. 한니발 전쟁을 통해 로마는 지중해 최강 제국으로 거듭났다. 세 차례에 걸친 전쟁으로 동지중해의 강국 마케도니아도 멸망시켰다(기원전 168). 카르타고를 멸망시킨 그해에는 그리스 전체를 손에 넣었다. 적이 없었다. 아니, 없어 보였을 뿐이다. 정말 큰 적이 서서히 모습을 드러내고 있었다. 밖이 아닌 안에서.

변화의 시대였다. 로마의 국력은 급성장했고, 영향력은 지중해 세계 전역으로 확대됐다. 작은 도시에서 출발한 로마가 이탈리아반도 국가를 거쳐 지중해 제국으로 성장하기 시작한 것이다. 빛과 어둠의 공존은 만물의 이치다. 국가의 성장도 마찬가지다. 로마가 제국으로 가는 여정에서 사회의 뿌리에 해당하는 자영농이 무너졌다. 자영농은 농업국 로마에서 생산의 중추였다. 공화국 로마의 시민인 동시에 군대의 핵심이었다. 공화국 정부는 국유지를 빌려주면서까지 로마의 근간인 자영농을 육성해왔다.

자영농 육성책이 삐걱거리기 시작한 건 로마의 위상과 전쟁의 양상이 변하면서부터다. 로마의 성장과 함께 전선戰線은 지중해 전역으로 넓어졌다. 전쟁 기간도 길어졌다. 로마 자영농들은 더 많은 시간을 군인으로 복무해야 했다. 전사자 수도 기하급수적으로 늘었다. 당시 기록에 의하면 한니발 전쟁에서만 30만 명이 전사했다. 남자들이 오랫동안 집을 비우거나 죽자 농지를 경작할 사람이 부족했다. 농지는 황폐해졌고, 농민은 가난에 시달렸다. 견디다 못한 사람들은 땅을 팔고 고향을 떠났다. 많은 이가 로마로 향했다. 농민들의 땅은 돈 많은 귀족이 사들였다. 라티푼디움Latifundium이라는 대농장이 형성됐다. 경작은 전쟁을 통해 얻은 노예들에게 맡겼다. 대농장과 자영농은 처음부터 경쟁이 되지 않았다. 자영농은 갈수록 무너져갔다.

자영농 붕괴는 로마 전체의 위기였다. 이들이 공화정과 군대의 중추였기 때문이다. 누군가는 나서서 자영농의 붕괴를 막아야 했다. 가장 합리적인 정공법은 귀족이 매입한 땅 중에서 불법적으로 거래된 국유지만이라도 국가가 다시 사들여 농민에게 돌려주는 것이었다. 문제는 '누가'였다. 자칫하면 귀족의 심사를 건드릴 수 있으므로 모두가 조심스러워했다. 티베리우스 그라쿠스Tiberius Sempronius Gracchus(기원전 163~133)가 나섰다.

그는 로마 최고 가문 출신이었다. 같은 이름의 아버지 티베리우스 셈프로니우스 그라쿠스는 집정관을 두 번이나 지낸 대정치가로 평민 귀족의 대표 주자였다. 어머니는 한니발 전쟁의 영웅이며 구舊귀족의 상징과도 같은 스키피오 아프리카누스Publius Cornelius Scipio Africanus의 딸 코르넬리아Cornelia였다. 티베리우스 그라쿠스는 장교로 복무하는 동안 자영농의 몰락이 군대의 쇠락으로 이어지는 현실을 목격했다. 빈곤에 치여 고통받는 무산대중의 비참한 삶이 지속된다면 어떻게 공화정을 지키고 강력한 군대를 유지할 수가 있겠는가?

그라쿠스 형제. 두 형제가 오른손에 들고 있는 문서에는 '재산property'이라는 문구가 새겨져 있다. 형제는 실패했지만 그들이 남긴 역사적 교훈은 여전히 유효하다. 개혁할 때 개혁하지 못하면 그다음에 찾아오는 것은 멸망 아니면 혁명이라는 교훈이다.

개혁 실패와 공화국의 종말

그라쿠스는 평민을 대표하는 호민관으로 선출된 해에 농지개혁 법안을 제출했다(기원전 133). 법안의 골자는 "귀족이 불법적으로 사들인 국유지에 한해 국가가 적당한 가격에 매입해 경작을 원하는 무산계급에 재분배한다"는 것이었다. 국유지의 공정한 분배와 자영농 보호를 위해서였다. 매입 대상도 처음부터 불법 거래된 국유지로 한정했고, 적당한 가격을 지불하는 것이기 때문에 귀족 입장에서도 손해 볼 것 없는 제안이었다. 일부 유력 귀족이 그라쿠스의 농지개혁을 지지한 이유이기도 했다.

그러나 반대하는 귀족도 많았다. 재산 손실을 싫어하는 사람, 그라쿠스의 정치적 의도를 의심하는 사람도 있었다. "모든 미래가 보장된 귀족 청년이 왜 가난한 평민의 편에 서려 하는가?" 그가 참주가 되려 한다는 소문이, 왕이 되려 한다는 의심이 커졌다. 수세에 몰린 그라쿠스는 과격해졌다. 자신에게 반대하는 또 다른 호민관을 자리에서 내쫓고, 농지개혁에 필요한 예산을 확보하는 과정에서 원로원을 무시했다. 그의 무리수는 정체政體와 기득권에 대한 도전으로 받아들여졌다. 그라쿠스는 멈추지 않았다. 농지개혁을 완수하기 위해 호민관직에 재도전했다. 역시 전례 없던 일이었다. 그라쿠스의 정치적 야망에 대한 원로원의 의심은 확신으로 변해갔다.

카피톨리노 언덕에서 호민관 선거가 있던 날, 그라쿠스에게 반대하는 원로원 의원들이 무장한 채 현장에 나타났다. 양측이 충돌했고, 지옥도가 펼쳐졌다. 그라쿠스와 그를 지지하는 300여 명의 시민이 죽었다. 신체불가침의 권한을 가진 현직 호민관과 죄 없는 시민들이 주피터 신전이 있는 신성한 카피톨리노 언덕에서 살해당한 것이다. 법치를 자랑하는 로마에서는 있을 수 없는 범죄행위였다. 그렇다고 폭력으로 그라쿠스의 개혁 의지를 영원히 꺾은 것도 아니었다. 10년 후 그라쿠스의 동생 가이우스 그라쿠스Gaius Sempronius Gracchus(기원전 153~121)가 형의 기치를 이어받아 농지개혁을 재추진했다. 기득권 세력은 동생마저 자살로 내몰았다. 이때도 수많은 시민이 함께 죽었다.

원로원은 그라쿠스 형제를 비롯한 시민의 무덤조차 만들지 못하게 했다. 형제의 어머니에게는 상복조차 못 입게 했다. 정말 비정했다. 그렇게 로마에서 정치와 법이 사라졌다. 선동과 폭력이 그 자리를 대신했다. 그라쿠스 형제의 개혁이 실패한 후부터 로마 군대는 점차 유력한 장군들의 사병으로 전락했고, 군벌 간의 다툼 속에서 결국 공화국은 종말을 고했다. 방법의 옳고 그름과 상관없이, 의도의 순수성과 무관하게 자영농을 위한 농지개혁이 필요했음을 역사가 결과로 증명한 셈이다. 그라쿠스 형제는 로마에서 가장 신성한 이곳 카피톨리노 언덕에서 개혁을 외치다 스러져갔다. 개혁이 필요할 때 개혁하지 못한 사회는 반드시 무너지게 된다는 역사의 교훈을 남긴 채.

민중의 지지로 등장한 리엔조의 비참한 최후

그라쿠스 형제만이 카피톨리노 언덕에서 개혁을 부르짖었던 건 아니다. 베네치아 광장에서 코르도나타를 따라 오르다 보면 왼쪽에 작지만 인상적인 동상 하나가 나타난다. 고대 로마제국의 영광을 되살리고자 했던 웅변가이자 정치가 콜라 디 리엔조 Cola Di Rienzo(1313~1354)이다.

교황이 아비뇽으로 거처를 옮긴 틈을 이용해 로마 주민들의 지지로 권력을 장악한 리엔조는 스스로 고대 로마에서 민중의 권리를 옹호하기 위해 만든 호민관에 올랐다. 심지어 정치적으로 분열된 이탈리아반도의 통일을 꿈꾸기도 했다. 그러나 그의 야망과 능력은 시대의 한계를 뛰어넘기에는 역부족이었다. 권력을 장악한 이후 그가 보인 방자함은 더욱 치명적이었다. 결국 리엔조는 카피톨리노 언덕에서 한때 자신을 지지했던 민중의 손에 비참하게 죽었다.

로마제국 관용의 상징, 판테온
관용이 사라지자 제국도 무너지다

●

로마에서 판테온Pantheon을 찾아가는 길은 시간 여행과 같다. 현재에서 타임머신을 타고 출발해 바로크 시대와 르네상스 시대를 거치고 중세를 지나 고대 로마제국에 도착하는 흥미진진한 시간 여행. 여행은 코르소 거리Via del Corso에서 시작된다. 로마의 심장부 베네치아 광장에서 북쪽 관문인 포폴로 광장까지 이어지는 이 거리는 로마의 중심 도로다. 화려한 장식의 역사적 건축물이 즐비하게 늘어서 있고, 온종일 관광객과 자동차로 붐빈다. 천천히 걷다 보면 프랑스 대문호 스탕달이 왜 "우주에서 가장 아름다운 거리"라고 찬미했는지 공감할 수 있다.

이 길 곳곳에 판테온을 가리키는 이정표가 서 있다. 베네치아 광장에서 포폴로 광장으로 향하고 있다면 왼쪽 방향이다. 이정표를 따라 코르소 거리를 벗어나면 순식간에 자동차들이 사라지면서 또

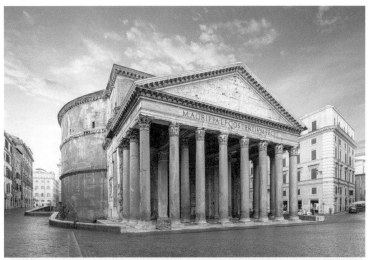

자연은 장엄하고 황홀하다. 그 앞에서 인간은 왜소하다. 판테온이 소중한 이유가 바로 여기에 있다. 인간은 스스로의 의지로 타인을 안음으로써 자연을 뛰어넘는다. 그래서 판테온 앞에 설 때면 가슴이 벅차오른다. 내부의 돔형 천장 원형 구멍을 통해 쏟아지는 빛줄기가 마치 더 나은 세상을 향한 길라잡이인 듯하다.

다른 로마가 펼쳐진다. 바로크와 르네상스, 중세의 고풍스러운 로마다. 판테온은 그 모든 길이 만나는 로톤다 광장 한가운데 있다. 거대한 원형 돔과 쭉쭉 뻗은 그리스·로마 건축양식의 열주들이 자태를 드러낸다. 멋지다. 로마 시대로 돌아온 듯하다.

이곳에서는 로마 시대를 감상하기 위해 상상력을 짜낼 필요가 없다. 판테온이 건축 당시의 모습을 거의 완벽하게 간직하고 있기 때문이다. 매년 수십만 명의 여행객이 판테온을 찾아오는 것도 상상력의 도움 없이 편안하게 로마의 옛 모습을 즐기기 위함일 것이다. 그러나 거기에 그쳐서는 안 된다. 판테온에서 진정 발견해야 할 것은 도시국가 로마를 제국으로 만든 '관용寬容'이라는 가치다.

평민파와 귀족파, 로마의 권력투쟁

로마에서 내전이 벌어졌다. 자영농을 되살리려는 그라쿠스 형제의 개혁이 실패한 직후부터다. 로마제국의 미래와 주도 세력, 운영 방식을 놓고 귀족파와 평민파가 대립했다. 정치투쟁은 갈수록 치열해졌고 법에 의한 통치, 원로원에서의 논쟁과 합의, 패자에 대한 승자의 관용이라는 로마의 정치적 전통은 사라졌다. 민중을 동원한 길거리 투쟁이 일상화됐다.

평민파의 우두머리 가이우스 마리우스Gaius Marius와 귀족파의 우두머리 코르넬리우스 술라Cornelius Sulla는 결국 군대마저 동원했다. 승자는 패자를 무자비하게 탄압했다. 로마는 둘로 쪼개졌다. 이들이 한때 독수리 깃발 아래 지중해 전역을 누볐다는 사실이 믿기지 않을 정도였다. 승리한 술라는 평민파를 궤멸시켰다. 승자는 끝이라 여겼지만 착각이었다. 귀족파는 변화된 제국의 미래에 걸맞은 비전을 제시하지 못했다. 그들은 극소수 귀족 가문 중심의 과두정치를 선호했다. 속주를 수탈의 대상으로 봤다. 급성장하는 경제활동 세력인 기사 계급의 이해관계를 대변하지도 못했고, 무너진 자영농 문제도 외면했다.

율리우스 카이사르Gaius Julius Caesar(기원전 100~44)의 등장은 평민파 복원의 신호탄이었다. 통찰력, 지력, 용기, 인기, 가문을 모두 갖춘 카이사르는 군대의 지지를 받는 폼페이우스Gnaeus Pompeius Magnus와 기사 계급의 후원자 크라수스Marcus Licinius Crassus와 손잡고 로마의 정치판을 뒤엎었다. 이른바 삼두정치다(기원전 60). 권력을 잡은 카이사르는 개혁 정치를 밀어붙였다. 허를 찔린 귀족파는 권토중래를 꾀했다. 크라수스와 율리아Julia Caesar의 갑작스러운 죽음이 기회를 제공했다. 카이사르의 딸로 폼페이우스와 결혼한 율리아는 동맹의 상징이었다. 귀족파는 카이사르의 전공戰功과 인기를 시기한 폼페이우스를 포섭하는 데 성공했다. 애당초 폼페이우스는 비전과 용기를 가진 리더가 아니었다. 의기양양해진 귀족파는 카이사르를 압박했다. 카이사르는 루비콘강을 건넜고(기원전 49), 승리했고, 암살당했다.

로마는 다시 처절한 내전에 돌입했다. 악티움 해전(기원전 31)에서 안토니우스와 클레오파트라를 물리친, 카이사르의 양자 가이우스 옥타비아누스Gaius Octavianus(기원전 63~14)가 최종 승자였다. 관용의 제국, 로마 공화국은 껍데기만 남았다. 제1시민 옥타비아누스는 '존 엄한 자'를 뜻하는 아우구스투스Augustus가 됐다. 그는 권력과 권위를 독점한 사실상의 황제였다. 새로운 피를 받아들여 원로원을 재편하고, 각종 국가 체제를 정비했다. 로마와 속주의 공동 번영을 꾀했다. 그렇게 로마는 공화정에서 제정으로 바뀌었다. 이른바 로마 혁명이다.

로마도 벽돌의 도시에서 대리석의 도시로 변모했다. 많은 공공 건축물을 신축하고, 내전 동안 방치됐던 도시 곳곳을 새롭게 단장했다. 아우구스투스는 특히 건물 세 곳에 심혈을 기울였다. 평화의 제단, 아우구스투스 영묘, 판테온이 그것이다. 평화의 제단Ara Pacis 은 내전과 정복 전쟁이 끝나고 평화와 번영의 시대가 시작됐음을 상징했다. 로마제국의 존재 이유다. 아우구스투스 영묘는 황제 본인을 비롯해 카이사르 일족을 위한 무덤이다. 제국 로마를 이끌어 갈 왕조가 누구인지를 밝힌 것이다. 그리고 판테온은 아우구스투스의 친구이자 정치적 동지이자 사위였던 마르쿠스 아그리파Marcus Vipsanius Agrippa(기원전 63~12)가 건설했다.

판테온은 '만신전萬神殿'이다. '모든 신을 모시는 신전'이란 뜻이다. 로마제국이 지배하던 모든 지역의 신, 모든 민족이 숭배하던 신을 위해 지은 신전이다. 당시는 다신교가 대세였다. 유대교 정도가 일신교였다. 그런 시대 상황을 고려하면, 판테온에 모신 신의 수는 엄청났을 것이다. 종교를 인정한다는 것은 사실상 누군가의 모든 정신세계와 생활양식을 받아들인다는 의미다. 황제는 판테온을 통해 관용이 로마제국의 국시國是임을 천명한 것이다.

관용이 사라지자 제국도 멸망하다
아우구스투스와 아그리파의 판테온은 오늘날과 같은 모습이 아

카이사르의 후계자이자 '존엄한 자'라 불린 로마 제1시민 아우구스투스.

니었다. 몇 번의 화재를 겪으면서 파괴된 판테온을 지금의 모습으로 재건한 건 하드리아누스 황제다. 하드리아누스(재위 117~138)는 로마 전성기에 해당하는 오현제의 세 번째 황제다. 팍스로마나Pax Romana(로마에 의한 평화)가 절정에 달했던 시기 황제의 자리에 오른 하드리아누스는 제국의 시스템을 전면 개편했다. 이때 판테온도 다시 지었다. 로마를 세계 제국으로 만든 관용의 정신을 다시금 강조하기 위해서였다. 스스로 건축가를 자처할 정도로 건축에 조예가 깊었던 하드리아누스는 목재를 전혀 사용하지 않고, 돌만으로 완벽한 원형 돔의 판테온을 만들어냈다.

오랜 세월을 거치면서 판테온은 기적적으로 살아남았다. 무엇보다 재빠르게 교회로 용도를 변경한 것이 생존에 도움을 줬다. 처음부터 신전 건물로 지었기 때문에 오늘날도 이곳은 성스럽다. 열주 사이로 보이는 내부는 깊이를 알 수 없는 심연처럼 어두운데, 들어가면 돔 꼭대기의 원형 창을 통해 한줄기 빛이 내려오다 어느 순간 포말처럼 흩어지며 신전 안을 은은하게 비춘다. 신기하게도 기도하기에 딱 적당한 밝기다. 공명共鳴 역시 완벽하다. 내부를 가득 메운 여행객이 아무리 웅성거려도 시끄럽지 않다. 신전 전체가 마치 방음벽처럼 소리를 빨아들이는 것 같다.

그 옛날 제국 곳곳에서 로마로 몰려온 시민들은 여기서 편안하게 각자의 신에게 기도했을 것이다. 그러나 영원한 것은 없다. 로마 역시 관용의 정신을 계속 유지하지 못했다. 테오도시우스 1세Theodosius I(347~395) 때 기독교를 국교로 삼음으로써 건국 이후 1,000년 넘게 지켜온 다신교의 전통을 포기했다. 제국에 활력을 불어넣던 관용의 정신도 시들었다. 로마제국은 얼마 후 멸망했다.

그 후로 수많은 제국이 흥망성쇠를 거듭했지만 로마만큼 관대한 제국은 나타나지 않았다. 역사상 가장 진보한 세상에서 살고 있다는 오늘날에도 '나와 다른' 생각과 가치에 대한 관용은 사방에서 공격을 받고 흔들린다. 그래서일 것이다. 로톤다 광장에 앉아 판테온을 바라보는 것이 편안하지만은 않다. 우리는 관용이란 보편적 가치를 얼마나 지켜나갈 수 있을까?

황제의 분신이었던 아그리파

판테온은 정치가이자 군인·건축가였던 마르쿠스 아그리파의 후원으로 건설됐다. 로마제국의 국시인 '관용'의 성전 건설을 아우구스투스로부터 위임받은 아그리파는 누구일까? 그는 생각보다 유명하고 우리에게 친숙하다. 한때 미술 학원에서 석고 소묘를 배워본 사람이라면 누구나 아는 석고상의 주인공이 바로 아그리파다.

그는 황제와 어린 시절부터 친구였다. 몸이 건강하지 못했던 아우구스투스를 대신해 전쟁터를 누빈 황제의 '칼'이자 사위였다. 아우구스투스는 일찍 남편을 여읜 무남독녀 율리아Julia the Elder를 아그리파와 결혼시켰다(기원전 21). 그녀는 아직 10대였고, 아그리파는 40대 초반이었다. 둘 사이에서 아들 셋을 포함해 5명의 자식이 태어났다. 황제는 외손자들을 양자로 삼아 제국을 물려주려 했다. 하지만 건강했던 아그리파와 외손자들이 일찍 죽는 바람에 황제의 구상은 실현되지 못했다. 생전에 아그리파는 황제를 대신해 제국 전역을 순방했고 각지에 신전, 극장, 수도교 등 다양한 건축물을 남겼다. 물론 판테온이 가장 유명하다.

베스파시아누스가 건설한 콜로세움
출생보다 실력을 중시하는 사회적 유연성

●

콜로세움은 그 자체로 로마다. 거대하면서도 위엄에 가득 차 있다. 아름답고 실용적이다. 수천 년 풍상에도 여전히 매년 지구촌 곳곳의 수백만 명을 매혹하고, 그들에게 영향을 미친다. 후대 인간들의 가혹한 약탈과 파괴로 외관의 일부밖에 남아 있지 않지만, 그것만으로도 첫 모습을 상상하기에는 충분하다. 콜로세움은 로마의 중심인 포로로마노와 맞닿아 있다. '성스러운 길', 곧 비아 사크라를 따라 포로로마노를 통과해 티투스 황제의 개선문을 지나면 마치 마법처럼 위용이 드러난다.

콜로세움은 4층이다. 1층은 도리아 양식, 2층은 이오니아 양식, 3층은 코린트 양식의 열주다. 그리스·로마 시대를 대표하는 세 건축양식을 총동원한 셈이다. 정말 대단한 건 4층이다. 4층은 관객석이 아니다. 작열하는 남국의 태양으로부터 관객들을 보호하기 위해

로마의 콜로세움은 2,000년 가까운 긴 세월의 흐름을 묵묵히 이겨냈다. 비록 온전하지는 못해도 지금의 모습만으로도 옛 위상과 영광을 상상하기에 충분하다. 무엇보다 로마 사회가 간직했던 유연성과 시민에게 엔터테인먼트를 제공한다는 건설 목적에서 의미가 깊다.

설치한 천막 고정 장치를 지탱하는 벽이다. 콜로세움은 이처럼 관객을 위한 서비스까지 완벽하게 갖춘 전대미문의 엔터테인먼트 시설이었다. 최대 5만 명을 수용할 수 있었다.

그러나 콜로세움에서 로마 시민에게 제공한 콘텐츠는 잔인했다. 이 거대한 원형경기장 안에서 검투사들은 목숨을 걸고 싸웠다. 제국 각지에서 잡혀온 동물도 마찬가지였다. 죽음을 부르는 경기는 빈번했다. 콜로세움을 가득 메운 로마 시민은 검투 경기에 열광하고 환호했다. 현대의 도덕적 기준으론 이런 장면이 불편하다. 콜로세움을 찾는 많은 관광객 중 상당수는 죽음의 경기, 피의 축제를 즐겼던 로마인에게 거부감을 느낄 수 있다. 심지어 어떤 이들은 이런 잔인성과 향락에서 로마제국 멸망의 원인을 찾기도 한다. 그러나 과연 그게 전부였을까?

한미한 출신의 군인이 황제가 되다

콜로세움은 베스파시아누스Vespasianus(9~79) 황제가 짓기 시작했고, 그의 아들 티투스Titus(39~81) 황제 때인 80년에 완공했다. 10년 세월이 걸린 셈이다. 두 황제는 플라비우스 왕조(69~96)에 속한다. 콜로세움의 정식 명칭이 '플라비우스 원형경기장'인 이유다. 베스파시아누스 황제가 콜로세움을 지은 까닭은 자신의 출신 때문이었다. 베스파시아누스는 로마제국의 초대 황제 아우구스투스 이래 1세기 동안 제위를 계승해온 전임자들과는 다른 유형의 황제였다. 그는 카이사르와 아우구스투스의 신성한 핏줄을 물려받지 못했다. 전통적 로마 엘리트 계층인 원로원 출신도 아니었다. 그는 로마 근교 평범한 기사 집안에서 태어났다. 기사 계급은 귀족과 평민 사이에 해당했고, 주로 상업과 금융에 종사했다. 상대적으로 출신 성분이 한미했던 베스파시아누스는 어떻게 황제 자리에 올랐을까? 급변하는 정세와 자신의 능력 덕분이었다.

아우구스투스는 로마를 공화정에서 제국으로 변형시켰다. 초대 황제는 평화의 제단 판테온, 아우구스투스 영묘를 지어 제국의 청사진을 제시했다. 여기에 따르면 제국의 목표는 평화와 번영, 제국의 국시는 관용, 제국의 운용 주체는 카이사르부터 시작된 아우구스투스의 왕조였다. 그러나 세상은 인간의 계획대로 되지 않는다. 제아무리 절대적 권력자라도 마찬가지다. 아우구스투스는 탁월했지만, 후계자들은 재능과 책임감이 부족했다. 제3대 황제 칼리굴라Caligula(12~41)와 제5대 황제 네로Nero(37~68)는 특히 심했다. 둘은 폭군이었다. 군대의 반란에 직면한 네로는 자살을 선택했다. 카이사르와 아우구스투스의 핏줄은 단절됐다. 갈바Galba, 오토Otho, 비텔리우스Vitellius에 이어 베스파시아누스가 권력을 장악했다. 제국 성립 이래 최초로 군대를 동원한 노골적인 권력 쟁탈전이 벌어진 가운데 베스파시아누스에게 월계관이 돌아간 것이다.

베스파시아누스는 타고난 군인이었다. 어려서 군에 투신했고, 제국 전역에서 무공을 쌓으며 성장했다. 지금의 영국에 해당하는 브리타니아 정복 전쟁에 참전했고, 이스라엘·팔레스타인 지역에 사는 유대인의 대대적인 반란을 진압했다. 네로 황제는 베스파시아누스 장군에게 거듭 중책을 맡겼다. 낮은 출신 성분 때문에 감히 황제의 권위에 도전하지 못할 것이란 심리적 안도감도 작용했을 것이다. 군 지휘관으로서 업적과 신망은 네로 황제 사후에 벌어진 권력 투쟁에서 베스파시아누스의 가장 중요한 정치적 자산이 됐다. 베스파시아누스의 군대는 그를 황제로 선포했고, 그 후에 벌어진 내전에서 승리했다. 장군으로서뿐 아니라 정치가로서도 감각이 뛰어났던 베스파시아누스는 신중하게 처신했다.

권력은 잡는 것보다 유지하는 것이 더 어렵다. 로마는 시민의 자유와 공화국의 이상을 오랜 세월 간직해왔다. 비록 권력이 한 사람에게 집중됐지만 그 역사적·정치적 토대는 유지됐다. 아우구스투스가 제1시민을 뜻하는 '프린켑스Princeps'라는 모호한 지위로, '존엄한 자Augustus'라는 개인적 권위를 강조하는 이름으로 제국을 이끈 것도 그런 이유에서였다. 초기 로마의 황제는 우리에게 익숙한 중국 황제와는 다른 존재였다. 로마에 아시아적 개념의 절대적 황제 시스템이 도입된 건 로마의 위기가 가시화한 디오클레티아누스Diocletianus(245?~316) 황제 때인 284년부터다.

베스파시아누스의 권력은 원로원의 지지와 민중의 동의가 필요했다. 전통과 권위를 중시하는 로마에서, 괜찮은 조상이라고는 찾아볼 수 없는 기사 계급 출신의 베스파시아누스가 최고 권력의 자리에 오르는 것을 원로원과 민중은 어떻게 받아들였을까? 그들은 동의했다. 박수와 환호로 새로운 황제를 맞이했다. 내전에 대한 두려움, 베스파시아누스가 군대를 장악하고 있다는 현실도 여론을 움직이는 데 한몫했을 것이다. 그러나 더 근본적 이유는 오랜 세월 로마의 사회 시스템과 시민들의 인식 속에 깊이 뿌리내린 '유연성'이었다. 로마는 출신 성분보다 개인의 실력을 우선하는 사회였다. 공

로마 시민을 위해 콜로세움을 세운 베스파시아누스 황제의 흉상.

화정 시절부터 평민에게도 귀족과 동등하게 정치에 참여하는 길을 열어주었다. 평민은 집정관의 자리에도 오를 수 있었다. 노예 역시 해방되면 시민 신분을 얻었다. 자신의 능력으로 기사 계급으로의 신분 상승도 가능했다. 동시대의 다른 문명 혹은 공동체와 비교하면 파격적인 사회적 유연성이 존재했다.

콜로세움을 시민에게 바치다

베스파시아누스는 황제에 오르자 원로원을 확대 개편했다. 로마의 지배층으로 자신처럼 신분은 낮아도 능력 있는 사람을 더 많이 끌어들이기 위해서였다. 콜로세움도 짓기 시작했다. 자신의 제위 계승을 인정해준 로마 시민에게 바치는 감사 선물이었다. 전임자와 다르다는 것을 보여주기 위해 네로의 황금 궁전 자리에 지었다. 아들인 티투스 황제는 콜로세움 완공 기념으로 100일 동안 축제를 벌였다.

그로부터 2,000년 가까운 세월이 흘렀다. 화재, 지진, 약탈이 콜로세움을 할퀴고 지나갔다. 수많은 상흔에도 콜로세움은 여전히 경이의 대상으로 남아 있다. 로마제국이 그러하듯이. 이곳에서 우리가 생각해야 할 것은 잔인한 검투 경기가 아니라, 콜로세움의 탄생 배경이다. 노예제도가 존재했던 고대 신분 사회임에도 로마가 간직했던 사회적 유연성이다. 그런 유연성이 존재했기에 로마는 오랜 세월 사회 구성원 간의 갈등을 좀 더 수월하게 해소하고, 제국 전체의 통합을 이뤄낼 수 있었다. 오늘날의 세계는 이 같은 유연성이 절실하게 필요하다. 콜로세움을 반드시 한 번은 가봐야 하는 이유다.

제국 230개 도시에 세운 미니 콜로세움

로마제국은 힘으로 세워졌지만 힘만으로 통치하지는 않았다. 당시 기준으로는 월등하게 높은 문명의 스탠더드를 피지배 지역 곳곳으로 확산시켰다. 야만과 다른 로마식 삶을 보여줌으로써 피지배인의 자발적 선택과 참여를 유도했다.

'도시'가 제일 중요한 역할을 했다. 제국 곳곳에 건설한 도시는 로마와 유사한 인프라를 갖춘 '미니 로마'였다. 그중에는 주민에게 엔터테인먼트를 제공한 원형경기장을 갖춘 도시도 상당했다. 현재까지 25개국 230개 넘는 도시에서 '미니 콜로세움'을 발견했다. 연극을 상연하는 반원형 극장과 전차 경기장도 각각 170여 개, 60여 개 있다. 북이탈리아의 베로나Verona, 남프랑스의 님Nimes과 아를Arles 원형경기장처럼 오늘날 음악회·투우·연극 등에 활용되는 곳도 있다.

로마의 천리장성 하드리아누스 장벽
평화와 번영을 위해 멈춘 정복 전쟁

●

영국을 여행하기에 제일 좋은 계절은 초여름이다. 비와 안개의 섬에 햇살이 가득해진다. 본격 더위는 아직 오지 않았고, 바람은 가을인 듯 시원하다. 하루하루가 푸른 하늘인데, 예쁘게 구름이 수놓여 있다. 영국을 방문할 일이 있으면 무리해서라도 6월에 가려고 기를 쓰는 이유다. 그렇다고 영국 전역의 6월이 그런 것은 아니다. 같은 섬에 있지만, 남쪽 잉글랜드와 북쪽 스코틀랜드는 다르다. 북쪽은 좀 더 을씨년스럽다. 비도 종종 온다. 풍광은 날씨와 상관없이 서늘하고 황량하다.

그 변화의 경계에 하나의 선이 있다. 끝이 보이지 않는 장벽이다. 거대하지는 않지만 왜소하지도 않다. 로마 시대에 지었다는 사실을 믿기 어려울 정도로 잘 보존돼 있다. 그래서일까? 관광객은 물론이고 장벽을 따라 하이킹을 즐기는 사람도 많이 볼 수 있다. 장벽 사이로는 로마 군단이 머물렀던 요새와 당시 유물을 전시하는 작은 박물관들도 있다. 생각보다 유물이 많고 수준도 높다. 북해 쪽 타인 Tyne강 하구의 뉴캐슬Newcastle에서 아일랜드 앞바다의 솔웨이Solway 만까지 이어진 117.5킬로미터의 장벽. 로마제국의 북방 경계다. 지금도 외진 이곳에 이 거대한 유적을 남긴 사람은 하드리아누스 황제였다.

하드리아누스(76~138)는 트라야누스(53?~117) 황제의 뒤를 이었다. 두 사람은 핏줄과 혼인으로 맺어진 사이였다. 물론 그런 관계 때문에 하드리아누스가 제위를 물려받은 건 아니다. 트라야누스는 로마 역사상 가장 위대한 황제 중 한 명으로 꼽힌다. 네르바Nerva 황제의 후임으로 오현제의 두 번째에 해당한다. 오현제 시대는 로마제국은 물론이고 서구 역사에서 가장 훌륭한 정치가 펼쳐졌던 때로, 장기간 평화와 번영을 구가한 시기로 평가받는다. 팍스로마나는 이때가 절정이었다. 제국의 시스템이 제대로 작동했고, 능력 있는 황제가 '연이어' 등장했기에 가능했다. 좋은 정치의 핵심은 책임이다. 능력 있는 후계자를 선택하는 건 황제의 마지막 책임이다. 트라야누스가 그런 사실을 몰랐을 리 없다. 하드리아누스의 경력과 품성은 트라야누스와의 인연하고는 별도로 위대한 황제의 선택을 받기에 충분했다.

제국의 확장을 중단한 과감한 결단

트라야누스와 마찬가지로 하드리아누스도 스페인 세비야 근처의 식민 도시 이탈리카 출신이다. 로마 출신도, 이탈리아 본토 출신도

영국 북부의 낮은 구릉지대를 따라 끝없이 이어진 하드리아누스 장벽. 현존하는 로마제국의 유적 중 가장 거대하고 가장 인상적이다. 먼 옛날 문명과 야만을 가르는 경계로 인식됐던 장벽은 오늘날 평온한 침묵 속에 로마제국의 영광을 기리고 있다.

아닌 속주 출신이 최고 권력의 자리에 오른 것이다. '출생보다 실력'을 중시하는 로마의 전통이 있었기에 가능했다. 황제 자리에 오른 하드리아누스는 과감하게 전임자의 정복 전쟁을 중단했다. 어려운 결정이었다. 자신을 황제로 밀어준 트라야누스는 근면 성실하고 검소하며 품위와 절제를 갖춘, 로마 황제의 모범으로 꼽히는 사람이었다. 동시에 탁월한 전쟁 지도자이기도 했다. 초대 황제 아우구스투스 이래로 로마제국의 유럽 경계는 라인강과 도나우강이었다. 아시아 쪽 경계는 오늘날 흑해에서 시리아를 거쳐 홍해에 이르렀다. 한 세기 동안 안정적이던 제국의 국경이 트라야누스 재위 시기에 요동치기 시작했다. 트라야누스가 있었기에 로마제국으로서는 다행이고 한편으론 기회였다. 트라야누스는 적극적으로 정복 전쟁에 나섰다. 100년 동안 이어온 현상 유지 정책의 폐기였다.

당시 제국의 가장 큰 위협은 도나우강 하류 일대의 다키아Dacia족이었다. 유능한 지도자 데케발루스Decebalus의 등장으로 급성장한 다키아는 도나우강 북쪽 일대에 거대한 왕국을 세우겠다는 꿈을 키워나가고 있었다. 로마로서는 용납하기 어려운 도전이자 위협이었다. 트라야누스는 격렬하게 저항하는 다키아족을 상대로 전쟁을 벌여 완벽한 승리를 거뒀다. 도나우강 일대는 안정을 되찾았고, 로마는 아우구스투스가 정한 국경선 너머로 제국의 영토를 확장했다.

트라야누스의 다음 목표는 동방의 파르티아Parthia였다. 오늘날의 이란 지역을 발판으로 성장한 대제국 파르티아는 오랜 기간 로마의 숙적이었다. 로마는 여러 차례 파르티아와 전쟁을 벌였으나 결과는 신통치 않았다. 트라야누스 말년에 이르러 두 제국은 중간에 낀 아르메니아 왕국을 둘러싸고 충돌했다. 트라야누스는 무려 10만 대군을 몰아 파르티아로 진격했다. 단순한 전쟁이 아니라, 고대 문명의 발생지인 풍요로운 메소포타미아 지역을 완전히 제패하기 위한 원정이었다. 트라야누스는 파르티아 왕국의 수도 크테시폰Ctesiphon을 함락했고, 메소포타미아를 새롭게 속주 목록에 추가했다. 성공적인 원정 직후 트라야누스는 죽었다. 뒤를 이은 하드리아누스는 전격적으로 트라야누스의 정복 전쟁을 중단했다. 애써 얻은 속주도 포기했다. 과감한 정책의 전환이었다. 왜 그랬을까?

로마제국의 제14대 황제 하드리아누스. 팍스로마나 시대를 만든 오현제 중 세 번째 황제이다.

제국을 여행하고 새판을 짜다

로마제국은 곳곳에서 일어난 반란으로 몸살을 앓고 있었다. 유대, 브리타니아, 북아프리카의 모리타니아Mauritania가 대표적이었다. 다키아족이 사라진 도나우강 북쪽에서는 또 다른 게르만족이 로마 영토를 위협했다. 반란을 진압하고 제국에 안정을 가져오려면 평화가 필요하다는 것이 하드리아누스의 판단이었다. 또한 내부 개혁을 위해서도 평화가 필요했다. 전쟁을 포기했다고 하드리아누스를 겁쟁이라 부를 수는 없다. 그는 제국의 시스템을 개편하고 내치를 안정시키는 데는 트라야누스를 능가하는 황제였다. 특히 하드리아누스는 그 일을 하기 위해 제국 곳곳을 순행했다. 20년 넘는 통치 기간 중 3분의 2에 달하는 시간을 로마가 아닌 제국 어딘가에서 보냈다. 화려한 수도에서의 안락하고 평온한 삶 대신 척박한 변방에서의 거칠고 불편한 일상을 선택한 것이다.

특히 브리타니아 문제 해결이 시급했다. 하드리아누스가 즉위한 117년 브리타니아에서 발생한 원주민 반란은 로마 제9군단의 궤멸이라는 충격적 사태로 이어졌다. 반란을 진압하기는 했지만 재발 방지를 위해 방위 체제 재구축은 불가피했다. 122년 봄 브리타니아에 도착한 황제는 반란 현장까지 직접 갔다. 오늘날의 잉글랜드와 스코틀랜드 접경지대다. 장벽은 그때, 그곳에 지어졌다. 로마의 통치를 받는 섬 남쪽의 비옥한 지역을, 로마의 통치를 거부하는 북쪽의 반항적인 부족으로부터 방어하기 위해서. 황제는 그런 식으로 제국 전역을 순행하며 문제를 해결했다. 이렇게 내부를 정비한 로마의 평화는 지속됐다. 138년 제국의 권력은 평화롭게 안토니누스 피우스에게 이양됐다.

장벽은 호기심을 자극한다. 군사용이라기엔 너무 낮고, 비非군사용이라기엔 너무 육중하다. 문명과 야만을 가르는 상징적 울타리였을까? 그렇다 한들 제국의 시각이다. 북쪽 원주민에게는 억압과 자유를 가르는 경계였을 수 있다. 내게는 이곳까지 확장된 로마제국의 권력인 동시에 한계로 읽힌다. 제국이 아무리 방대하다 한들 한계는 반드시 있다. 전성기에 세운 장벽이 증거다. 위대했던 로마의 평화! 무한하지 않았다. 영원하지도 않을 터였다.

그리스를 열렬히 사랑한 하드리아누스

하드리아누스와 트라야누스는 뛰어난 황제였다. 그러나 캐릭터는 매우 달랐다. 트라야누스가 군인이라면, 하드리아누스는 예술가다. 하드리아누스의 맹목적 그리스 사랑은 어쩌면 당연한 논리적 귀결이었다. 황제는 순행 도중 아테네는 물론 델포이, 코린토스, 스파르타, 올림피아, 로도스섬 등 그리스 세계에서 유명한 곳은 모두 방문했다. 하드리아누스는 무너진 아테네를 재건해 학문과 관광의 중심 도시로 만들고자 했다. 그는 옛 그리스인처럼 구레나룻을 기른 최초의 로마 황제이기도 했다. 이후 성년 로마인 사이에서는 구레나룻을 기르는 게 보편화됐다.

미소년 안티노스Antinous(사진)를 사랑한 것도 그리스적이었다. 뛰어난 미모의 안티노스는 7년 가까이 황제의 총애를 받았는데, 이집트 나일강에서 익사했다. 황제와 함께하던 여행 도중에 일어난 비극이었다. 황제는 죽은 안티노스를 신격화하고, 그의 이름을 딴 도시 '안티노폴리스'를 세웠다. 그의 조각상을 대량 제작해 제국 곳곳에 뿌리기도 했다. 오늘날 유럽의 손꼽히는 박물관에 전시된 많은 안티노스 조각상은 이때 만들어졌다.

아우렐리우스 황제와 콘세르바토리 박물관
오현제 시대가 가능했던 이유

●

오스트리아의 수도 빈 중심에 거대한 왕궁 단지가 있다. 호프부르크Hofburg다. 왕궁 안에서 구도심을 향해 나아가면 미카엘 광장이다. 사방이 오랜 건물들로 둘러싸여 있어 크지는 않다. 다만 광장 한가운데에 발굴하다 만 로마 유적이 특이하다. 유적은 한때 빈이 로마제국의 변경을 지키는 군사도시였다는 것을 증명하고 있다. 유럽을 여행하다 보면 '참 로마제국이 대단하다'는 생각이 든다. 빈에서도 마찬가지다. 합스부르크 제국의 황도皇都이자 오스트리아의 수도인 이 도시를 로마가 건설했다니!

로마제국은 유럽에서 라인강과 도나우강을 국경선으로 삼았다. 문명과 야만을 가르는 날 선 경계에 세워진 군사도시. 이곳을 중심으로 오랜 세월, 선을 넘고자 하는 이들과 지키고자 하는 이들이 격돌했다. 그 투쟁이 한창이던 180년 3월, 당시 '빈도보나Vindobona'라

로마제국이 남긴 유일한 황제 청동 기마상의 주인공은 마르쿠스 아우렐리우스다. 어떻게 사는 것이 진정 의미 있는 삶인지를 오랜 세월 고민한 탓일까? 황제임에도 그의 복장은 담백하고 표정은 인자하다. 로마의 캄피돌리오 광장에 있는 기마상은 복제품이고, 진품은 바로 옆 콘세르바토리 박물관에 소장돼 있다.

불렸던 빈에서 한 위대한 로마인이 숨졌다. 마르쿠스 아우렐리우스. 오현제의 마지막 황제로 '철인哲人 황제'라고도 일컫는 사람이었다. 빈의 3월은 춥다. 왜 그 추운 계절에, 당시에는 황량하기 그지없었을 변방의 군사도시에서 귀한 로마제국의 황제가 생을 마감한 것일까?

철인 황제의 힘겨운 통치기

마르쿠스 아우렐리우스Marcus Aurelius Antoninus(121~180)는 161년 3월, 선황 안토니누스 피우스의 뒤를 이어 제위에 올랐다. 오현제의 네 번째 황제 안토니누스 피우스의 치세는 태평성대였다. 전임 트라야누스와 하드리아누스가 이뤄놓은 대외 원정과 대내 개혁의 결과에 운까지 따랐기 때문이다. 국경선은 잠잠했고 천재지변도 없었다. 안정 속에 번영이 꽃폈다. 안토니누스 피우스가 전임자들과 달리 23년이란 긴 치세 대부분을 로마에 머물면서 통치할 수 있었던 이유다. 마르쿠스 아우렐리우스는 그런 황제의 사위로 일찌감치 두각을 나타냈다. 그의 친가는 명문이었고, 외가는 부자였다. 타고난 좋은 성품에 어머니의 헌신적 교육까지 더해져 또래 젊은이 중 군계일학이었다. 황제가 사위로 탐낼 만했다. 황제 자리에 올랐을 때, 마르쿠스 아우렐리우스는 '준비된' 통치자였다.

그러나 치세는 처음부터 난관이었다. 로마와 이탈리아에 기근과 홍수가 닥쳤다. 동방에서는 전쟁이 터졌다. 오랜 맞수 파르티아가 제위 교체기를 틈타 완충 국가인 아르메니아를 침공한 것이다. 로마제국으로서는 묵과할 수 없는 도전이었다. 로마군이 반격에 나서면서 파르티아 전쟁(161~166)이 본격화했다. 전쟁은 로마의 완벽한 승리로 끝났다. 신임 황제로서는 시험대를 통과한 셈이었다. 그러나 위기는 계속됐다. 페스트가 제국을 덮쳤고, 도나우강 전선에 전운이 감돌았다. 트라야누스가 다키아를 정복하고, 하드리아누스가 방위선을 재정비한 이래 유지됐던 평화에 금이 간 이유는 게르만 부족들의 침략 때문이었다.

황제는 직접 전선으로 갔다. 전쟁은 장기화됐다. 로마군이 대부분 승리했지만, 게르만 부족들도 녹록하지 않았다. 황제는 많은 시간을 전선에서 보냈다. 그렇다고 로마의 일을 대강 처리하지도 않았다. 그럴 수 있는 성격이 아니었다. '공정'이란 가치를 중시하고, 책임감이 강한 황제는 자신을 격무로 내몰았다. 건강을 타고나지 못한 황제에게 이런 생활은 고통 그 자체였다. 황제의 최후는 게르만 부족들을 향한 대대적인 공세가 가시적 효과를 내던 순간에 찾아왔다. 마르쿠스 아우렐리우스는 아들 콤모두스Lucius Aelius Aurelius Commodus(161~192)를 후계자로 지명하고 숨졌다. 180년 3월 17일이었다. 로마제국은 그다음 날부터 쇠퇴하기 시작했다.

제국의 몰락이 시작되다

아들로의 권력 승계는 순조로웠다. 19세 청년에게는 아버지를 비롯한 선대 황제들의 아우라만 찬란했을 뿐 미래의 폭군을 암시하는 징조는 없었다. 콤모두스는 전쟁을 서둘러 마무리하고 로마로 돌아왔다. 제국의 수도에는 젊은 최고 권력자가 원하는 모든 것이 있었고, 콤모두스는 인생을 즐겼다. 그러던 어느 날 자객이 원형경기장에서 궁으로 돌아오던 황제를 노렸다(183). "너에게 보내는 원로원의 칼이다!"란 외침과 함께. 암살은 실패했고 자객은 체포됐다. 배후는 금방 밝혀졌다. 황제의 큰누나 루킬라Lucilla였다. 마르쿠스 아우렐리우스와 공동 황제를 맡았다가 요절한 루키우스 베루스Lucius Verus(130~169)의 미망인이기도 했다. 제국 내에서 가장 지체 높았던 루킬라는 콤모두스의 아내가 자신의 지위를 위협하는 것을 사전에 방지하기 위해 남동생을 살해하려 했다. 이해할 수 없는 행동이었지만 낯설지는 않다. 원래 인간의 어리석음이란 언제나 상식의 선을 가볍게 넘어서기 때문이다.

중요한 건 누나의 암살 음모가 콤모두스의 내면에 잠자고 있던 광기를 깨웠다는 것이다. 누구라도 자신의 권좌와 목숨을 노릴 수 있다는 불안과 공포는 의심과 증오의 자양분이 됐다. 죄 없는 원로원의 중진들이 일차 표적이었다. 자객이 '원로원의 칼'이라 외쳤기 때문이다. 혐의가 곧 증거였고, 재판 결과는 유죄로 정해져 있었다. 황제가 피 맛을 본 야수처럼 날뛰자 주변에 간신들이 몰렸다. 그들은 황제의 의심을 불쏘시개 삼아 권력을 사유화하고 축재蓄財했다. 정의의 실종, 도덕의 희화화가 일상화됐다. 공정과 윤리를 누구보다 중시했던 철인 황제의 아들에 이르러 펼쳐진 이 비루한 풍광을 로마인은 어떻게 받아들였을까?

그러나 쇼는 이제 시작에 불과했다. 어려서부터 콤모두스는 무술과 사냥에 능했다. 간신들은 그를 '로마의 헤라클레스'라고 칭송했다. 아부에 취한 어리석은 군주는 한 발 더 나아갔다. 시민들에게 자신의 힘과 무예를 과시하고 존재감을 드러내기 위해 콜로세움에 선 것이다. 경기를 주최하는 황제로서가 아니라 검투사로! 황제가 챙겨야 할 것은 국정이고, 서 있어야 할 곳은 전선이었다. 아버지 마르쿠스 아우렐리우스는 그랬다. 아들 콤모두스는 비천한 검투사로 분장해 경기장에 섰다. 황제는 735회나 싸웠다. 황제의 업적은 제국의 공식 행사 기록에 정중히 게재됐고, 황제는 검투사들의 공동 기금에서 거액의 수당마저 챙겼다. 시민들의 수치심과 분노가 극에 달했을 때, 황제의 잔혹한 변덕이 자신을 향할 것을 두려워한 측근들이 콤모두스를 살해했다(192년 12월 31일). 언제나 그러하듯 폭군의 최후는 허망했다.

콤모두스의 반신상. 헤라클레스처럼 사자 가죽을 뒤집어쓰고
손에는 곤봉을 들었다.

로마 한가운데 있는 카피톨리노 언덕은 마르쿠스 아우렐리우스
의 청동 기마상을 중심으로 펼쳐져 있다. 로마 황제의 기마상 중 유
일하게 남은 귀한 조각이다. 하지만 복제품이다. 진품은 광장의 콘
세르바토리Conservatori 박물관에 있다. 고대 로마 예술의 보고寶庫다.
이곳에서 마르쿠스 아우렐리우스 청동 기마상의 가치는 압도적이
다. 그 위상에 걸맞게 로마제국의 주신主神 유피테르 신전 터에 신축
한 유리 홀의 중앙을 차지하고 있다.

황제의 표정은 다정하고, 복장은 소박하다. 앞으로 내민 오른손은 신민에 대한 자비를, 움켜쥔 왼손은 자신에 대한 엄격함을 뜻하는 듯하다. 바로 옆 복도에는 또 하나의 인상적인 대리석 흉상이 있다. 머리에는 사자 가죽을 뒤집어썼고, 오른손엔 투박한 곤봉을 들었다. 헤라클레스다. 아니, 헤라클레스처럼 꾸민 콤모두스다. 아버지와 아들은 이처럼 한 공간에 있지만, 삶과 평가가 달랐던 만큼이나 남겨진 모습도 다르다. 허약했지만 철학을 사랑하며 묵묵히 황제의 역할에 충실했던 아버지. 육체는 건강했지만 나약한 정신으로 의심과 증오, 과대망상에 사로잡혀 광대처럼 살았던 아들. 이처럼 극명하게 갈리는 부자가 또 있을까? 역시 자식 교육은 누구에게나 어렵다. 철인 황제도 예외는 아니었다.

적자의 부재로 가능했던 오현제

역사상 인류가 가장 큰 행복과 번영을 누린 시기는 언제일까? 누구나 갖는 물음이지만 누구도 쉽게 답하기 어려운 문제다. 영국 역사학자 에드워드 기번Edward Gibbon(1737~1794)은 이 질문에 "도미티아누스Domitianus가 죽고 콤모두스가 즉위하기까지의 기간"이라고 답했다. 네르바 황제에서 마르쿠스 아우렐리우스 황제 재위기에 해당하는 이른바 '오현제 시대'다. 광대한 로마제국은 덕과 지혜가 넘치는 권력의 통치를 받았고, 군대는 단호하면서도 온후한 황제들이 장악했다.

"부자가 3대를 못 간다"는 말은 권력의 세계에도 적용된다. 탁월한 왕이 연이어 나오는 경우는 극히 드물다. 오현제 시대는 어떻게 그 한계를 극복했을까? 황제들이 이미 재능과 성품을 인정받은 사람을 사위 또는 양자로 삼아 물려줬기 때문이다. 이런 비정상적인 계승이 가능했던 이유는 황제들에게 적자가 없었기 때문이다. 오현제 시대는 결국 다섯 황제 중 마르쿠스 아우렐리우스가 적자 콤모두스를 남기는 바람에 중단됐다.

3장

영국

근대를 창조한 혁명의 리더십

마그나카르타의 고향 러니미드 평원
탐욕스런 왕이 남긴 뜻밖의 유산

●

1215년 6월 15일, 왕이 신하들에게 끌려 나왔다. 장검을 허리에 찬 신하들의 서슬은 퍼렜다. 기죽은 왕 앞에 신하들은 한 문건을 들이 밀며 옥새를 찍으라고 요구했다. 문건을 읽은 왕은 기가 막혔다. 문건의 핵심은 '법으로 왕의 권력을 제한한다'는 것이었다. 이해할 수도, 인정할 수도 없었다. '감히 신성한 왕의 권능을 신하들이 넘보다니!' 그러나 칼자루는 신하들이 쥐고 있었다. 무력한 왕은 분노를 삼키며 옥새를 내줬다. 신하들은 무슨 생각으로 이런 일을 벌인 것일까? '자유'를 지키기 위해서였다. 그들은 더는 왕의 변덕스러운 권력에 자신들의 소중한 자유를 맡기지 않기로 한 것이다. 그들은 자유의 수호자로 왕 대신 법을 내세웠다. 이 문건이 바로 마그나카르타Magna Carta, 곧 대헌장大憲章이다.

자유의 수호자로 왕 대신 법

신하들에게 끌려 나온 왕은 잉글랜드의 존John(1166~1216)이었다. 대
헌장을 승인한 곳은 러니미드Runnymede 평원. 런던과 윈저성 사이
에 있는, 너른 들과 느린 강이 조화를 이뤄 런던 시민에게 인기 높
은 소풍 명소다. 입구에는 작은 팻말이 세워져 있는데, 예전에는
"The Birthplace of Modern Democracy(근대 민주주의의 탄생지)"라는
글귀가 적혀 있었다. 바로 이곳에서 근대 민주주의가 생겨났다는
것이다. 고대 민주주의는 2,500년 전 그리스 아테네에서 시작됐다.
고대와 근대의 차이가 무엇이기에 영국인은 이곳을 근대 민주주의
의 고향이라 주장하는 걸까? 해답은 평원 안쪽 한적한 기념비 안의
원주圓柱에 적혀 있다. "Magna Carta, Symbol of Freedom under
Law(대헌장, 법에 의한 자유의 상징)."

대헌장은 우리에게 무엇인가? 법에 의한 자유다. 근대 민주주의
는 무엇인가? 법에 의해 통치하고, 법에 의지해 자유를 지켜내는 것
이다. 직접 민주주의를 채택했던 고대 아테네에서는 민심이 곧 법
이었다. 민심이 냉철한 이성을 포기하고 냉혹한 현실을 외면했을
때 아테네 민주주의는 멸망했다. 인류 최초의 민주주의는 타살된
게 아니라 자살했다. 영국의 민주주의는 아테네와 달리 국민의 대
표가 제정한 법에 의한 통치를 통해 발전했다. 대헌장이 출발점이
었다. 존 왕 이야기로 다시 돌아가보자. 그는 왜 러니미드까지 끌려
나왔을까?

러니미드 평원의 대헌장 기념비. 미국변호사협회가 대헌장이 미국 헌법에 끼친 영향을 기리기 위해 세웠다. 미국변호사협회는 수년마다 한 번씩 이곳을 방문해 기념행사를 열고 대헌장의 의미를 되새긴다.

비열하고 탐욕스러운 존 왕의 등장

존은 1166년 잉글랜드 왕 헨리 2세의 막내아들로 태어났다. 아버지는 앙주Angevin 제국의 수장으로 12세기 유럽에서 가장 막강한 군주였다. 그의 제국은 잉글랜드에서 남프랑스 아키텐Aquitaine에 이르기까지 광활했다. 헨리 2세는 많은 자식 중 어린 막내아들을 가장 사랑했다. 그러나 존은 형 리처드가 아버지를 상대로 반란을 일으키자 아버지를 버렸다. 형이 우세했기 때문이다. 사랑하던 존의 배신은 아버지에게 치명타가 됐다. 얼마 후, 헨리 2세는 외롭게 죽었다. 왕위에 오른 형은 동생에게 막대한 영지를 하사하며 보답했다. 그러나 존의 목표는 형을 돕는 것이 아니었다. 그의 야망은 더 높은 곳을 향하고 있었다. 리처드는 사자의 심장을 가졌다 하여 '사자심왕Lionheart King'이라 불린 중세 기사의 전형이었다. 그는 명성에 걸맞게 십자군을 이끌고 팔레스타인으로 떠났다. 왕국은 측근에게 맡겼다. 존은 형이 떠나자마자 배신했다. 프랑스 왕 필리프 2세Philippe II(1165~1223)와 비밀리에 손잡고 스스로 왕이 되고자 했다. 존은 그 대가로 프랑스에 있는 가문의 노른자위 영지를 넘기기로 했다. 계획은 실패했지만, 존은 멈추지 않고 틈만 나면 형을 상대로 음모를 일삼았다. 왕이 될 운명이었을까? 1199년에 리처드 1세가 급사하면서 존은 그토록 원하던 왕위에 올랐다.

존의 즉위는 본인을 포함한 모두에게 비극의 시작이었다. 자신의 이익을 위해서라면 배신을 서슴지 않는 비열한 천성이 문제였다. 존은 왕위에 오른 이듬해 자기 부하의 약혼녀와 결혼했다. 충성을 배신으로 갚은 충격적 스캔들이었다. 왕은 약혼녀를 빼앗긴 부하에게 어떤 보상도 하지 않음으로써 사람들을 더 놀라게 했다. 명예와 실리를 모두 잃은 존 왕의 부하 위그 드 뤼지냥Hugh de Lusignan은 프랑스 왕에게 '정의'를 호소했다. 필리프 2세에게는 천재일우의 기회였다. 중세 봉건제도의 특성상 존은 잉글랜드 내에서는 왕으로서 최상위 군주였지만, 프랑스 내에 소유한 영지들과 관련해서는 프랑스 왕의 신하이기도 했다. 필리프 2세는 존 왕에게 법정 출두를 명했다. 존은 거절했고, 필리프 2세는 존의 영지 몰수를 선언했다.

앙주 왕조와 카페Capet 왕조 사이에 전쟁이 벌어졌다. 서전緖戰은 존의 대승이었다. 자신의 조카였지만 반대편에 섰던 브르타뉴 공작 아서Arthur(1187~1203?)도 사로잡았다. 승리가 패배로 변하는 건 찰나였다. 원인은 교만과 비정非情. 왕은 포로로 잡은 귀족들을 잔인하게 고문했다. 왕의 부하들은 진저리를 치며 주군 곁을 떠났다. 브르타뉴 공작 아서의 갑작스러운 죽음은 치명타였다. 그의 사인은 미스터리로 남았다. 원인은 중요하지 않았다. 조카가 삼촌의 감옥에서 죽었다는 사실만이 중요했다. 기사도의 시대에 전혀 기사답지 못한 왕을 향한 경멸은 제국의 뿌리를 흔들었다. 대승을 거둔 존이 영지 대부분을 잃고 프랑스를 떠나기까지는 5개월밖에 걸리지 않았다(1203년 1월).

실지失地 회복은 존의 숙명이 됐다. 강한 군대, 즉 많은 돈이 필요했다. 존은 10년 동안 무자비하게 돈을 모았다. 그사이 존의 왕국은 의적 로빈 후드의 배경이 됐다. 복수를 기다리던 존은 1214년 7월 파리 북동쪽 부빈Bouvines에서 필리프 2세와 재격돌했다. 프랑스가 이겼고, 잉글랜드가 졌다. 군대를 잃고 귀환한 왕을 기다리고 있는 것은 반란이었다. 역사학자 제임스 홀트는 말했다. "존 왕은 부빈에서 러니미드로 직행했다. 그 길은 짧았으며 피할 수도 없었다.”

권력에 대항한 자유의 방패가 탄생하다

대헌장은 총 63절로 구성됐다. 내용은 대부분 왕에게 저항했던 교회를, 귀족의 자유와 권리를 왕의 자의적 권력 행사로부터 지키려는 것이었다. 하지만 세월과 함께 대부분 잊혔다. 시대를 초월하는 가치를 담은 몇 조항만 살아남아 세상을 바꿨다. 그중 하나가 39조다. “자유민은 누구를 막론하고 자기와 같은 신분의 동료에 의한 합법적 재판 또는 국법에 따르지 않고서는 체포·구금되거나, 재산을 몰수당하거나, 법의 보호를 박탈당하거나, 추방되거나, 그 밖의 어떤 방법에 의해서도 자유를 침해받지 않는다.”

이 짧은 조항에서 무도한 권력에 대항하는 개인의 자유가 탄생했다. 법에 의한 통치, 적법한 절차, 배심원 제도라는 현대 국가 운영의 기본 개념이 명문화됐다. 그 후로 대헌장은 무도한 권력에 맞서 자유를 지키고자 하는 이들의 방패가 됐다. 대헌장 정신은 오늘날 영국과 미국을 비롯한 모든 자유민주주의 국가의 헌법에 녹아 들어가 있다. 이러한 대헌장의 정신은 쉽게 얻어지지 않았고, 앞으로도 당연하게 주어지지 않을 것이다. 권력과 자유의 투쟁이기 때문이다. 20세기 들어서부터 오늘날까지 자유의 선각자들은 대헌장의 고향 러니미드를 더 견고한 자유의 터전으로 삼고자 했다. 1957년 이곳에 대헌장 기념비를 조성한 미국변호사협회ABA와 존 F. 케네디 대통령의 기념비(1965)를 세운 영국 정부가 대표적이다.

대헌장 800주년을 맞은 2015년, 러니미드에 자유의 상징이 더해

1215년 귀족들에게 끌려 나와 대헌장에 강제로 서명하는 존 왕. 그는 무도한 왕으로 꼽히지만, 역설적으로 대헌장 탄생의 일등 공신이었다.

졌다. 러니미드를 관리하는 지방정부가 아티스트 휴 로크Hew Locke에게 의뢰해 '배심원THE JURORS'이란 작품을 평원에 설치한 것. 배심원을 상징하는 12개의 청동 의자에는 대헌장의 '자녀'인 자유freedom, 동등한 권리equal rights, 법치rule of law를 위해 과거부터 오늘에 이르기까지 계속되고 있는 투쟁 장면들이 조각돼 있다. 영국 왕실은 러니미드 평원 안에서도 소풍 나온 사람들로 가득한 곳에 엘리자베스 2세 여왕의 동상을 세웠다. 비슷한 시기에 평원 입구의 팻말 내용도 바뀌었다. "A Home to Politics and Picnics for over

대헌장 800주년 기념 작품 '배심원'. 영미 사법제도의 핵심인 배심원 제도가 대헌장을 통해 명문화됐음을 상징적으로 보여준다.

1000 Years(1,000년 넘은 정치와 소풍의 본거지)." 정치와 소풍. 의미심장하다. 1,000년에 걸쳐 대헌장을 낳고 자유를 쟁취한 위대한 정치의 고장. 그 결과 사람들이 자유롭게 소풍을 만끽할 수 있는 곳. 바로 러니미드 평원이다.

영국 왕실의 시조 앙주 왕조

1154년 프랑스 중부 루아르 지역에 있는 앙주Anjou의 백작 헨리가 왕위에 오르면서 출범한 영국의 프랑스계 왕조. 잉글랜드뿐 아니라 노르망디·앙주·아키텐 등 프랑스 중서부 대부분 지역을 통치했다. 존 왕이 13세기 초 프랑스 내의 영지 대부분을 상실함으로써 세력이 크게 위축됐다. 랭커스터, 튜더, 스튜어트를 거쳐 오늘날의 윈저 왕조에 이르기까지 모든 영국 왕실의 시조다.

대의민주주의가 시작된 루이스 전투
세계 최초 의회가 탄생하다

●

런던에 갈 때마다 빼놓지 않고 찾는 곳은 의회 의사당이다. 이곳이 대의제 민주주의의 요람이기 때문이다. 국민이 나라의 주인이고, 국민의 대표가 국정을 책임진다는 사상이 자라고 실천에 옮겨진 곳이다. 대헌장 조인 800주년을 맞은 2015년, 건물 안에서 특별한 전시회가 열렸다. 의사당에서 가장 오래되고 넓으며 상징적인 웨스트민스터 홀에 거대한 현수막 18개가 걸렸다. 각각의 현수막에는 영국이 오늘날까지 민주주의와 자유를 발전시켜오는 과정에서 중요했던 사건과 법안들이 담겼다. 가장 강렬하고 인상적인 것은 '1265 SIMON DE MONTFORT PARLIAMENT'란 제목의 작품이었다. 빨간 바탕의 긴 현수막에 주황색으로 "democracy to come(민주주의가 온다)"이라고 쓰여 있었다. 의회 의사당, 시몽 드 몽포르, 그리고 민주주의. 묘한 삼위일체다. 작품 설명집 서문에는 시몽 드 몽포르가 의회를 구성한 지 750년이 된 해를 기념하기 위해 제작했다고 적혀 있었다.

법에 의한 통치를 요구한 대헌장 조인 50년 만에 영국인은 '국민의 대표를 모아 정치한다'는 또 한 번의 대실험을 시도했다. 물론 왕의 자비에 의한 것은 아니었다. 대헌장 때와 마찬가지로 폭정과 그에 맞선 격한 저항 끝에 얻은 피의 결과였다. 그 모든 사건 전개의 중심에는 시몽 드 몽포르Simon de Montfort(1208?~1265)라는 한 남자가 있었다. 대의제의 개척자다.

루이스 전투에서 마주 선 두 남자

시몽 드 몽포르의 정치 실험은 런던 남서쪽에 있는 서식스주의 루이스Lewes에서 시작됐다. 루이스는 영국의 전형적 시골 도시다. 부드럽게 펼쳐진 푸른 녹지에 옹기종기 돌로 만든 집들이 모여 도심을 이뤘다. 그 한가운데 자리를 중세 성채가 차지하고 있다. 고개를 한껏 젖혀야 보일 정도로 망루는 높고, 촘촘하게 쌓아 올린 성벽은 철통같다. 최근에 만들어 잘 정돈된 계단을 타고 성 위로 오르면 탁 트인 사방이 펼쳐진다. 중세에 이 성은 주민에게 권력인 동시에 수호자였을 것이다. 1264년 5월 당시 이곳은 전쟁터였다.

성을 지키는 쪽의 수장은 헨리 3세Henry III(1207~1272), 쳐들어온 쪽의 총사령관은 몽포르였다. 수적으로는 왕이 우세했다. 높다란 곳에 있는 성과 요새 같은 담장으로 둘러싸인 수도원을 근거지로 삼았으니 입지도 유리했다. 왕을 향해 칼을 뽑은 반란군은 규모도 작았지만, 무장도 변변치 않았다. 모든 면에서 불리했다. 그러나 그들에겐 왕의 나쁜 정치로부터 스스로 자유와 권리를 지키려는 열정

중세 기사의 투구를 본뜬 루이스 전투 기념물과 사자 문양의 방패를 든 몽포르의 조각. 이 전투에서 승리해 권력을 장악한 몽포르는 처음으로 국민의 대표를 선출해 정치에 참여시켰다.

이 있었다. 또한 명장 몽포르가 있었다. 기습과 분리, 역공과 최대의 압박…. 격한 전투 끝에 왕은 항복했다. 당시 왕이 주둔했던 수도원 너른 정원에는 지금 루이스 전투 기념물이 서 있다. 투구를 쓴 거대한 기사의 두상이다. 투구 장식을 따라 전투 전후의 장면들이 조각돼 있다. 가장 눈에 띄는 것은 사자 문양의 방패를 든 기사의 조각인데, 그가 바로 시몽 드 몽포르다.

왕의 총신에서 반란의 수장으로

왕 대신 왕국을 장악한 몽포르는 외국인이었다. 할머니를 통해 잉글랜드 귀족의 피도 일부 물려받았지만 기본적으로 프랑스인이었다. 당시 왕이었던 헨리 3세는 존 왕의 아들이다. 존이 대헌장을 승인한 이듬해 갑자기 죽자 어린 나이에 왕이 됐다. 헨리는 아버지 존처럼 비열하진 않았다. 그러나 약속을 대수롭지 않게 여기고, 항상 자신의 능력을 뛰어넘는 허황된 계획에 몰두하는 가벼운 사람이었다. 외국에서 온 외척들을 총애했으며, 그들에게 너무나 많은 것을 베풀었다. 외척은 두 부류였다. 왕비인 프로방스의 엘레노어Eleanor of Provence의 외삼촌들과 어머니인 이사벨라Isabella of Angouleme가 존 왕 사후 재혼해서 낳은 9명의 동생. 왕은 그 외척들에게 수많은 작위와 영지를 내렸다. 원래는 토박이 잉글랜드 귀족이나 더 자격 있는 사람들에게 돌아가야 할 몫이었다.

무능한 왕의 총신들은 오만하고 탐욕스러웠다. 외척과 그들을 비호하는 왕을 향한 국민적 분노는 차곡차곡 쌓여갔다. 몽포르 역시 왕의 가족 중 한 명이었다. 할머니 소유였던 레스터Leicester 백작 작위와 백작령을 상속받기 위해 잉글랜드로 건너왔는데, 헨리 3세의 여동생 잉글랜드의 엘레노어Eleanor of England와 사랑에 빠져 결혼했다. 그는 왕 주변의 친인척 중 유일하게 능력 있는 사람이었다. 가혹했지만 용맹한 전사였으며, 부정을 저지르기도 했지만 뛰어난 관리자였다. 스스로 능력을 갖춘 탓에 몽포르는 왕 앞에서 고분고분한 예스맨이 될 수 없었다. 그래서 헨리 3세와 몽포르의 관계는 언제나 아슬아슬했고, 단절과 화해를 거듭했다.

두 사람 사이가 결정적으로 어긋난 건 가스코뉴Gascogne 때문이었다. 프랑스 남서부에 있는 가스코뉴는 잉글랜드 왕에게 유일하게 남은 프랑스의 영지였다. 그곳에서 반란이 일어나자 헨리 3세는 몽포르를 파견했다. 상황은 엄중했다. 지역 귀족과 백성의 반反잉글랜드 감정은 드셌고, 이웃 국가 나바르Navarre 왕과 프랑스 왕은 가스코뉴를 욕심냈다. 몽포르는 단기간에 반란을 진압하고 외세의 개입을 차단했다. 질서는 회복됐고 잉글랜드 왕의 권위는 다시 섰다. 그 과정이 지나치게 무자비했기 때문에 울분에 찬 가스코뉴 사람들은 몽포르를 왕에게 고발했다. 이 결정적 순간에 왕은 몽포르를 보호해주지 않았다. 가스코뉴를 이미 얻었기 때문일까? 몽포르 대신 왕의 장남 에드워드 왕자를 가스코뉴 영지로 파견했다. 자부심 높은 기사는 모욕을 당하고 버림받았다. 몽포르의 가슴에 불신과 분노가 쌓였다. 왕에게 버림받은 것은 몽포르뿐만이 아니었다. 헨리 3세의 아버지가 인정했던 귀족들의 권리도 마찬가지였다.

왕의 자의적인 통치에 귀족들이 항의할 때마다 헨리 3세는 대헌장을 재확인했다. 일곱 번의 약속, 그리고 일곱 번의 약속 위반. 교황의 꼬드김에 빠져 자신의 둘째 아들 에드먼드 왕자를 위해 시칠리아 원정에 나서겠다고 했을 때 귀족들의 인내심은 바닥났다. 1258년 옥스퍼드에서 대자문회가 열렸다. 귀족들은 관례에 어긋나게 칼을 차고 출석했다. 그들은 왕을 압박해 왕권을 제약하는 각종 개혁의 승인을 요구했다. 대헌장의 재판再版이었다. 헨리 3세는 아버지 존이 그러했듯이 앞에서는 무릎을 꿇고, 뒤에서는 배신을 했다. 열혈 귀족들은 다시 칼을 들었다. 그 맨 앞에 몽포르가 섰다. 한

때의 총신은 루이스 전투에서 반란의 수장이 됐고, 승리를 거둬 잉글랜드의 주인이 됐다.

대의정치를 시작하다

13세기 영국에서는 농촌의 하급 기사들과 도시의 공민公民이 새로운 사회계층으로 성장하고 있었다. 몽포르는 새로운 정권의 기반과 정통성을 이들 신흥계급에 의존하려 했다. 1265년 1월 역사적인 의회Parliament가 소집됐다. 지방 행정단위인 각 주에서 2명의 기사가, 각 도시와 성읍에서 2명의 공민이 의회에 참석했다. 처음에 그들은 옵서버에 불과했다. 그러나 국민을 대표하는 사람들이 의회에 모여 정책에 대한 설명을 듣고 논의하는 관습이 생겨났다. 이 작은 출발이 세월과 함께 발전해 오늘날의 대의제 민주주의로 성장했다.

몽포르의 새 정치 실험 기간은 짧았다. 헨리 3세의 장남 때문이다. 훗날 에드워드 1세Edward I(1239~1307)가 되는 왕자는 아버지와 달랐다. 왕자에게는 강철 같은 의지와 탁월한 재능이 있었다. 루이스 전투에서 포로로 잡혔던 에드워드는 탈출해 새로운 왕당파 군대를 만들었다. 1265년 8월 4일, 왕의 군대와 몽포르의 군대가 우스터셔주Worcestershire의 이브셤Evesham에서 격돌했다. 15개월 만에 승자와 패자가 바뀌었다. 에드워드 왕자는 고모부 몽포르의 주특기인 빠른 이동과 강한 압박 전술을 모방해 승리를 쟁취했다. 몽포르는 전사했고, 왕은 권력을 되찾았다. 몽포르의 시신은 이브셤 수도원에 묻혔다. 다행히 몽포르의 정치 실험은 조카 에드워드 1세에 의해 계승됐다. 수도원은 오늘날 꽃이 만발한 공원으로 변했다.

미국 하원 챔버 입법자 동판에 몽포르와 에드워드 1세가 있다. 몽포르가 꿈꿨던 대의정치는 아이러니하게도 이를 막아선 에드워드 1세에 의해 완성되었다.

　그날의 전투가 갖는 역사적 의미는 잊히고 현장의 표지석만으로 남았다. "이곳에 레스터 백작 시몽 드 몽포르의 유해 일부가 묻혔다. 대의 정부의 개척자로서 1265년 8월 4일 이브셤 전투에서 죽었다." 기념비는 몽포르 서거 700주년을 기려 1965년에 세워졌다. 각각 국민과 신을 대표하는 하원 의장과 캔터베리 대주교가 기념비를 봉헌했다. 권좌에 있던 기간은 짧았지만, 그의 정치적 유산은 긴 세월 자리만 지켰던 수많은 권력자에 비할 바 아니다. 그리고 비록 누구도 찾지 않는 이브셤의 공원에 묻혔지만, 오늘날 운 좋은 일부 사람들은 몽포르가 시작한 대의 정부에서 자유를 누리고 행복을 추구하며 살고 있다. 우리도 예외는 아니다.

화려한 블레넘 궁전과 소박한 교회
처칠은 마지막 선택도 위대했다

●

1940년 5월 28일 오후, 영국 런던시 템스강 변에 있는 의회 의사당의 한 비밀 방. 윈스턴 처칠Winston Churchill(1874~1965) 총리를 비롯한 전시戰時 내각 핵심 멤버 7명이 모였다. '히틀러와 협상할 것이냐, 저항할 것이냐'가 의제였다. 당시 영국은 절체절명의 위기에 처해 있었다. 지난 몇 주 동안 히틀러는 유럽을 접수했다. 노르웨이, 네덜란드, 벨기에가 차례로 무너졌다. 덴마크는 4시간 만에 백기를 들었고, 프랑스도 항복 직전이었다. 오스트리아·체코슬로바키아는 전쟁 전 독일에 흡수됐고, 폴란드는 이미 지도에서 사라졌다. 소련은 독일과 불가침조약을 맺었고 미국은 중립을 지켰다. 유럽에서 영국은 외톨이였다. 엎친 데 덮친 격으로 프랑스 해안 됭케르크에는 영국군 19만 명을 포함한 33만 명의 연합군이 독일군에 포위된 채 구출을 기다리고 있었다. 영국 해군에는 구출 작전에 투입할 배가 절대적으로 부족했다.

이때 무솔리니가 영국 외무장관 핼리팩스에게 협상을 제안했다. 핼리팩스는 유럽에서 홀로 히틀러와 싸워야 하는 영국의 현실을 협상 근거로 내세웠다. 처칠은 반대했고, 논쟁은 교착 상태에 빠졌다. 처칠은 25명의 각료 전원을 소집해 열변을 토했다. "협상을 시작하면 (중략) 결국 영국은 노예 국가로 전락합니다. 영국이 최후를 맞아야 한다면, 우리 모두 땅 위에 쓰러져 자기 피로 질식해 죽은 후라야 합니다." 각료들은 환호했고 협상론은 사라졌다. 진짜 제2차 세계대전이 시작됐다. 히틀러의 궁극적인 패배도 이 순간 결정됐다. 처칠이 없었다면 세계대전의 진행과 결말은 달랐을 것이다. 오늘날의 세상도 지금 같지 않을 게 분명하다. 한 사람의 힘으로 처칠은 세상을 바꿨다.

전쟁 영웅의 후손으로 태어나다

윈스턴 처칠은 왕족 다음으로 서열이 높은 공작 가문 출신이다. 그가 태어난 블레넘Blenheim 궁전은 대학으로 유명한 옥스퍼드 북서쪽의 소도시 우드스톡Woodstock에 있다. 옥스퍼드에서 블레넘 궁전으로 가는 길은 잘 가꿔진 영국 농촌 풍광으로 가득하다. 완만한 초록 구릉이 이어지고 작은 숲들이 양 떼처럼 무리를 이룬다. 구릉과 숲 사이로 호수가 햇살에 반짝인다. 한가로움에 취해 기분 좋게 15분쯤 가면 광활한 녹지 위에 궁전이 나타난다. 웅장하고 위엄 넘치는 외관이다.

건물 입구는 그리스 신전처럼 거대한 열주들이 받치고 있다. 정면의 2개는 원형이고 그 옆의 4개는 사각형인 게 독특하다. 안으로 들어가면 몇 시간을 둘러봐도 부족할 만큼 많은 예술품과 고서가, 밖으로 나가면 규모를 가늠할 수 없는 정원과 호수가 펼쳐진다. 처칠이 태어난 작은 방을 중심으로 그를 기념하는 박물관이 자리하고 있다. 규모는 작지만 내용물은 알차고 다양하다. 평생 처칠에게 이곳은 영감의 원천이자 위안의 장소였다. 그래서 이 궁전은 처칠을 이해하는 첫걸음이다.

궁전의 역사는 스페인 왕위 계승 전쟁(1701~1714)으로 거슬러 올라간다. 공석이 된 스페인 왕위를 두고 벌어진 이 전쟁에서 프랑스의 태양왕 루이 14세와 신성로마제국 황제인 오스트리아의 레오폴트 1세가 맞붙었다. 영국은 태양왕을 견제하기 위해 레오폴트 1세 편에 섰다. 전력이 우세한 프랑스는 오스트리아 수도 빈으로 진격했다. 영국 · 오스트리아 연합군은 남부 독일의 블레넘에서 기다렸다. 1704년 8월 13일 전투에서 연합군은 기적처럼 이겼다. 프랑스로서는 50년 만의 참패, 영국으로서는 역사상 최대 승리였다. 이 전투를 승리로 이끈 영국군 총사령관이 윈스턴 처칠의 조상인 초대 말버러Marlborough 공작 존 처칠John Churchill(1650~1722)이다. 블레넘 궁전은 이를 기념하기 위해 국비로 지은 곳이다.

히틀러에 결사 항전하다

하지만 처칠은 어린 시절 불행했고 부진했다. 부모는 바빴고 사랑은 부족했다. 말썽쟁이 반항아였던 그는 세 번 낙방 끝에 샌드허스트Sandhurst 육군사관학교에 겨우 진학했다. 다행히 사관학교는 처칠

원스턴 처칠의 조상인 초대 말버러 공작 존 처칠.

에게 맞았다. 조상인 말버러 공작처럼 위대한 군인으로, 정치가로
살아야겠다고 결심한 처칠은 자신의 약점들과 싸우기 시작했다. 급
한 성격을 고치려 했고, 허약한 체력과 부족한 공부를 메우기 위해
노력했다. 자신과의 처절한 싸움에서 이긴 처칠은 어엿한 군인으
로 변했다. 남아프리카에서 터진 보어 전쟁을 계기로 그는 영웅 반
열에 올랐다. 처칠은 26세 때 정계에 입문했고 통상장관, 내무장관,
해군장관, 전쟁장관, 식민장관, 재무장관 등을 줄줄이 맡았다. 하지
만 1929년 노동당 정권이 들어서자 10년 동안 권력에서 물러나 야
인으로 살았다.

   당시는 대공황이 시작되어 세계경제가 휘청거리며 사회적 불안

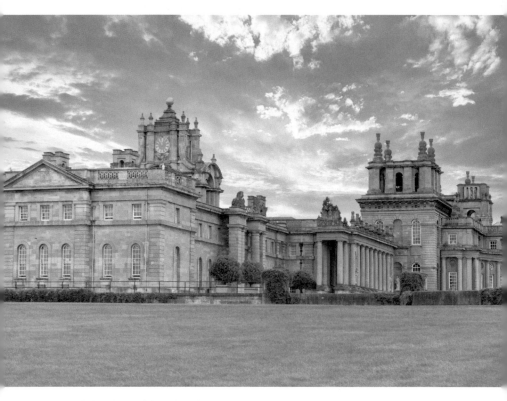

처칠이 태어난 블레넘 궁전. 역사적 의미와 규모 면에서 영국을 대표하는 궁전 중 하나다. 말버러 공작이 루이 14세와의 전쟁에서 승리한 것을 기념하기 위해 지었으며, 왕실과 상관없이 '궁전'이라 명명한 유일한 건물이다. 처칠의 긍지와 자신감은 이런 조상에 대한 자부심에서 비롯됐다.

과 정치적 불만이 고조된 위기의 시대였다. 증오를 자양분으로, 선동을 수단으로 한 정치 세력들이 출현했다. 이탈리아의 무솔리니와 독일의 히틀러가 대표적이었다. 유럽과 미국은 나치 정권의 본질과 히틀러의 야망을 읽지 못했다. 처칠만이 히틀러를 경계해야 한다고 주장했다. 많은 지도자가 처칠을 노망 난 늙은이 취급하고 히틀러를 높이 평가했다. 제1차 세계대전 당시 영국 총리였던 로이드 조지Lloyd George는 히틀러를 '타고난 지도자'라며 미국의 초대 대통령 조지 워싱턴에 비교했다. 영국의 유력지 〈더 타임스〉는 제2차 세계대전 발발 당시 영국 총리 네빌 체임벌린Neville Chamberlain의 유화 정책을 지지했다. 소련과 비밀리에 불가침조약을 맺은 히틀러는 1939년 9월 1일, 폴란드를 침공하며 유럽에 대한 야욕을 드러냈다. 제2차 세계대전의 서막이었다.

1940년 5월 10일 밤, 영국 총리로 최전선에 선 처칠은 비장하게 외쳤다. "나는 오직 피와 땀과 눈물과 노고로써 공헌할 따름입니다. 우리의 정책은 총력을 기울여 인류 최악의 독재 정권에 대항하여 싸우는 것입니다. 어떤 희생을 감수하고라도, 어떤 공포를 무릅쓰고라도 우리는 승리해야 합니다." 처칠의 강철 같은 의지 아래 영국은 단합했다. 매일 밤 독일의 전투비행단이 런던의 하늘을 시커멓게 뒤덮었지만 영국은 항복하지 않았다. 그렇게 처칠의 영국은 1년 넘게 히틀러와 홀로 싸웠다. 1941년 12월 7일, 일본이 진주만을 폭격하면서 미국이 참전했다. 처칠의 예상대로 미국의 도움으로 연합군은 승리했다. 종전 후 처칠은 한 차례 더 총리(1951~1955)를 지냈고, 1965년 역사의 무대에서 퇴장했다.

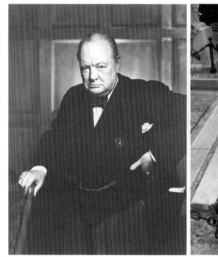

사자의 용기와 집념을 또렷하게 풍기는 처칠의 모습, 그리고 고향의 작은 교회에 있는 처칠의 소박한 무덤.

웨스트민스터를 사양하고 무명 교회에 묻히다

런던에서 성대한 국장이 끝난 뒤, 처칠의 운구는 블레넘 궁전 정원과 맞닿은 작은 마을 블레이던의 성마틴 교회St. Martin Church로 향했다. 그의 최후 안식처였다. 그런데 이 교회를 찾아가는 게 참 힘들다. 큰길가에 있지도 않고, 이정표도 없기 때문이다. 교회가 작아서 종탑조차 잘 보이지 않는다. 큰길가 공터 어딘가에 주차하고 동네 골목길 사이를 걸어 올라가야 한다. 교회는 소박하고, 교회에 딸린 오래된 묘지는 적막에 싸여 있다. 여기에 영국이 낳은 위대한 정치가가 영면하고 있다.

영국의 위인은 런던 웨스트민스터 사원이나 세인트폴 교회에 묻힌다. 처칠도 예외가 아니었다. 영국 정부는 웨스트민스터 사원에 처칠의 자리를 마련해놓았다. 그러나 처칠은 사양했다. 영국인에게 부여되는 가장 큰 영예 대신 가족의 옆을 선택한 것이다. 나라를 위해 동분서주하느라 가족을 돌보지 못한 데 대한 미안함이었을까, 자신의 뿌리에 대한 자부심이었을까? 그가 이곳을 선택한 이유는 모른다. 내가 이곳을 찾는 이유는 안다. 처칠이 무모할 정도의 용기로 시대를 휩쓸던 광기와 싸워 승리했기 때문이다. 히틀러에게 굴복하지 않았고, 스탈린에게 속지 않았다. 그로 인해 오늘의 자유와 민주주의가 살아남았다. 이만하면 여기까지 올 이유가 충분하지 않을까?

애주가 처칠이 사랑한 샴페인, 폴 로저

처칠은 세상이 다 아는 애연가이자 애주가였다. 브랜디 같은 독주도 즐겨 마셨지만, 샴페인을 더 좋아했다. 그중에서도 '폴 로저Paul Roger'를 유독 사랑해서 축하할 일이 있을 때는 언제나 이 샴페인을 마셨다. 1928년에는 런던에 남아 있는 이 샴페인을 모두 사들일 정도였다. 처칠 서거 10주기인 1975년, 폴 로저는 그를 기려 'SIR WINSTON CHURCHILL'이란 이름의 최고급 샴페인을 출시했다. 처칠과 샴페인의 인연은 그렇게 그의 사후에까지 이어지고 있다.

욕망의 히버성과 런던탑

헨리 8세와 앤의 사랑과 전쟁

●

1536년 5월 19일, 런던탑은 아침부터 사람들로 어수선했다. 5월의 햇빛은 찬란했지만 분위기는 우울했다. 런던탑 내의 타워 그린Tower Green에는 임시 단두대가 설치됐다. 오전 9시가 지나자 한 여인이 왕실 근위병의 호위를 받으며 나타났다. 그녀는 지친 표정이었으나 위엄을 잃지 않으려 안간힘을 쓰고 있었다. 단두대 위에 오른 그녀는 침착한 목소리로 왕을 위해 기도했다. 그리고 단두대 앞에 무릎을 꿇었다. 사형집행관이 칼을 번득였다. 비명과 탄식이 여기저기서 터져 나왔다. 그녀의 이름은 앤 불린. 어제까지만 해도 잉글랜드 국왕 헨리 8세의 두 번째 왕비였다.

그녀는 남편의 명령에 따라 투옥됐고, 조사받았으며, 사형을 선고받았다. 혐의는 간통과 국왕 시해 음모. 왕비에게는 가장 치명적이고 치욕스러운 죄명이었다. 물론 증거는 없었다. 왕비의 불륜 상대로 지목된 5명 중 4명은 엄혹한 심문에도 혐의를 부인했다. 단 한 사람만이 왕비와의 관계를 인정했다. 그런데도 26명의 재판관은 전원 일치로 왕비에게 유죄를 선고했다. 처음부터 증거는 문제 되지 않았다. 중요한 것은 권력의 의지였다. 정적이자 그녀를 혐오하던 스페인 대사조차 왕비가 확실한 증거나 자백 없이 억측에 근거해서 죄인이 됐다고 느꼈다. 왕비의 진짜 죄는 무엇일까?

사랑이 꽃피던 히버성

두 사람은 사랑했다. 앤 불린Anne Boleyn(1501?~1536)을 향한 왕의 사랑은 광기에 가까웠다. 그러나 이룰 수 없는 사랑이었다. 헨리 8세Henry VIII(1491~1547)에게는 이미 왕비 캐서린Catherine of Aragon(1485~1536)이 있었기 때문이다. 두 사람은 비밀리에 연애를 시작했다. 누구도 알아서는 안 되는 사랑이었기에 보는 눈이 많은 런던의 궁정을 피해 두 사람은 히버성Hever Castle을 밀애 장소로 선택했다. 히버성은 런던에서 남동쪽으로 48킬로미터 떨어진 켄트Kent주에 있는 중세의 고성이다. 켄트주는 자연이 수려하다. 숲은 울창하고 구릉은 완만하며 물도 풍부하다. 브리튼섬의 가장 남쪽이다 보니 날씨도 좋다. 아름다운 정원이 많아 영국 사람들은 켄트주를 '잉글랜드의 정원'이라 부른다. 히버성의 정원은 그중에서도 손꼽힌다.

그러나 가는 길이 수월치만은 않다. 한낮에도 어둑할 정도로 울창한 숲 가운데 난 좁은 도로를 따라 한참을 들어가야 한다. 지금도 이럴진대 헨리와 앤이 연애하던 시절에는 어땠을까? 제대로 된 길도 없었을 텐데, 사랑하는 연인을 위해 말을 달리던 왕의 모습을 상

헨리 8세와 앤 불린. 앤은 전형적 미인은 아니었으나 밝은 성격과 우아한 품행, 당찬 성격으로 왕을 사로잡았다.

상하면 우습기도 하고 부럽기도 하다. 주차장에 도착해도 숲에 가려 성은 보이지 않는다. 정문을 통과해서 내려가면 어느 순간 숲이 끝나고 시야가 탁 트인다. 푸르게 펼쳐진 잔디와 정원, 그 너머의 작은 성 하나. 마치 중세 기사 소설의 한 장면 속으로 빨려 들어온 것 같다. 700년 역사를 자랑하는 히버성은 옛 모습을 고스란히 간직하고 있다. 중세에 요긴하게 쓰였을 법한 방어 시설인 해자와 공격 시설인 화살 구멍이 멀리서도 선명하게 보인다. 성문에는 나무로 된 내리닫이 창살문까지 설치돼 있다. 성 내부는 헨리 8세와 앤 불린이 사랑을 나누던 튜더 왕조 시대의 모습을 그대로 보존하고 있다. 왕이 비밀스럽게 사랑을 키워가던 곳. 이곳은 원래 '불린' 가문의 성이었다(원래는 'Bullen'이었는데 앤이 프랑스에서 돌아온 이후 'Boleyn'으로 표기하면서부터 혼용하게 됐다).

3대의 노력 끝에 권력의 핵심이 되다

불린 가문은 노퍽Norfolk 지방의 유서 깊은 젠트리 가문이었다. 앤의 증조할아버지 제프리Geoffrey Boleyn가 런던에 진출해 섬유 사업으로 부를 쌓고, 런던 시장을 맡아 중앙 무대에 진출했다. 히버성은 제프리가 1462년 구입했다. 할아버지 윌리엄은 켄트주의 주장관을 지냈다. 그의 아들 토머스Thomas Boleyn(1477~1539) 대에 와서 가문은 더욱 번창했다. 토머스는 외교관으로 맹활약하며 헨리 8세의 총애를 받았다. 결혼도 대☆명문인 노퍽 공작의 딸과 했다.

　그렇게 착실하게 3대에 걸친 노력 끝에 불린 가문은 튜더 궁정에 뿌리를 내렸다. 꽃을 활짝 피운 건 토머스의 딸 앤 불린 때였다. 그녀는 외교관으로 활약한 아버지를 따라 당시 유럽 정치와 사교의 중심이던 브뤼셀과 파리에서 10대 시절을 보냈다. 그곳에서 선진 예법과 교양을 익힌 앤은 20대 초반에 긴 외유를 마치고 런던의 궁정에 데뷔했다. 검은빛의 눈동자와 머리카락, 하얗고 긴 목이 매력적이었던 앤은 특유의 발랄함과 대담함으로 뭇 남성들의 시선을 사로잡았다. 누구보다 왕의 시선을.

　당시 헨리 8세는 후계 문제로 깊은 고민에 빠져 있었다. 왕에게는 딸 메리Mary가 유일한 적녀였다. 그러나 왕조를 개창한 지 40여

년밖에 안 된 상황에서 여왕으로는 약했다. 헨리 8세에게는 믿고 왕위를 물려줄 아들이 필요했다. 왕비 캐서린은 나이가 많아 출산할 수 없었다. 이제 어떻게 할 것인가? 왕은 캐서린이 원래 형의 부인이었기 때문에 자신의 결혼이 저주받았다고, 그래서 하나님이 아들을 주지 않는다고 생각했다.

그때 앤이 등장한 것이다. 왕은 사랑을 고백했고, 앤은 사랑을 뿌리쳤다. 왕의 정부가 아닌 왕비가 되기를 원했기 때문이다. 왕은 사랑과 후계를 위해 왕비 캐서린에게 이혼을 요구했다. 캐서린은 단호히 거절했다. 헨리 8세가 이혼하기 위해서는 교황의 허락을 얻어내야 했는데, 이는 고도의 외교적 협상이 필요한 일이었다. 시간이 걸렸다. 헨리와 앤은 이혼 협상이 진행되는 동안 서로를 의지하고 사랑하면서 버텼다. 히버성은 그들에게 가장 소중한 보금자리였다. 둘이 떨어져 있을 때는 연애편지가 런던과 히버성을 오갔다. 둘은 교황이 이혼을 허락할 날만을 기다렸다. 하지만 교황의 이혼 거부 소식에 왕은 분노했고, 극단적 선택을 했다. 종교를 바꾸기로 한 것이다. 왕은 1534년 수장령Acts of Supremacy을 내려 국교회를 세웠다. 피바람이 불었지만 왕은 멈추지 않았다. 그렇게 잉글랜드는 교황의 권위에서 벗어났다. 교황의 족쇄로부터 풀려나자마자 헨리 8세는 이혼을 했고, 그토록 원하던 앤과 결혼했다.

사랑을 위해 종교까지 바꾼 왕

왕과 앤에게 중요한 것은 사랑이었으나, 결과적으로 대륙의 신교 세력은 강력한 우군을 얻었다. 이는 미래의 역사를 송두리째 바꿔

히버성 전경. 한때 헨리 8세와 앤 불린이 사랑을 나눈 장소다. 앤 불린이 유년기를 보내며 가장 행복했던 시간을 누린 곳이기도 하다.

놓을 터였다. 두 사람 사이에서 태어난 첫아이는 딸이었다. 왕은 딸에게 '엘리자베스'란 이름을 지어줬다. 애타게 기다리던 왕자는 생기지 않았다. 왕은 실망했고, 조바심이 난 앤은 주변은 물론이고 왕에게조차 히스테리를 부렸다. 연애 시절 앤의 모든 것을 받아주던 왕은 더는 존재하지 않았다. 히버에서 타올랐던 사랑은 런던에서 차갑게 식었다. 왕에게 새로운 여자가 나타남으로써 앤의 운명은

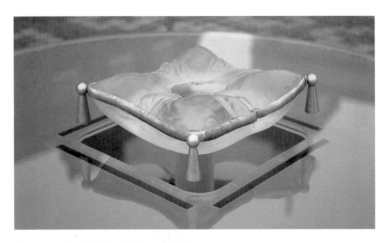

앤 불린이 처형당한 장소에 놓인 유리 쿠션.

결정됐다.

앤 불린이 처형당한 곳은 오늘날 런던탑 안에서도 유명한 관광지다. 단두대가 놓였던 자리에는 앤 불린의 이름이 새겨진 기념비가 있다. 기념비 가운데에는 유리 쿠션이 놓여 있다. 그녀가 죽음 직전에 목을 뉘었을 법한 쿠션이다. 종교까지 바꿔가며 완성한 사랑이었다. 그 끝이 이런 식의 죽음이라고 누가 상상이나 했을까? 애절하고 쓸쓸하다. 인생이란 그런 것일까?

앤의 이야기는 끝이 아니다. 25년 후, 앤의 딸 엘리자베스가 천신만고 끝에 왕위에 올랐기 때문이다. 여왕은 어머니의 비극을 가슴에 묻었다. 잉글랜드를 어머니를 위한 복수극의 무대로 만들기보다 세상이란 더 넓은 무대로 이끌었다. 잉글랜드가 대영제국으로 발전할 수 있는 굳건한 토대가 앤의 딸에게서 마련됐다. 앤 불린의 사랑은 결국 헛되지 않았다. 역사 속에서 극히 드물게 볼 수 있는 짜릿한 반전이다.

헨리 8세와 여섯 명의 여인들

결혼을 많이 한 헨리 8세는 그 끝이 좋지 않았던 것으로도 유명하다. 첫 부인 아라곤의 캐서린은 24년간의 결혼 생활 끝에 이혼당했다. 그녀가 합의이혼을 거부해 영국의 종교가, 역사가 바뀌었다. 둘째 부인 앤 불린은 아들을 낳지 못한 데다 정치적 이유로 억울한 누명을 쓰고 처형당했다. 셋째 부인 제인 시모어Jane Seymour는 왕이 그토록 원하던 아들을 낳았다. 밝은 미래가 보장됐으나 산후 후유증으로 죽었다. 넷째 부인 앤Anne of Cleves은 외모 때문에 결혼 직후 왕과 합의이혼했다. 그러나 고향인 독일로 돌아가지 않고 죽을 때까지 헨리 8세와 오누이처럼 사이좋게 지냈다. 다섯째 부인 캐서린 하워드Catherine Howard는 앤 불린과 사촌지간이었다. 앤과 달리 진짜 간통을 저지르다 발각돼 정당하게 처형됐다. 여섯째이자 마지막 부인인 캐서린 파Katherine Parr(사진)는 따뜻한 품성과 지성으로 말년의 헨리 8세에게 큰 위로가 됐다. 왕의 사후 재혼했으나 오래 살지는 못했다.

영국의 이순신 넬슨 제독과 빅토리호
모두가 맡은 바 의무를 다할 때 지킬 수 있다

●

1805년 10월 21일 오전, 스페인 남부의 트라팔가르해협. 영국 함대와 프랑스 함대가 충돌하기 직전 갑판으로 나온 넬슨은 신호장교에게 마지막 메시지를 전달했다. "영국은 모든 대원이 각자의 의무를 완수할 것이라 믿는다." 넬슨의 그 유명한 명령과 함께 전투가 시작됐다. 31척의 영국 전함과 33척의 프랑스·스페인 연합함대의 대격돌!

넬슨은 언제나처럼 전열의 맨 앞에 섰다. 전투는 처음부터 격렬했다. 영국이 승기를 잡았지만 연합함대의 저항도 만만찮았다. 양쪽 다 이 전투의 무게를 잘 알고 있었기 때문이다. 오후 1시 15분쯤, 기함旗艦 빅토리호에서 진두지휘하던 넬슨이 총에 맞았다. 왼쪽 폐와 척추가 부서지는 치명상이었다. 넬슨은 스스로 마지막임을 깨달았다. 아직 전투는 한창이었다. 넬슨은 자신이 쓰러진 사실을 숨긴 채 부하들을 독려했다. '승리'가 아닌 '완벽한 승리'를 원했기 때

탁월한 공적을 상징하는 많은 훈장을 패용한 넬슨 제독. 빅토리호 갑판에는 넬슨 제독이 총탄을 맞고 쓰러진 자리가 표시돼 있다.

문이다. 조국의 운명을 위해서. 넬슨의 최후는 전투가 끝나기 직전 찾아왔다. "신에게 감사한다. 나는 내 의무를 다했다." 전투는 완벽한 넬슨의 승리로 끝났다. 하나밖에 없는 목숨 대신 조국을 지켜냈고, 대영제국의 기반을 남겼다.

그날 넬슨이 탔던 기함 빅토리호는 지금 영국 남부 햄프셔주의 군항軍港 포츠머스에 있다. 런던에서 남서쪽으로 110킬로미터 떨어진 포츠머스는 영국의 가장 중요한 군항이었고, 지금도 해군의 도시다. 현대적인 밝은 분위기가 감돌지만 해군기지 쪽은 다르다. 붉은 벽돌 건물이 즐비한 가운데 해군기지와 왕립해군박물관이 자리잡고 있다. 신분증 검사를 마치고 안으로 들어가면 바다를 호령했

포츠머스 왕립해군박물관에 전시된 빅토리호의 당당한 위용. 1805년 10월 21일, 트라팔가르 해전 당시 넬슨 제독은 이 배에서 나폴레옹의 야망을 침몰시키고 장렬하게 전사했다.

던 위대한 전함들이 야외에 전시돼 있다. 헨리 8세가 자랑하던 메리로즈호와 영국 최초의 철갑전함 워리어호가 있다. 그러나 언제나 사람들이 가장 몰리는 곳은 트라팔가르 해전 때 활약한 넬슨 제독의 기함 빅토리호다. 거대한 3단의 목재 범선인 빅토리호의 위용은 보는 이를 압도한다. 당시 모습으로 완벽하게 보존된 전함은 하나의 완벽한 박물관이다.

　배 안에서 정해진 루트를 따라 걸으면 조국을 위해 목숨을 걸었던 위대한 뱃사람들의 일상과 전투가 일목요연하게 보인다. 영국인이 어떻게 바다를 제패해왔는지, 어떻게 목숨을 걸고 나라를 지켰는지가 생생하게 떠오른다. 그러나 가장 강렬한 인상을 주는 곳은 넬슨이 총탄을 맞고 쓰러진 상갑판의 한 지점과 넬슨이 최후를 맞은 아래 갑판의 한 지점이다. 두 지점에는 표시가 돼 있다. 그 앞에 서면 말을 잃게 된다. 많은 생각이 떠올라서다. 위대함이란 무엇인가? 영웅이란 어떤 존재일까? 참리더란 무엇을 이룬 사람일까?

프랑스혁명으로 뒤바뀐 넬슨의 운명

허레이쇼 넬슨Horatio Nelson(1758~1805)은 노퍽주의 중산층 가정에서 태어났다. 해군 장교였던 외삼촌의 도움으로 13세 때 처음 배를 탔다. 사관후보생 시절부터 선원으로서 항해 기술을 습득하는 데 놀라운 열정과 재능을 보인 넬슨은 착실하게 해군 장교의 길을 걸었다.

프랑스혁명(1789)은 프랑스와 유럽과 세계의 운명을, 그리고 넬슨의 인생까지 바꾸었다. 프랑스혁명 후 전 유럽이 전쟁터가 된 탓이다. 오스트리아·프로이센·러시아는 왕정을 무너뜨린 프랑스혁명을 용납하기 어려웠다. 이미 오랫동안 법치를 토대로 대의제와 입헌군주제를 발전시켜온 영국도 마찬가지였다. 특히 100년 넘게 식민 제국 건설 경쟁을 벌여온 라이벌 프랑스가 혁명을 통해 더 강력한 나라로 부상할지도 몰랐다. 섬나라 영국의 기본 국가 전략은 바다에서는 제해권을 장악하는 한편, 대륙이 강력한 한 나라의 손아귀에 떨어지지 않도록 견제하는 것이었다.

그래서 대對프랑스 전쟁에 참여했지만 전황은 영국에 불리했다. 혁명을 통해 프랑스는 강력한 근대국가로 탈바꿈하고 있었다. 용병이 아닌 국민병으로 구성된 군대, 무능한 귀족이 아닌 유능한 평민 장교가 이끄는 군대의 위력은 상상을 초월했다. 기존의 대륙 왕정

국가들에 프랑스는 버거운 상대였다.

넬슨과 나폴레옹의 건곤일척 승부

바다 상황은 달랐다. 영국의 강력한 해군이 버티고 있었기 때문이다. 넬슨처럼 10대 초반부터 배에서 평생을 살아온 바닷사람들이 지키는 바다는 프랑스 해군이 넘볼 수 있는 영역이 아니었다. 넬슨에게 주어진 임무는 지중해 중심에 있는 이탈리아반도를 프랑스의 마수로부터 지켜내는 것이었다. 넬슨은 프랑스군의 보급로가 될 제노바 앞바다를 봉쇄했다. 부질없는 짓이었다. 프랑스군의 총사령관 나폴레옹이 영국 해군이 지키는 바다를 버리고 알프스를 넘은 것이다. 발상의 전환으로 영국의 해군력을 무력화한 나폴레옹은 북이탈리아에 주둔한 오스트리아 군대를 격파했다. 넬슨과 나폴레옹의 운명적 첫 대결은 이렇게 나폴레옹의 승리로 끝났다.

나폴레옹과의 간접 대결에서 패배한 넬슨은 원인을 분석했다. 나폴레옹의 대군이 이동하려면 엄청난 보급이 중요했고, 그 규모의 보급을 이동시키려면 해상 경로가 필수였다. 그런데 허를 찔렸다. 알프스를 건너는 것이 어떻게 가능했을까? 프랑스 군대가 병참을 포기했기 때문이다. 굶주려도 추워도 그들은 진격했다. 군대의 성격이 바뀌어 가능했다. 이제 더 이상 그들은 국왕을 위해 돈을 받고 싸우는 용병이 아니었다. 전쟁의 성격도 변했다. 나폴레옹은 구체제의 장군처럼 형식적 승리를 위해 싸우지 않았다. 그는 상대를 완전히 전멸시키고자 했다. 적의 의지를 꺾고 완전한 승리를 거두고자 했다. 넬슨은 영국의 전략도 바뀌어야 한다고 생각했다. 육지 대신 바다에서, 해군의 힘을 바탕으로 싸워 이겨야 한다고 판단했다. 넬슨도 나폴레옹과 같이 적을 섬멸함으로써 상대의 의지를 꺾고자 했다. 육지의 천재와 바다의 천재, 두 사람의 건곤일척乾坤一擲이 시작됐다.

나일에서의 전투, 세상을 바꾸다

두 사람의 다음 대결 장소는 이집트의 나일강 하구였다. 이탈리아 원정으로 프랑스의 영웅이 된 나폴레옹의 다음 목표는 이집트였다. 천재와 범인凡人의 차이는 사물의 본질을 꿰뚫는 통찰력이다. 천재 나폴레옹은 이 전쟁이 결국 영국과 프랑스의 대결임을 알았다.

수십만 대군을 자랑하는 눈앞의 오스트리아·러시아·프로이센은 허상일 뿐이고, 프랑스의 진짜 적은 강력한 해군과 광대한 식민지, 막대한 교역을 바탕으로 세계경제를 움직이는 영국이었다. 그 영국의 아킬레스건은 인도 식민지였다. 이집트는 인도로 가는 길목인 동시에 인도 교역의 목줄인 수에즈해협의 입구였다. 알렉산드로스 대왕을 동경하던 29세의 청년 나폴레옹은 5만 병력을 이끌고 이집트 알렉산드리아로 향했다. 넬슨은 나폴레옹의 목표가 인도의 길목인 이집트라고 확신했다. 그 역시 대국적 관점에서 전쟁을 바라보는 천재였다.

나폴레옹을 추격한 넬슨의 함대는 나일강 하구에 정박해 있는 프랑스 함대를 발견했다. 1798년 8월 1일 오후였다. 어둡기 전 전투가 가능한 시간은 2시간에 불과했다. 넬슨은 속전속결을 선택했다. 전투가 시작됐고, 영국 함대는 프랑스 함대를 향해 밤새 포격을 퍼부었다. 다음 날 새벽, 프랑스 함대는 사라졌다. 나폴레옹의 인도 정복의 꿈도, 대영제국의 근간을 흔들겠다는 야망도 물거품이 됐다. 트라팔가르 해전 이전에 넬슨은 이미 나폴레옹의 꿈을 산산이 조각냈다.

200년도 더 된 옛날 일이다. 그러나 지금 내가 타고 있는 빅토리호는 그날을 기억하고 있다. 역사도 잊지 않고 있다. 왜 혁명의 열정에 불탄 무적 프랑스 군대와 천재 나폴레옹은 영국이라는 벽을 넘지 못했을까? 넬슨이 자신의 의무를 다했기 때문이다. 수많은 뱃사람이 긴 전쟁 동안 넬슨처럼 자신의 자리를 지켰기 때문이다. 결국 위대함은 한때의 열정과 천재 한두 명의 소산이 아니다. 더 많은 사람이 맡은 바 의무를 다했을 때 달성되고 유지되는 것이다. 지금 이 배가 증거다.

전쟁 영웅이 정박한 곳은 유부녀

유부남이던 넬슨은 에마 해밀턴Emma Hamilton (1765~1815)을 뜨겁게 사랑했다. 그런데 에마는 나폴리왕국 주재 영국 대사 윌리엄 해밀턴 William Hamilton의 아내였다. 에마와 남편(해밀턴)과의 나이 차는 36세나 됐다. 나폴리 궁정에서 에마를 처음 만난 넬슨은 그녀와의 사이에서 딸 호레이샤Horatia를 낳았다(1801). 에마와 결혼하려고 이혼까지 했다. 재치와 용기를 두루 갖춘 에마가 잦은 전투로 심신이 지친 넬슨에게 사랑과 위안을 안겨주었기 때문이다. 흥미롭게도 에마의 남편 해밀턴은 두 사람의 관계를 묵인했고, 1803년 죽을 때까지 넬슨과의 우정을 유지했다. 넬슨은 자신의 사후에 에마와 딸을 지켜주려고 했다. 그러나 영국 사회는 전쟁 영웅을 위해 에마의 그림자를 지웠다. 넬슨의 작위와 재산은 그의 친척들에게 돌아갔고, 넬슨이 유일하게 사랑했던 여인에겐 아무것도 남겨지지 않았다.

미국

새로운 비전으로 개척한 자유의 리더십

루스벨트 가문과 노르망디의 미국인 묘지
리더는 언제나 최전선에 있었다

●

프랑스 북부 노르망디는 날씨 좋기로 유명한 프랑스에서 유독 비와 구름이 많은 곳이다. 노르망디로 향했던 9월의 어느 날, 계절이 좋았는지 혹은 운이 좋았는지 파리에서 출발해 루앙Rouen, 캉Caen, 바이외Bayeux를 거쳐 오마하Omaha 해변으로 가는 며칠 동안 하늘은 푸르고 바람은 시원했다. 전형적인 프랑스의 가을 날씨를 만끽하며 도착한 오마하 해변은 오스트리아 빈에서 시작해 베를린, 파리를 거쳐 노르망디에 이르는 긴 여정의 최종 목적지였다.

　그해는 역사적으로 제1차 세계대전이 발발한 지 100년, 제2차 세계대전의 변곡점을 이룬 노르망디 상륙작전을 감행한 지 70년 되는 해였다. 당시의 역사적 현장을 둘러보기에 완벽한 때였다. 우리에게 노르망디 상륙은 그저 거대하고 유명한 군사작전의 하나에 불과할 수 있다. 그러나 유럽인에게는 자유를 가져다준 전투였다. 미군을 중심으로 한 연합군이 노르망디에 상륙한 1944년 6월 6일부터 유럽은 히틀러와 나치의 가혹한 압제에서 해방되기 시작했다. 노르망디의 해변들은 숭고하나 참혹했던 그날의 전투를 다양한 유적과 기념물을 통해 후손에게 전하고 있다. 오마하 해변 바로 옆의 '노르망디 미국인 묘지Normandy American Cemetery'가 대표적이다.

모든 루스벨트는 최전선에 있었다

묘지는 우울하거나 음침하지 않다. 오히려 밝고 정갈하며 아름답다. 녹색 융단을 깔아놓은 듯한 잔디밭 위로 하얀 십자가 수천 개가 줄을 맞춰 가지런히 서 있다. 십자가에는 저마다 한 사람씩 이름이 새겨져 있다. 누군가의 아들이고, 누군가의 형제다. 누군가의 남편이거나 아버지였을 수도 있다. 그러므로 십자가 하나는 한 사람의 소중한 생명뿐 아니라, 그의 죽음으로 한 가족이 느꼈을 슬픔과 극복해내야 했던 고통의 무게를 담고 있다.

그런 십자가가 이곳에만 무려 9,388개나 된다. 모두 제2차 세계대전 당시 노르망디를 비롯한 프랑스 전선에서 전사한 미군이다. 그들은 무엇을 위해, 누구를 위해 먼 프랑스 땅까지 와서 싸우다 죽었을까? '자유를 위해서'라는 표피적이고 단순한 이유는 교과서에서라면 모를까, 무덤이 즐비한 이곳 노르망디에서는 통하지 않는다. 다른 이의 자유가 나의 생명보다 소중할 수는 없다. 그러나 이들은 다른 이의 자유를 위해 산화했다. 조국의 명에 따라? 감히 어떤 조국이 이곳에 묻힌 이들을 포함해 수십만 꽃다운 청춘에게 목숨을 걸고 대의를 위해 희생하라 명할 수 있을까? 답을 찾지 못한

'노르망디 미국인 묘지'에서 가장 인상적인 시어도어 루스벨트 주니어의 무덤. 그는 노르망디 상륙작전에 참여한 최고위 장성이자 최고령 군인이었다. 그의 무덤은 오늘날까지도 묘지를 방문하는 많은 미국인에게 '리더란 무엇인가'를 침묵 속에서 웅변하고 있다.

채 십자가 사이를 서성이다 문득 한 십자가 앞에서 발걸음을 멈췄다. 낯익은 이름이었다.

'시어도어 루스벨트 주니어Theodore Roosevelt Jr.', 미국 제26대 대통

미국 제26대 대통령 시어도어 루스벨트(좌)와 그의 장남 시어도어 루스벨트 주니어(우). 제1차 세계대전 참전 용사였던 루스벨트 주니어는 제2차 세계대전이 발발하자 하던 일을 멈추고 재입대했다.

령 시어도어 루스벨트(1858~1919)의 장남이다. 작은 십자가에는 많은 정보가 담겨 있다. 그는 뉴욕에서 태어나 노르망디 상륙작전 직후인 1944년 7월 12일에 죽었다. 계급은 육군 준장이고, 미국에서 군인에게 수여하는 최고 훈장인 '명예훈장MEDAL of HONOR'을 받았다. 전직 대통령의 아들이자, 당시 대통령 프랭클린 D. 루스벨트의 피붙이인 루스벨트 주니어가 노르망디에 묻혀 있다는 게 특이하긴 했지만, 직업군인이라면 충분히 있을 수 있는 일이라고 생각했다.

그의 죽음에 얽힌 이야기를 알게 된 건 존 F. 케네디 대통령을 공부할 때였다. 미국의 여론이 참전 쪽으로 기울던 1941년 초, 케네디는 결장과 위 그리고 척추에 문제가 있음에도 입대하려 했다. 주변의 예상대로 케네디는 육군과 해군의 사관후보생 선발 시험에서 연이어 탈락했다. 신체검사를 통과하지 못한 것이다. 그러나 케네디는 포기하지 않고 아버지를 졸랐다. 루스벨트 대통령의 친구로 영국 대사까지 지낸 아버지는 군 인맥을 동원해 신체검사 서류를 조작했다. 전쟁을 앞둔 시점에서 군이 '병역 비리'를 저지르면서까지 입대하려 했던 케네디의 노력이 낯설었다.

이때 불현듯 당시 현역 대통령이던 프랭클린 D. 루스벨트의 아들은 전쟁 중에 무엇을 했을까 궁금했다. 기록을 찾아보니 대통령에게는 아들이 4명 있었는데 전원 참전했다. 큰아들은 해병대, 둘째는 공군, 셋째와 넷째는 해군에 복무했다. 대통령의 아들들은 안전한 후방에 머물지 않았다. 최전선에서 싸웠다. 네 아들이 받은 훈장 20개가 그들의 용기를 증명한다. 여기에는 명예훈장 다음인 해군십자훈장 1개와 그다음인 은성훈장 2개가 포함돼 있다.

시어도어 루스벨트의 자손들도 예외가 아니었다. 그에게도 아들이 4명 있었는데, 모두가 제1차 세계대전에 참전했다. 이때 루스벨트 가족은 막내 쿠엔틴Quentin을 잃었다. 공군 조종사였던 쿠엔틴은 1918년 7월 14일, 23세의 나이에 파리 바스티유 상공의 공중전에서 산화했다. 살아 돌아온 세 형은 전후에 사회로 복귀했다. 특히 장남 루스벨트 주니어는 정재계에서 두루 활약했다. 정부에서는 해군차관보, 푸에르토리코 총독, 필리핀 총독을 역임했고, 민간에서는 금융회사 아메리칸익스프레스의 이사회 의장, 당대 최대 출판사이던 더블데이의 부사장을 역임했다. 부족함 없는 '아름다운' 인생이었다. 그러나 제2차 세계대전을 앞두고 루스벨트 주니어는 대령으로 다시 입대했다. 그뿐만이 아니었다. 두 동생도 재입대했다. 아버지들이 이랬으니 그 아들들이 어땠을지는 물을 필요조차 없다. 루스벨트 주니어의 세 아들을 비롯해 시어도어 루스벨트 대통령의 여섯 손자 모두가 참전했다.

솔선수범하는 것이 리더다

노르망디 상륙작전 당시 루스벨트 주니어는 4보병사단 부사단장이었다. 그는 작전 본부의 만류에도 "그것이 나의 의무"라며 선봉을 자청했다. 나치의 포대와 벙커가 즐비한 해안에 제일 먼저 상륙하겠다는 건 죽겠다는 것이나 마찬가지였지만, 누구도 그의 고집을 꺾을 수는 없었다. 1944년 6월 6일 새벽, 관절염 때문에 지팡이에 의지한 채 루스벨트 주니어는 4보병사단 소속 8연대의 어린 병사들과 함께 가장 먼저 노르망디 해안에 상륙했다. 이 작전에 투입된 최고령 병사였고, 최고위 장성이었다. 다행히 전투에서는 살아남았지만 기력이 모두 쇠한 후였다. 한 달 후, 그는 심장마비로 전선에서 죽었다. 함께 상륙작전에 참여한 셋째 아들 쿠엔틴 대위가 임종을 지켰다. 명예훈장은 그 직후에 수여됐다.

내가 찾던 답은 루스벨트의 십자가에 있었다. 대통령의 아들과 손자들이 솔선수범해서 참전했기 때문에 국가는 '감히' 국민에게 싸워달라 청하고, 국민은 '기꺼이' 동참했던 게 아닐까? 미국은 특이한 나라다. 불과 240여 년 만에 대서양 연안의 보잘것없는 13개 식민지에서 세계 제국으로 성장했다. 역사상 존재했고, 오늘날 살아남은 대부분의 민족과 공동체는 생존하는 것조차 버거운 것이 현실인데, 미국은 어떻게 그럴 수 있었을까? 여러 요인이 있지만 솔선수범을 바탕으로 한 리더십을 빼놓을 수 없다.

그날 오마하의 긴 모래사장은 푸르른 가을 날씨와 조화를 이뤄 멋진 풍광을 연출했다. 그러나 루스벨트 주니어가 남긴 감동보다는 못했다. 다시 노르망디를 찾게 되면 꼭 그의 무덤 앞에 꽃 한 송이를 놓을 생각이다.

미국 역대 대통령들의 세 가지 특징

미국 대통령은 어떤 사람들일까? 아니, 좀 더 정확하게 질문해보자. 미국인은 어떤 사람을 대통령으로 뽑을까? 초대 조지 워싱턴부터 제46대 조바이든에 이르기까지 다양한 사람이 대통령직을 수행했지만 몇 가지 패턴이 있다.

첫째, 압도적으로 군인 출신이 많다. 대륙군 총사령관이었던 워싱턴을 비롯해 그랜트(제18대, 남북전쟁 당시 북군 총사령관), 아이젠하워(제34대, 제2차 세계대전 당시 유럽연합군 최고사령관) 등이 대표적이다. 남북전쟁 이후 그랜트부터 매킨리(제25대)까지 30여 년 동안 대부분의 대통령이 북군 참전 용사였다. 제2차 세계대전 이후 아이젠하워부터 아버지 부시(제41대)까지 40년 동안은 전원이 제2차 세계대전 참전 용사이거나 군인이었다.

둘째, '흙수저' 출신으로 자수성가한 사람들이다. 링컨(제16대), 존슨(제17대), 닉슨(제37대), 레이건(제40대) 등이 대표적이다. 물론 군인 출신으로 자수성가한 경우도 있다.

셋째, 강력한 이야기의 주인공이다. 명문가 출신이지만 소아마비 장애를 극복한 프랭클린 D. 루스벨트(제32대)가 좋은 예다.

이상을 종합해보면 미국인은 나라를 지키기 위해 목숨을 걸었거나, 가난을 경험했기 때문에 민중의 삶을 이해하거나, 유권자를 매료시킬 이야기의 주인공에게 표를 던져왔다. 그런 면에서 제45대 대통령 도널드 트럼프는 꽤 예외적이다. 미국이 그만큼 변했다는 증거이기도 하다.

뉴욕의 9·11 메모리얼 뮤지엄
조국은 단 하루도 당신을 잊지 않았다

●

9·11 테러 현장을 찾은 건 3월 중순이었다. 그날 아침은 추웠다. 바다에서 불어오는 바람이 매서웠다. 아직 녹지 않은 눈을 밟으며 찾아간 그곳은 텅 비어 있었다. 세계화를 상징하던, 미국의 힘을 자랑하던 거대한 쌍둥이 빌딩은 사라지고 없었다. '20세기의 바벨탑'이 서 있던 자리는 깊이를 알 수 없는 쌍둥이 '풀Pool'로 변해 있었다. 풀 안쪽은 더 깊은 사각형의 무저갱無低坑이었다. 심연 같은 그 안으로 폭포가 쏟아져 내렸다. 희생자들을 애도하는 눈물 같아 가슴이 먹먹했다. 그 끝엔 무엇이 있을까? 슬픔? 분노? 아니면 망각일까?

상념에 잠겨 다가간 사각 풀은 검은 청동 패널에 둘러싸여 있었다. 그 위로는 사람들 이름이 촘촘하게 음각으로 새겨져 있었다. 총 2,983명. 2001년 9·11 테러로 희생된 2,977명에 1993년 2월 26일 월드트레이드센터에서 일어난 폭탄 테러 희생자 6명을 더한 수치다. 숙연해졌다. 희생자가 너무 많은 탓이다. 이름을 읽으며 걷다 흰 장미 한 송이를 보았다. 검은색 청동 패널과의 대비가 강렬했다. 가까이 가보니 'Melanie Louise de Vere'라는 여성의 음각된 이름에 꽂혀 있었다. 딱 한 송이뿐인 흰 장미꽃.

매일 헌정되는 장미 한 송이의 가치

누가 왜 꽂았을까? 9·11메모리얼을 오픈하기 전 이른 아침이니 방문객은 아닐 터였다. 추운 날씨에도 장미가 탐스럽고 싱싱한 걸로 보아 며칠 지난 것도 아니었다. 누군가가 그날 아침에 꽂은 것이었다. 느낌이 왔지만 확실히 하기 위해 관리자에게 물었다. "저희 직원들이 아침마다 그날 생일을 맞은 희생자들 이름 위에 장미 한 송이를 꽂습니다." 예상했던 답이지만 순간적으로 머리가 띵했다. 여기 이름을 남긴 3,000명 가까운 희생자는 모두 같은 날 사망했다. 그날은 많은 미국인이 기억하고 추모하는 날이다. 그것으로 충분할 수도 있다. 그러나 미국은 한 걸음 더 나아갔다. 희생된 날에 그들을 추모하는 것은 당연하고, 그들이 테러에 희생되지 않았다면 여태껏 살아 맞이했을 생일까지 가족과 친구를 대신해 챙기고 있다.

9·11 테러는 2001년 9월 11일 오사마 빈 라덴Osama bin Laden (1957~2011)이 이끄는 테러 조직 '알카에다'가 자행했다. 그날 아침 테러리스트 19명은 비행기 네 대를 공중 납치한 후 세계화의 상징인 뉴욕 맨해튼의 월드트레이드센터, 미국 힘의 상징인 워싱턴D.C.의 국방부 청사 펜타곤, 미국 민주주의의 상징인 워싱턴D.C.의 국회의사당 건물로 향했다. 그들은 월드트레이드센터를 완전히 파

9·11 테러 희생자 추모 기념 공원에는 희생자 이름이 빼곡하게 음각된 청동 패널이 있다. 매일 아침마다 생일을 맞은 희생자 이름에는 장미 한 송이가 꽂힌다. 그들을 영원히 기억하겠다는 국가의 의지인 동시에 희생자에 대한 예의를 상징한다.

괴했다. 펜타곤 일부를 부수는 데도 성공했다. 그 과정이 방송으로 생중계되면서 전 세계는 충격에 빠졌다. 냉전이 종식되고 소련과 동구 공산권이 무너진 지 10여 년 만에 다시 새로운 형태의 전쟁이 시작되는 순간이었다.

그날 이후 세상은 절대로 이전과 같지 않게 됐다. 미국은 테러 배후로 지목된 아프가니스탄과 이라크를 상대로 긴 전쟁에 돌입했다. 오사마 빈 라덴과 알카에다를 섬멸하기 위한 비밀 작전도 수행했다. 오사마 빈 라덴은 2011년 5월 2일, 파키스탄에서 미군 특수부대에 살해됐다. 테러를 자행한 지 10년 만이었다. 테러범을 추격해 응징하는 것과 별도로 미국 정부는 '9·11'을 영원히 기억하기 위한 작업도 시작했다. 그 결과가 월드트레이드센터 자리에 들어선 야외 추모 공간과 9·11 메모리얼 뮤지엄이다(2014년 5월 개관).

한순간도 당신을 잊을 수 없다

추모 박물관은 거대한 지하 공간에 자리하고 있다. 지하로 내려가면 가장 먼저 '메모리얼 홀'이 나타난다. 홀 입구에는 이곳의 존재 이유와 정신을 상징하는 한 문장이 콘크리트 벽면에 크게 새겨져 있다.

"NO DAY SHALL ERASE YOU FROM THE MEMORY OF TIME."

심장이 멎는 느낌이었다. "시간의 기억 속에서 단 하루도 당신을 지울 수 없다." 아무리 오랜 시간이 흘러도 한순간도 빼놓지 않고 언제나 조국은 당신을 기억하겠다는 약속이자 다짐이다. 이 문장의 필자가 버질Virgil이란 사실도 놀라웠다. 우리에겐 베르길리우스Vergilius(기원전 70~19)라는 이름으로 더 잘 알려진, 아우구스투스 시절 로마제국의 대시인이다. 대표작 《아이네이스Aeneis》는 로마제국의 탄생을 그린 대서사시다. 미국은 무려 2,000년 전 서사시의 한 문장으로 9·11 추모 박물관의 입구를 장식한 것이다.

인간은, 국가는, 문명은 태어나고 성장하고 쇠퇴하고 소멸한다. 비켜갈 수 없는 운명의 굴레다. 그러나 그 필멸의 운명 속에서도 누군가는, 혹은 어떤 사건은 절대로 잊혀선 안 되는 경우가 있다. 버질이 살던 당시에도 있었고, 우리가 사는 지금도 있다. 9·11 테러 희생자는 미국이라는 나라가 존속하는 한 단 한순간도 잊어서는 안

되는 사람들인 것이다. 그것을 증명이라도 하듯 메모리얼 홀 중앙의 'IN MEMORIAM' 벽면을 2,983명의 사진으로 장식했다. 그 안으로 들어가자 희생자 한 명 한 명에 대한 설명이 그를 기억하는 가족과 친구·동료들의 음성으로 흘러나오고, 벽면에서는 프로젝트 빔이 희생자의 생전 모습을 비췄다. 국적을 떠나 같은 인간으로서 눈물을 참기 힘든 공간이다.

국가의 자격을 묻다

그곳에서 문득 우리의 처지가 떠올랐다. 예전에 서울 강남 요지에 삼풍백화점이 있었다. 1995년 6월 29일, 그 백화점이 무너졌다. 개장한 지 불과 6년 만이었다. 부실 공사가 원인이었다. 500명 넘게 죽었고, 1,000명 가까이 다쳤다. 몇 개월 동안 온 나라가 시끄러웠다. 부실과 비리를 개탄하는 소리에 땅이 꺼졌고, 소유주와 공무원에 대한 분노가 하늘을 찔렀다. 하지만 그뿐이었다. 시간이 흘러 우리는 무너진 백화점과 희생자들을 잊었다. 사고 현장에는 초대형 주상 복합 아파트가 들어섰다. 희생자를 기리는 추모비는 엉뚱하게도 양재시민의숲 구석으로 밀렸다. 희생자 가족에게조차 낯선 곳이었다. '한국전쟁 이후 최대의 인명 피해'라는 표현만 무색해졌다.

이뿐만이 아니다. 1994년 10월 21일 성수대교 붕괴로 생을 마감한 이들의 넋을 위로하는 위령비는 강변북로에 섬처럼 고립돼 있다. 이들의 희생에 미안한 마음이 조금이라도 있다면, 책임을 조금이라도 느낀다면 그런 곳에 위령비를 세울 수는 없었을 것이다. 우리는 무슨 일이 터지면 온 세상이 무너져 내린 듯 난리를 치지만,

9월 11일, 뉴욕 맨해튼에 두 줄기 빛이 밤하늘로 치솟고 있다. 매년 진행되는 9·11 테러 희생자를 위한 추모 행사다. 빛줄기가 보이는 곳이 월드트레이드센터가 있던 자리다.

그 사건을 기억하려 하지 않는다. 그러니 반성도 개선도 없다. 슬픈 민낯이다.

미국은 비극이 일어난 바로 그 자리, 뉴욕 맨해튼의 월가에 추모 공간을 조성했다. 그곳에선 매일 아침이면 직원들이 가족을 대신해 국가의 이름으로, 생일을 맞은 희생자에게 장미 한 송이를 바친다. 국가는 조국을 위해 헌신한 사람과 조국이 지켜주지 못해 희생당한 사람을 잊어서는 안 된다. 정부가 국민에게 가져야 하는 최소한의 예의고, 국가가 존재하는 최소한의 근거다. 유사한 비극을 막기 위한 노력의 출발점이기도 하다. 미국은 그 기본을 알고 실천한다. 강대국이 된 이유다. 뉴욕 맨해튼 9·11 현장의 추모 공간에 놓인 장미 앞에서 '국가란 무엇인가'를 생각한다. 국적을 떠나 가슴이 따스해진다.

활약상까지 낱낱이 기록된 영웅 구조견

"난세는 영웅을 낳는다"고 하지 않았던가. 9·11 테러라는 미증유의 위기도 마찬가지로 영웅을 낳았다. 진정한 영웅이 누군지 알려면 메모리얼 뮤지엄 안의 기념품 가게로 가면 된다. 그곳에는 9·11 현장에서 인명을 구하기 위해 헌신한 소방관, 경찰관, 의료진을 기리는 기념품과 자료집이 즐비하다.

영웅 중에는 구조견도 있다. 구조견을 다룬 책 중 가장 인상적인 건《Dog Heroes of September 11th》였다. 책 내용은 방대하고 자세했다. 개 수백 마리의 세부 사항과 9·11 테러 현장에서 벌인 활약을 기록하고 있다. 개들은 무너진 잔해 안으로 들어가 생존자를 수색하고 구조하는 데 결정적 도움을 줬다. 미국인에게 영웅은 바로 이런 존재다. 위기에 처한 이웃을 외면하지 않고 돕기 위해 노력하면 개도 예외가 아니다. 어쩌면 도움이 필요한 이웃을 외면하는 사람보다 나은 존재가 아닐까?

워싱턴D.C.의 라파예트 공원
자유와 번영은 공짜로 주어지지 않는다

●

미국 대통령의 집무실과 집을 겸하고 있는 백악관은 미국 권력의 중심이다. 동시에 민주주의의 상징 중 하나다. 대통령이란 직職 자체가 미국 독립전쟁 이후 왕을 대신해 선출된, 국민을 대표하는, 역사상 최초의 임기제 권력이기 때문에 그렇다. 역대 미국 대통령은 국민을 대표해 헌법을 수호하고 민주주의를 실천하는 데 앞장섰다. 물론 예외도 있지만 대체로 대통령들은 자기 몫을 해냈다. 바로 이곳 백악관에서. 건물 전체가 하얗다고 해서 백악관이라 부르는데, 엄연히 앞과 뒤가 구별된다. 펜실베이니아 대로를 사이에 놓고 라파예트 공원과 마주한 북면이 앞쪽에 해당한다. 대통령 공원과 워싱턴 기념탑으로 이어지는 남면이 뒤쪽이다.

처음 백악관에 갔을 때부터 정면의 공원에 '라파예트Lafayette'란 이름을 붙인 게 특이했다. 그는 미국인이 아니기 때문이다. 라파예트 후작은 미국 독립전쟁 때 참전한 프랑스 대귀족이다. 라파예트 공원의 가장 중요한 기능은 안식처다. 백악관 앞은 언제나 사람들로 붐빈다. 수많은 시위대가 각자 주장을 쏟아내고, 수많은 관광객이 연신 사진을 찍어대니 난장이 따로 없다. 라파예트 공원은 백악관 근처에서 그런 소란스러움을 피할 수 있는 유일한 공간이다.

공원 한가운데에는 미국의 제7대 대통령이자 '대중민주주의'의 개척자로 일컫는 앤드루 잭슨Andrew Jackson(1767~1845)의 커다란 기마상이 놓여 있고, 라파예트 동상은 남동쪽 모퉁이에 있다. 높다란 기단 위의 라파예트가 몸을 비스듬히 튼 채로 어딘가를 바라본다. 백악관이다. 주변을 둘러보면 온통 미국의 주요 행정부 건물이다. 그렇다. 라파예트 공원은, 라파예트 동상은 백악관을 중심으로 한 미국 권력의 심장부에 있다. 젊은 프랑스인은 어떻게 미국에서 이런 대접을 받는 것일까? 미국인은 무슨 이유로 라파예트를 이토록 기념하는 것일까?

미국의 자유를 위해 참전한 프랑스인

라파예트 후작(1757~1834)은 프랑스의 명문 귀족이었다. 본명은 'Marie Joseph Paul Yves Roch Gilbert Motier'로 이해할 수 없을 정도로 길다. 어려서 부모를 잃고 작위와 재산을 상속받았다. 16세 때는 베르사유 궁정의 세도가 노아유Noailles 공작의 손녀 아드리엔 드 노아유Adrienne de Noailles와 결혼했다. 앞날이 창창했다. 그가 성장하던 시기는 계몽과 이성, 자유와 혁명의 시대였다. 1775년 시작된 미국 독립전쟁은 그런 시대의 산물이었다. 유럽의 많은 젊은이가

라파예트 공원 뒤로 백악관과 워싱턴 기념탑이 보인다. 공원 한가운데 있는 기마상의 주인공은 미영 전쟁(1812)의 영웅이자 제7대 대통령 앤드루 잭슨이다.

매혹됐다. 라파예트 역시 그랬고, 또래 귀족들과 함께 미국 독립전쟁에 참전하기로 맹세했다. 왕은 허락하지 않았다. 아직 프랑스 정부는 이 전쟁에서 중립을 지키고 있었기 때문이다. 함께하기로 한 귀족 동료들은 결국 미국행을 포기했다.

라파예트는 포기하지 않았다. 자유와 독립을 위해 싸운다는 대의명분에 젊은 피가 끓어올랐다. 라파예트는 몰래 배를 타고 프랑스를 탈출해 아메리카로 갔다. 1777년 6월 사우스캐롤라이나에 상륙한 라파예트는 필라델피아로 가서 대륙회의 대표들에게 독립전쟁에 참전하고 싶다는 의사를 밝혔다. 스무 살도 채 되지 않은, 군대 경력도 전혀 없는 프랑스 귀족을 바라보는 식민지 사람들의 시선이 달가울 리 없었다. 반응은 냉담했지만 라파예트는 열정적으로 그들을 설득했다. 자유를 위해 싸우러 왔기 때문에 무보수로 헌신하겠다고, 대륙군의 병졸로라도 참전하고 싶다고. 사람들은 마음을 바꿔 라파예트를 대륙군 총사령관 조지 워싱턴에게 보냈다.

1777년 7월 라파예트는 워싱턴을 만났다. 두 사람은 처음 만난 순간부터 서로에게 호감을 느꼈다. 워싱턴은 라파예트의 품격 있는 행동과 명예를 존중하는 태도를 좋아했다. 그리고 풋내기 라파예트를 소장에 임명하고 참모로 기용했다. 그야말로 파격적 대우였다. 여기에는 라파예트를 이용해 프랑스 내에서 미국 독립전쟁에 대한 우호적 여론을 조성하고, 나아가 프랑스의 참전을 끌어내려는 정치적 계산도 깔려 있었다.

선택은 탁월했다. 라파예트는 워싱턴의 애정과 결정에 부응했다. 전쟁터에서는 부상을 겁내지 않을 정도로 열심히 싸웠다. 포지 계곡Valley Forge의 겨울 숙영지에서는 대륙군 병사들과 함께 추위와 배고픔을 견뎌냈다. 평생을 호의호식한 프랑스의 대귀족에게는 상상하기 어려운 비참한 환경이었지만, 라파예트는 군말 없이 병사들과 동고동락했다. 일선 지휘관으로서 능력도 점차 향상돼 여러 전투의 승리에 크게 기여했다. 그의 활약상은 약간 과장되게 프랑스로 전해졌고, 열광적 반응을 일으켰다. 특히 젊은 귀족과 장교들에게 영향을 미쳤다.

미국은 프랑스의 도움을 기억한다

프랑스는 전략적 고민 끝에 미국과 동맹을 맺고 참전했다(1778년 2월). 막대한 전쟁 비용을 감당할 수 없다는 현실적 주장을 숙적 영국에 복수해야 한다는 감정적 이유가 압도한 탓이다. 그러나 선발대로 아메리카 대륙에 도착한 프랑스 원군은 결정적 역할을 하기에는 규모가 너무 작았다. 1779년 말, 라파예트는 프랑스로 달려갔다. 당대 최강을 자랑하는 영국군을 이기는 데 필요한 더 많은 병사, 더 많은 함대, 더 많은 돈을 얻어내기 위해서였다. 라파예트는 자신도 모르는 사이에 유명 인사가 돼 있었다. 왕의 명을 거역하고 떠난 밀항자는 베르사유 궁정에서 대대적 환영을 받았다. 특히 왕비 마리 앙투아네트Marie Antoinette는 직접 그를 만나 미국과 독립전쟁에 관한 얘기를 즐겨 듣곤 했다.

라파예트 파견은 워싱턴에게 '신의 한 수'로 드러났다. 그가 프랑스 대신들을 설득하고 여론을 움직여 최정예 부대 6,000명과 더 많은 함대의 원조를 받아내는 데 성공했기 때문이다. 이 원정군의 지휘는 로샹보Rochambeau(1725~1807) 백작이 맡았다. 라파예트와 로샹보는 워싱턴을 도와 영국군과 싸웠다. 특히 두 사람은 미국 독립전쟁 최후 전투인 요크타운 공성전에서 워싱턴의 군대가 승리하는 데 결정적으로 기여했다(1781년 10월 19일).

라파예트는 그렇게 미국 독립에 헌신했고, 미국과 프랑스 두 나라를 잇는 우정의 상징이 됐다. 미국은 백악관 앞에 조성한 공원에 그의 이름을 붙이고, 그의 동상을 세웠다. 동상을 자세히 보면, 높은 기단 위의 라파예트가 백악관을 바라보며 빈 오른손을 앞으로 내

라파예트 공원에 있는 라파예트 후작 동상. 그는 미국이 프랑스의 도움을 받아 독립전쟁에서 승리하는 데 결정적 역할을 했다.

밀고 있다. 기단 아래서는 한 여인이 라파예트를 향해 검을 든 손을 뻗고 있다. 그 검은 장차 미국의 자유를 위해 헌신할 라파예트의 빈 손에 쥐어질 운명을 나타내는 듯하다.

독립전쟁을 벌일 당시 미국은 국가는커녕 식민지 연합체에 불과했다. 반면 프랑스는 영국에 견줄 만한 강대국이었다. 이제는 시간이 흘렀고, 처지도 바뀌었다. 미국은 초강대국이 됐고, 프랑스는 제국의 지위에서 내려왔다. 그러나 미국은 프랑스의 도움으로 독립했다는 사실을 잊지 않고 있다. 그 사실을 부끄러워하거나 숨기려 하지도 않는다. 워싱턴D.C.의 라파예트 공원뿐 아니라 미국 전역에 있는 수십 곳의 '라파예트' 이름을 딴 시와 타운, 그를 기리는 기념비와 동상 등이 그 증거다. 라파예트 기념일을 제정한 주州도 여럿이다. 9·11 테러 희생자는 물론 240년 전 미국의 독립과 자유라는 대의에 헌신한 외국인도 잊지 않는 미국. 여러모로 이 나라는 기억의 제국이다.

라파예트 공원에 있는 또 다른 동상들

라파예트 공원을 장식한 외국인은 라파예트 후작만이 아니다. 프랑스군 사령관 로샹보 백작, 프로이센 출신 훈련 교관 슈토이벤 Steuben 남작, 폴란드 출신 공병 장군 타데우시 코시치우슈코 Tadeusz Kościuszko도 공원 한 모퉁이씩 차지하고 있다. 슈토이벤 남작은 오합지졸에 불과하던 대륙군을 훈련해 정예군으로 변모시켰다. 탁월한 공병 장교였던 코시치우슈코는 주변 강대국들에 나라를 잃은 폴란드 군인이었다. 폴란드에서 활동할 수 없었던 그는 자유와 독립이라는 대의명분을 위해 무작정 아메리카로 건너왔다. 새러토가 Saratoga 전투와 전략적 요충지 웨스트포인트(오늘날의 육군사관학교 자리) 방어에 큰 공을 세웠다. 자국민의 헌신은 애국이지만, 라파예트를 비롯한 타 국민의 헌신은 은혜다. 미국은 철두철미하게 애국과 은혜를 기억하고 추앙한다.

프리덤 트레일과 새뮤얼 애덤스

미국의 가치가 새겨진 자유의 여정

●

미국은 하나의 나라가 아니다. 'United States of America'란 표현에서 드러나듯 50주state가 연합해 하나의 국가를 이루고 있다. 국가의 근간인 '주'가 처음부터 50개였던 것도 아니다. 처음 독립을 선언할 때는 동부 해안가를 따라 들어선 13주에 불과했다. 모두 대영제국의 식민지였다. 남부의 버지니아, 중부의 펜실베이니아와 뉴욕, 북부의 매사추세츠가 가장 크고 강력했다.

그중에서도 매사추세츠는 흔히 뉴잉글랜드라 부르는 북부 지역의 중심이고, 보스턴은 그 뉴잉글랜드의 심장이었다. 1630년 청교도들이 건설한 보스턴은 자유와 자치를 소중히 여기는 상공업자, 자영농, 어부, 선원들의 도시였다. 그 가치를 지키기 위해 보스턴은 18세기 후반 미국의 독립과 건국을 주도했고, 19세기에는 노예제 폐지 운동의 선봉에 섰다. 오늘날까지도 가장 미국적 가치의 수호자임을 자부하고 있다. 보스턴은 그런 자부심을 기억하기 위해, 역사에 대한 기여를 잊지 않기 위해 독립혁명 과정에서 중요한 역할을 한 곳을 연결해 하나의 길을 만들었다. 자유의 여정을 뜻하는 이른바 '프리덤 트레일Freedom Trail'이다.

프리덤 트레일은 미국의 가장 오래된 공공 정원인 보스턴 코먼 Boston Common에서 시작해 찰스타운에 있는 벙커힐Bunker Hill까지 이어진다. 미국 독립전쟁과 관련 있는 주요 장소들을 거치는데, 총길이는 4킬로미터 정도다. 화창한 봄날이나 선선한 가을날엔 산책 삼아 걷기에 적당한 거리다. 길을 따라 자유를 향한 투쟁의 기록이, 자유를 최우선으로 삼는 미국적 가치가 새겨져 있으니 역사 공부를 하기에도 안성맞춤이다. 그중에서도 가장 중요하고, 생기 넘치며, 멋진 곳을 꼽으라면 패늘 홀Faneuil Hall이다. 옛 보스턴의 대표 공공건물인데, 아직 시장으로 활용되고 있다. 독립전쟁 전후 보스턴 시민들은 이곳에 모여 현안을 논의하고, 토론을 벌이며, 행동을 결의했다. 이곳을 '자유의 요람cradle of liberty'이라 일컫는 이유다. 그런 패늘 홀 앞 광장을 동상 하나가 장식하고 있다. 새뮤얼 애덤스Samuel Adams(1722~1803). 그는 무슨 연유로 이곳에 동상을 남기는 영예를 차지했을까?

자유를 위해 대영제국에 맞서다

새뮤얼 애덤스는 1722년 보스턴의 유복한 양조업자의 아들로 태어났다. 하버드대학교를 졸업한 뒤 기업과 정부에서 여러 가지 일을 했으나 빛을 발하지는 못했다. 그의 재능과 열정에 꼭 맞는 분야가

보스턴 시내를 거닐다 보면 독립혁명과 관련한 주요 유적지를 이은 프리덤 트레일 표지판을 손쉽게 만날 수 있다.

따로 있었기 때문이다. 바로 정치였다. 애덤스는 사람들과 어울리고 토론하길 즐겼다. 사회의 대부분을 차지하는 일반 시민에게 애정을 느꼈고, 그들이야말로 미국 사회의 근간이자 미래라고 봤다. 청교도적 교육을 받은 애덤스의 정치철학은 단순했다. 그는 세상을 '자유와 압제가 투쟁하는 장'으로 봤고, 자유를 획득하고 지키기 위해 싸우는 것만이 진정 가치 있는 행위라고 여겼다. 이러한 정치철학은 하버드대학교 졸업 논문에서도 나타난다. 〈만약 그 외의 수단으로 국가를 보전할 길이 없다면 국왕에게 대항하는 행동은 합법적인가?〉라는 도발적인 제목의 논문에서 애덤스는 "그렇다"고 결론 내렸다. 1700년대 중반 새뮤얼 애덤스의 이 같은 주장은 반역 행위였다.

이런 애덤스에게 북미 대륙의 패권을 두고 영국과 프랑스가 싸운 7년 전쟁(1756~1763) 이후 식민지에서 펼쳐지는 상황은 심각했다. 프랑스를 몰아내고 북미 대륙의 상당 부분을 차지한 영국은 제멋대로 세금을 거두고, 군대를 주둔시키며, 자유를 억압했다. '모국'이라 여겼던 영국이 자유와 번영을 억압하는 전제자로 변하기 시작한 것이다. 애덤스는 점차 영국에서 독립하지 못하면 영원히 자유롭지도 번영하지도 못할 것이라 확신했다. 1765년부터는 저항운동을 조직하고, 일반 시민을 상대로 자신의 정치적 견해를 열정적으로 얘기하기 시작했다.

이때 애덤스가 가장 애용한 곳이 바로 패뉼 홀이었다. 그는 시민들이 모여 토론하고, 협의하고, 결정하는 타운 미팅town meeting에 진정한 민주주의 정치가 존재한다고 느꼈다. 일반 시민에 대한 애덤스의 영향력은 갈수록 커져갔다. 그러나 연설과 글만으로 식민지 사람들의 불만과 좌절, 불안과 분노를 행동으로 승화시킬 수는 없었다. 뭔가 결정적 계기가 필요했다.

자유는 공짜로 주어지지 않는다

애덤스가 애타게 기다리던 계기는 1773년 봄에 찾아왔다. 영국 정부가 재정적으로 어려운 동인도회사를 지원하기 위해 이 회사가 식민지 시장에서 중개인을 배제하고 소비자에게 직접 차茶를 판매할 수 있도록 허용한 것이다. 차 가격은 내려가겠지만 식민지 중간상인들은 파산할 게 뻔했다. 상인들은 물론이고 소비자들도 격분했다. 영국 정부의 그러한 시도를 식민지 시장 전체를 장악하고 착취하기 위한 첫걸음으로 봤기 때문이다. 결국 '보스턴 차 사건Boston Tea Party'이 터졌다. 애덤스가 이끄는 일군의 시민이 보스턴에 입항한 배들에 난입해 거기에 가득 실려 있던 차를 몽땅 바다에 던져버린 것이다(1773년 12월).

이 사건에 대한 영국 정부의 반응은 강경했다. 영국 왕 조지 3세는 "승리 아니면 굴복만이 있을 뿐"이라며 식민지에 전면전을 선포했다. 영국 의회는 보스턴 항구 봉쇄, 자치 금지, 군대 주둔, 사법관할법 제한 등 이른바 '참을 수 없는 법Intolerable Acts'이라 불리게 될 법안들을 통과시켰다. 애덤스가 주장해온 영국의 전제정치가 드디어 마각을 드러낸 것이다. 식민지인들은 뒤늦게나마 대영제국의 본질을 알아챘다. 애덤스는 필라델피아에서 열린 대륙회의에 매사추세츠주 대표로 참석해 오랜 세월 파편처럼 흩어져 있던 열세 곳의 식민지가 함께 행동하기로 하는 데 크게 기여했다. 미국 독립혁명은 그렇게 보스턴에서 새뮤얼 애덤스에 의해 시작됐다. 전쟁이 끝난 후 애덤스는 주지사로, 부지사로, 주 상원 의장으로 매사추세츠를 이끌었다.

새뮤얼 애덤스는 누구보다 미국 독립혁명에 헌신한 지사志士였다. 그에게 정치는 일상이었고, 독립은 목표였으며, 자유는 모든 것이었다. 그의 동상이 있는 패늘 홀은 퀸시 마켓Quincy Market과 이어져 있다. 그곳에서는 수많은 시민이 음악을 연주하거나 감상하고, 무리를 지어 춤을 추거나 운동을 한다. 보스턴에서 가장 자유롭고 활

'자유의 요람'이라 일컫는 보스턴의 패늘 홀 앞에는 미국의 독립과 혁명을 이끈 새뮤얼 애덤스의 동상이 당당하게 서 있다.

기찬 곳이다. 이 도시의 자유와 번영은 공짜로 주어진 것이 아니다. 자신들을 억압하는 전제정치에 맞서 싸워 획득한 것이다. 그 투쟁의 선두에 언제나 새뮤얼 애덤스가 있었다.

패늘 홀 앞 광장, 그의 동상을 떠받치고 있는 기단의 문장이 그 사실을 증명한다. 기단 정면에는 "애국자, 그는 혁명을 조직했고, 독립선언문에 서명했다"라고 새겨져 있다. 그리고 양 측면에는 "정치가로서는 청렴하며 두려움이 없었다" "주지사로서는 민중의 참된 리더였다"고 적혀 있다. 어떻게 한 사람이 진정한 애국자인 동시에 탁월한 정치가이며, 참된 리더일 수 있을까? 나는 그런 사람을 별로 본 적이 없다. 그래서 이곳은 언제나 낯설고, 우리 자신을 되돌아보게 한다.

4명의 대통령을 배출한 매사추세츠의 대표로 선정된 애덤스

2020년 5월 25일, 미국에서 흑인 조지 플로이드가 백인 경찰에 의해 사망하는 사건이 벌어졌다. 이로 인해 흑인에 대한 경찰의 과잉 진압과 인종차별에 대한 항의 시위가 미국 전역에서 격렬하게 벌어졌다. 이 과정에서 민주당의 낸시 펠로시 미연방 하원 의장이 워싱턴D.C. 의사당의 '연방 조각상들의 전당'에서 남북전쟁 당시 노예제를 지지했던 남부연합 지도자 11명의 동상을 철거할 것을 요구해 화제가 되기도 했다.

'연방 조각상들의 전당'이라는 이름으로 의사당 곳곳에 자리한 동상들은 각 주가 대표 시민 2명씩을 선정해 의회에 보낸 것이다. 매사추세츠주가 보낸 동상의 주인공은 혁명의 아버지 새뮤얼 애덤스와 초창기 매사추세츠를 이끌었던 청교도 지도자 존 윈스럽John Winthrop(사진)이다. 매사추세츠는 케네디를 비롯해 대통령을 4명 배출했음에도 새뮤얼 애덤스를 대표 시민으로 선정했다. 그만큼 그의 위상이 대단하다는 뜻이다.

올드노스 교회와 폴 리비어
첨탑에 불이 켜지자 자유를 위해 말을 달렸다

●

보스턴의 상징과도 같은 프리덤 트레일은 자유를 향한 투쟁의 기록인 동시에 자유를 위해 싸웠던 전사들의 방명록이다. 새뮤얼 애덤스가 가장 돋보였지만, 혼자만의 힘으로 보스턴의 혁명을 이끌었던 건 아니다. 그에겐 동지들이 있었다. 그중 가장 매력적인 사람이 폴 리비어Paul Revere(1734~1818)다. 프리덤 트레일의 여정에 유일하게 포함된 개인 주택 소유자다. 가장 유명하고 낭만적인 이야기의 주인공이기도 하다.

유일한 기마상의 주인공 폴 리비어

폴 리비어의 집은 프리덤 트레일에서 '자유의 요람'이라 일컫는 패뉼 홀 다음 순서다. 고색창연한 붉은 벽돌 건물들 사이에서 유일하게 암회색 목재로 지은 이층집이라 눈길을 끈다. 17세기 후반 식민 시대의 전형적 양식이다. 300년 넘는 장구한 세월을 견뎌냈으니 건물 자체로도 유산이다. 그러나 폴 리비어가 집주인이 아니었다면 과연 지금껏 버틸 수 있었을까? 그곳에서 하노버 스트리트를 따라 북쪽으로 300미터쯤 올라가면 기마 동상이 나온다. 한참을 달려온 듯 말은 가쁜 숨을 내쉬고, 기수의 표정은 심각하다. 폴 리비어다. 프리덤 트레일은 이 기마상에서 붉은 벽돌 위 하얀 첨탑이 인상적인 멋진 교회로 이어진다. 올드노스 교회Old North Church. 역시 폴 리비어와 관련이 있다. 이 모든 이야기는 영국의 압제로부터 시작된다.

보스턴 차 사건에 대한 여론은 식민지인들 사이에서도 좋지 않았다. 비록 인기 없는 동인도회사 소유의 차를 바다에 버린 것이지만, 재산권은 지켜져야 한다고 믿는 사람이 많았기 때문이다. 만약 이때 영국 정부가 유화적이고 합리적으로 나왔다면 식민지 문제 해결의 주도권을 되찾을 수도 있을 터였다. 그러나 영국 정부는 반대로 행동했다. 보스턴 차 사건 관련자들을 '폭도'로 규정하고 배상을 요구했다. 국왕 조지 3세는 정부의 의지를 관철하기 위해 무력 사용을 지시했다. 영국 의회는 보스턴을 봉쇄하고 1774년 매사추세츠주를 굴복시키기 위해 여러 법안을 통과시켰다. 식민지인은 이 법안들을 '참을 수 없는 법'이라고 불렀다. 식민지의 자유와 자치가 백척간두에 섰다. 타협의 여지는 사라지고, 무력 충돌이 불가피했다.

보스턴의 치안을 책임지고 있는 토머스 게이지Thomas Gage (1718~1787) 장군에게 런던의 밀명이 도착한 건 1775년 4월 14일이었다. 국왕과 내각은 보스턴 반란 주동자 체포 등 적절한 조처를 취하라고 게

프리덤 트레일에 위치한 폴 리비어의 기마 동상. 뒤로 보이는 높은 첨탑의 교회가 올드노스다. 독립전쟁 전야에 영국군의 진격을 알리는 랜턴이 걸린 곳이다.

이지 장군에게 명했다. 보스턴 현지의 엄중한 상황을 몰랐던 런던의 책상물림들은 게이지 장군에게 내린 명령을 어려운 임무라고 생각지 않았다. 기본적으로 식민지인을 아무런 계획도 없고, 연대할 줄도 모르는 '무식한 오합지졸'로 여겼기 때문이다.

자유를 위한 뜨거운 한밤의 질주

게이지에게는 선택의 여지가 없었다. 행동해야 했다. 그는 렉싱턴과 콩코드를 표적으로 정했다. 혁명 지도자 새뮤얼 애덤스와 존 핸콕John Hancock이 은신해 있고, 반란군의 무기를 은닉한 곳이었다. 몇 개월 전부터 혁명 세력도 영국군의 군사행동에 대비하고 있었다. 그들은 보스턴 전역에 이른바 '감시자'들을 배치해 영국군의 움직임을 자세히 살폈다. 그 감시 조직의 책임자 폴 리비어는 보스턴의 성공한 은세공업자이자 판화가였다. 또한 독립을 지지하는 열렬한 애국주의자로 애덤스와 핸콕의 정치적 동지였으며, 보스턴 장인匠人 사회의 존경받는 리더이기도 했다. 애덤스와 핸콕이 영국군을 피해 보스턴 외곽으로 도피한 상황에서 도시를 책임질 적임자였다.

보스턴에서 렉싱턴과 콩코드로 가는 길은 두 갈래였다. 처음부터 육로를 통해 가거나, 바다를 통해 찰스턴에 내린 후 육로를 이용하거나. 후자가 훨씬 가깝고, 대량 수송도 편리했다. 폴 리비어는 영국군의 진격 소식을 렉싱턴과 콩코드에 빠르게 전달하기 위해 사방에서 볼 수 있도록 올드노스 교회의 가장 높은 곳에 랜턴을 달기로 했다. 육로로 움직이면 1개, 바다로 이동하면 2개. 랜턴이 걸리면 영국군의 이동을 알려줄 파발마가 여러 곳에서 렉싱턴과 콩코드를 향해 달릴 터였다.

1775년 4월 18일 깊은 밤, 드디어 올드노스 교회 꼭대기에 랜턴이 걸렸다. 2개였다. 폴 리비어는 작은 배를 이용해 찰스턴으로 간 다음, 그곳에서 말을 타고 렉싱턴을 향해 내달렸다. 그 유명한 '한밤의 질주midnight ride'다. 가는 동안 폴 리비어는 주민들에게 영국군의 동향을 알렸다. 렉싱턴에 도착한 폴 리비어는 애덤스와 핸콕을 깨웠고, 그들을 무사히 콩코드로 피신시키는 데 성공했다. 그리고 자신은 콩코드로 가는 도중 영국군 순찰대의 검문을 받아 기수를 돌려야 했다.

자유의 투사, 영원한 신화로 남다

이날 영국군의 작전은 실패했다. 폴 리비어를 비롯한 전령들의 활약으로 혁명 지도자들은 피신에 성공했고, 민병들이 속속 콩코드로 모여들었다. 작전 개시 다음 날인 4월 19일, 렉싱턴과 콩코드에서 영국군과 식민지 민병대 사이에 첫 무력 충돌이 발생했다. 미국 독립전쟁의 시작이었다. 서전緖戰을 승리로 장식한 건 식민지 민병대였다. 런던의 내각이 오합지졸이라 무시했던 식민지 민병들이 천하무적을 자부하던 영국 정규군을 이길 수 있었던 것은 그들의 움직임을 사전에 파악했기 때문이다. 정보전의 승리였고, 그 주역은 폴 리비어였다.

독립전쟁이 끝난 후, 폴 리비어는 본업으로 돌아갔다. 그리고 새로운 나라 미국과 함께 성공해 은세공업자에서 산업혁명 초기의 기업가로 변신했다. 그의 공장은 폭발적으로 성장하는 미국 사회에 필요한 교회용 종과 군대용 대포를 비롯한 각종 제품을 생산했다. 혁명 동지였던 애덤스나 핸콕과 달리 정치에 투신하지 않고, 평생을 기업가로 살았다. 정치가의 길을 걷지 않았기 때문에 그의 업적은 상대적으로 널리 알려지지 않았다. 위대한 시인 헨리 워즈워스 롱펠로Henry Wadsworth Longfellow(1807~1882)가 〈Paul Revere's Ride〉(1860)라는 시詩를 쓰기 전까지는. 폴 리비어의 이야기는 롱펠로를 통해 역사적 사실을 뛰어넘어 한 편의 시가 됐고, 한 세대에서 다음 세대로 계속 이어지며 신화가 됐다.

그 시는 비록 폴 리비어가 주인공이지만, 한 사람만을 영웅시하기 위한 작품으로 읽히진 않는다. 폴 리비어와 함께 자유라는 대의 앞에 기꺼이 목숨을 걸었던 사람들의 이야기를 담고 있다. 위대한 사회와 강한 국가는 결코 저절로 생겨나지 않는다. 누군가 조국을 위해 싸우고 희생하기를 멈추지 않았기 때문이다. 비단 미국만의 이야기는 아닐 것이다.

용기 있는 자에게 수여하는 '은빛 랜턴'상

20세기 보스턴과 매사추세츠를 대표하는 정치가는 제35대 대통령 존 F. 케네디였다. 케네디는 자유와 진보, 인권과 우주개발의 상징이었다. 그를 기념하기 위해 케네디도서관재단은 1990년 'Profile in Courage Award(용기 있는 인물상)'를 제정했다. 케네디에게 퓰리처상의 영광을 가져다준 《용기 있는 사람들 Profiles in Courage》이라는 책 제목에서 따온 이름이다. 여론의 반대나 지엽적 이해관계에 맞서 자신의 경력을 걸고 더 큰 대의를 추구한 사람에게 수여한다. 선정자는 은빛 랜턴을 받는데, 미국 독립전쟁 전야에 외롭지만 밝게 빛났던 보스턴의 랜턴처럼 어두운 시대에 희망과 용기의 불빛이 되었음을 상징한다. 2017년에는 버락 오바마(제44대 대통령), 2019년에는 낸시 펠로시(하원 의장)가 수상했고, 2022년에는 우크라이나 대통령 볼로디미르 젤렌스키를 수상자 중 한 명으로 선정했다.

독립전쟁의 전장 렉싱턴과 콩코드
민병의 총과 쟁기로 세운 나라

●

"탕!" 누군가 총을 쏘았다. 영국군인지 식민지 민병대인지는 불분명
했다. 총이 발사됐다는 사실만이 중요했다. 연쇄반응이 일어났다.
한 영국군 장교가 발사 명령을 내렸고, 영국군은 민병대를 향해 일
제사격을 했다. 매사추세츠주 렉싱턴의 공유지에서 벌어진 첫 충돌
은 순식간에 끝났다. 민병대원 8명이 죽고, 10여 명이 부상을 입었
다. 영국군 피해는 사병 1명이 찰과상을 입은 데 불과했다. 영국군
의 승리였다.

　여세를 몰아 영국군은 콩코드를 향해 나아갔다. 새뮤얼 애덤스와
존 핸콕을 비롯한 반란군 지도자들이 도망친 곳, 민병대의 주요 무
기고가 있는 곳이었다. 애초 계획대로 콩코드를 장악하고 반란군
지도자들을 체포한다면, 보스턴과 매사추세츠의 저항은 종식될 터
였다. 그러나 콩코드 상황은 렉싱턴과 달랐다. 소집 명령이 떨어지

보스턴 북서쪽에 있는 콩코드의 올드노스 다리 전경.

면 1분 안에 출동한다고 해서 '미니트 멘Minute Men'이라 부르는 민
병대가 이미 대기 중이었다. 인근 마을에서도 민병이 속속 모여들
고 있었다.

두 번째 충돌은 콩코드의 올드노스 다리에서 벌어졌다. 민병대는
다리 주변에 흩어져 효과적으로 영국군을 공격했다. 민병대가 감히
대항할 거라고 예상치 못한 영국군은 충격을 받고 혼란에 빠졌다.
그들은 혼비백산해 퇴각했다. 민병대는 나무, 바위, 건물 뒤에 숨어
보스턴으로 후퇴하는 영국군을 저격했다. 영국군이 궤멸하지 않은
건 렉싱턴에서 증원군 1,000명을 만난 덕분이었다. 그 와중에 민병
대도 계속 수가 늘었다. 양측의 전투는 총격전에서 치열한 백병전
으로 이어졌다. 결국 영국군은 사상자 273명을 낸 채 후퇴했다. 민
병대의 피해는 95명에 그쳤다. 독립을 향한 첫 전투의 승리는 이렇

게 식민지 민병대에 돌아갔다. 1775년 4월 19일의 일이다.

민병의 고향, 렉싱턴과 콩코드

미국 독립전쟁의 첫 전투가 벌어진 렉싱턴과 콩코드로 가는 길은 고즈넉하고 아름답다. 울창한 숲과 풍요로운 농경지가 연이어 나타난다. 작은 강과 연못, 저수지를 흔히 볼 수 있다. 그 풍경 사이로 목가적인 작은 마을들이 보석처럼 박혀 있다. 전형적 뉴잉글랜드의 멋진 풍광이다. 렉싱턴과 콩코드는 그런 소읍小邑 가운데 가장 유명하다. 특히 콩코드는 랠프 월도 에머슨Ralph Waldo Emerson(1803~1882)과 헨리 데이비드 소로Henry David Thoreau(1817~1862)가 활동한 무대이기도 했다.

그러나 누가 뭐래도 렉싱턴과 콩코드에 세계적 명성을 안겨준 건 미국 독립전쟁의 첫 전장이었다는 사실이다. 이곳에서 아메리카 식민지가 거둔 승리를 동시대인은 기적처럼 여겼다. 제대로 된 군사 훈련조차 받아본 적 없는 민병이 세계 최강 대영제국 정규군과 싸워 이길 거라는 생각은 누구도 하지 않았다. 오늘날 두 소읍의 전투 현장에는 승리의 주역이던 민병들의 동상이 자리해 있다. 모두 평범한 농부 차림이다. 군인이 아니니 당연하다. 그렇다고 무시해서는 안 된다. 이들이야말로 진정한 독립전쟁의 알파이자 오메가였다. 미국의 진짜 건국자였다.

보스턴 차 사건 이후 아메리카 식민지 정세는 급박하게 돌아갔다. 영국 의회는 식민지인 입장에서 이른바 '참을 수 없는 법'을 제정해 보스턴에 보복했다. 식민지인은 영국에 공동 대응하기 위해

1774년 9월 제1차 대륙회의Continental Congress를 개최했다. 대륙회의에서는 여러 가지를 결의했는데, 그중에는 영국군의 공격에 대비한 군사적 조치도 포함됐다. 핵심은 각 주에 민병대를 창설하는 것이었다. 영국의 무도한 통치에 치열하게 저항하던 매사추세츠가 민병대 창설에 가장 적극적으로 나섰다.

버지니아에서는 조지 워싱턴을 중심으로 한 명사들이 민병대를 조직했다. 이때 구성한 민병대가 렉싱턴·콩코드 전투에서 톡톡히 역할을 해낸 것이다. 식민지는 첫 승리에 고무됐다. 전쟁 열기가 전역으로 번지자 모든 식민지가 자발적으로 민병대 조직에 나섰다. 사태는 돌이킬 수 없어 보였다. 마침내 대륙회의는 효과적 투쟁을 위해 군대를 창설하기로 했다(1775년 6월 14일). 그다음 날인 6월 15일, 대륙회의는 대륙군 총사령관으로 조지 워싱턴을 선임했다. 민병대는 이때 창설된 대륙군의 주축이 됐다.

민병의 총과 쟁기로 세운 나라, 미국

전장의 주력은 대륙군으로 넘어갔지만 민병대의 역할은 줄지 않았다. 정규군으로 변모한 민병들은 워싱턴 휘하에서 혹독한 경험과 체계적 훈련을 받으며 좀 더 군인다워졌다. 그러나 대륙군만으로 영국군을 상대하기에는 역부족이었다. 민병으로 남은 사람들은 각자 자리에서 고향과 가족을 지켰다. 동시에 대륙군의 보조 역할을 해냈다. 북부의 뉴잉글랜드에서 시작된 독립전쟁 전선戰線은 시간이 흐름에 따라 중부의 뉴욕·펜실베이니아를 거쳐 남부의 노스캐롤라이나·사우스캐롤라이나·조지아로 옮아갔다. 남부에서는 민병

올드노스 다리 인근에 있는 민병대 동상. 한 손에는 총을, 다른 손에는 쟁기를 움켜쥐고 있다. 공동체가 위기에 처하면 분연히 떨쳐 일어나 싸우고, 위기가 지나가면 생업으로 돌아간다는 민병 정신을 상징한다. 이들이야말로 미국 독립전쟁의 진정한 주역이었다.

의 활약이 더욱 돋보였다. 규율과 훈련이 부족한 탓에 전면전에서는 영국군의 상대가 되지 않았지만, 독립이라는 대의를 위한 열정과 용기만큼은 충분했다. 민병은 프랜시스 매리언Francis Marion, 토머스 섬터Thomas Sumter 같은 탁월한 인물의 지휘 아래 게릴라전을 벌였다. 특히 매리언은 '늪의 여우The Swamp Fox'라는 별명을 얻을 정도로 사우스캐롤라이나의 험한 지형을 교묘하게 활용해 영국군에게 타격을 입혔다. 이들의 활약은 2000년 멜 깁슨이 주연한 영화 〈패트리어트: 늪 속의 여우The Patriot〉에 잘 묘사돼 있다.

치열했던 미국 독립전쟁은 1783년 9월 파리에서 열린 강화조약으로 막을 내렸다. 식민지 아메리카인이 대영제국을 상대로 승리한 것이다. 대륙군은 해체됐고, 군인들은 고향으로 돌아갔다. 민병들도 총을 내려놓고, 각자 일상으로 돌아갔다. 미국은 그렇게 민병과 그

민병을 주축으로 대륙군을 탄생시켰다. 어떤 이름으로 불렸든, 어떤 곳에서 싸웠든 그들 모두는 자신의 고향과 가족, 자유와 자치를 지키기 위해 분연히 떨쳐 일어난 아메리카의 생활인이자 자유인이었다.

그 사실을 웅변하듯 콩코드 올드노스 다리 인근에 있는 민병대원의 동상은 오른손엔 총을, 왼손엔 커다란 쟁기를 잡고 있다. 공동체가 위기에 처하면 전장에 나가 싸우고, 위기가 지나가면 물러나 생업에 종사한다는 민병 정신을 나타낸 것이다. 그러나 독립전쟁 때 총을 들었던 수많은 민병이 다시 쟁기를 잡지 못했다. 에머슨이 〈콩코드 찬가Concord Hymn〉에서 노래했듯 후손에게 자유를 선물하기 위해 목숨을 바쳤기 때문이다. 그렇게 그들은 "자유는 공짜가 아니다 Freedom is not free"라는 걸 증명했다. 누구라도 이 자명한 이치를 잊는다면 자유도 잃게 될 것이다.

미국의 총기 소유 권리를 어떻게 볼 것인가

"잘 규율된 민병대는 자유로운 주州의 안보에 필수적이므로 무기를 소장하고 휴대하는 국민의 권리를 침해할 수 없다."(수정헌법 제2조)
미국에서는 독특하게 총기 소지 및 휴대가 '권리장전'이라는 수정헌법에 명시돼 있다. 민병이 독립전쟁의 주체였다는 사실과 영국 식민 시대 상비군에 대한 뿌리 깊은 불신 때문에 생겨난 조항이다. 독립전쟁 당시의 민병 제도는 점차 사라졌지만, 많은 미국인은 19세기 내내 서부 개척지에서 자신과 가족을 보호하고 재산을 지키기 위해 오랜 세월 무기를 소지하고 휴대해왔다. 그 결과, 총기 소지와 휴대를 개인의 권리이자 자기방어 수단으로 인식하게 되었다. 그러나 오늘날에는 높은 범죄율과 총기에 의한 사망자가 늘어나면서 최소한 총기 소유 자격과 개인이 소유할 수 있는 무기 종류를 엄격히 규제하자는 여론이 높아지고 있다.

플리머스와 필그림 파더스
미국의 오리진이 되다

●

뉴욕과 보스턴을 잇는 95번 도로는 미국 동부 해안가의 전형적 풍광을 선사한다. 한쪽에는 강인한 침엽수들이 이어지고, 다른 한쪽에는 거친 대서양이 넘실댄다. 차창을 내리면 짠 내 머금은 바람이 얼굴을 사정없이 스친다. 멋진 드라이브 코스다. 그렇게 뉴욕주를 지나 코네티컷주와 로드아일랜드주를 통과하면 매사추세츠주다. 보스턴으로 올라가지 않고 케이프코드만Cape Cod Bay을 향해 계속 대서양 쪽으로 나아가면 익숙한 이름이 적힌 이정표가 나온다. 플리머스Plymouth! 이름만으로도 설레는 도시다. 1620년 개척자 100여 명이 메이플라워Mayflower호를 타고 바로 이곳에 도착했다. 뉴잉글랜드 최초 정착지이자 진정한 미국이 시작된 곳이다.

종교의 자유를 찾아 신대륙으로 향하다

오늘날 플리머스는 관광지로 인기다. 초창기 개척자들의 삶을 재현해놓은 야외 역사박물관 '플리머스 플랜테이션Plimoth Plantation'도 좋지만, 가장 인상적인 건 '플리머스 바위Plymouth Rock'다. 플리머스 바위는 도시 한가운데, 대서양 바닷물이 바로 앞까지 들어오는 해안가에 있다. 거대한 도리아 양식의 신전 건물 안에 있기 때문에 멀리서도 눈에 띈다. 사방이 뚫린 신전 안으로 들어가면 움푹 파인 바닥 아래 큰 바위 하나가 놓여 있다. 어디서나 흔히 볼 수 있는 바위에 불과하다. 표면에 새겨진 '1620'이란 숫자만 아니라면 말이다. 그렇다. 1620년 메이플라워호를 타고 대서양을 건넌 순례자들이 처음으로 발을 내디딘 바위다.

그러나 말 그대로 역사적인 바위이지만 보고 있노라면 웃음을 참을 수 없는 것도 사실이다. 오늘날 초강대국 미국이 플리머스에 상륙한 '필그림 파더스Pilgrim Fathers'라는 개척자들에게서 시작됐다는 걸 모르는 사람은 없다. 그러나 400여 년 전 개척자들은 미국 건설이라는 '위대한 역사적 사명'을 띠고 대서양을 건넌 게 아니었다. 자신들의 종교를 지키겠다는 절박한 심정으로, 모든 것을 걸고 미지의 땅으로 왔다. 그들의 항해와 정착이 미국 건설의 출발이 될 거라고, 그 미국이 훗날 세계 초강대국이 될 거라고 생각했을 리 없다. 그러니 신대륙에서 처음 밟은 바위를 기억하고 보존했을 가능성은 지극히 낮다. 눈앞의 바위는 후손들이 만들어낸 작위적인 신화의 증거일 것이다. 물론 상관없다. 메이플라워호를 타고 온 개척자들과 플리머스의 중요성은 바위의 진위와 상관없기 때문이다.

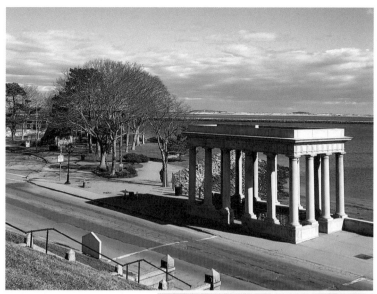

미국 동부 매사추세츠주의 한가로운 플리머스 해안
풍광. 사진 속 그리스식 신전은 '플리머스 바위'를
보호하기 위해 세운 것이다. 1620년 청교도 순례자
들이 종교의 자유를 찾아 도착한 곳이다. 남부의 버
지니아주 제임스타운(1607)보다 늦게 출발했지만,
플리머스에서 시작된 뉴잉글랜드는 독립전쟁과 남
북전쟁을 주도함으로써 오늘날의 미국을 형성하는
데 결정적 영향을 미쳤다.

순례자들은 청교도Puritan였다. 그들은 종교개혁과 영국 역사의 창조물이었다. 1517년 마르틴 루터가 시작한 종교개혁이 영국에서 결실을 본 건 헨리 8세의 수장령에 의해서였다. 이 법으로 영국 교회는 로마 교황에게서 독립했고, 영국 왕을 수장으로 한 국교회Anglican Church가 탄생했다. 국교회가 기존 교회의 의식과 교리를 상당 부분 수용하자 이에 불만을 가진 열렬한 개신교들은 이른바 청교도가 됐다. 17세기 초 영국 사회의 주류로 자리 잡은 국교회가 청교도를 박해했고, 청교도 중 일부는 국교회의 탄압에도 자신들만의 공동체를 조직하고 신앙을 유지했다.

윌리엄 브루스터William Brewster(1567?~1644)도 그런 사람 가운데 한 명이었다. 영국 중북부 노팅엄셔Nottinghamshire주 스크루비Scrooby에서 태어난 브루스터는 케임브리지대학교에서 공부하고 엘리자베스 1세 여왕 밑에서 외교관으로 일했다. 그러나 열렬한 청교도였던 브루스터는 모든 걸 버리고 종교의 자유를 찾아 영국을 떠났다. 일단의 정교도들이 그와 함께했다. 그들은 네덜란드 암스테르담을 거쳐 레이던에 정착했다. 그러나 네덜란드에서 극소수 이민자로 살아가는 삶은 생각보다 여의치 않았다. 외국인 비숙련공으로 낮은 임금을 받으며 일해야 했고, 자녀들은 영국 청교도로부터 멀어져갔다. 브루스터를 비롯한 스크루비 집단의 지도자들은 새로운 계획을 구상했다. 대서양을 건너 미지의 세계에 자신들만의 왕국을 건설하겠다는 야심 찬 계획이었다.

1620년 스크루비 집단의 지도자들은 버지니아 개발권을 독점하고 있는 회사로부터 그곳에 정착해도 좋다는 허가를 받았다. 네덜란드를 떠나 다시 영국으로 돌아온 청교도들은 9월 16일 영국 남서부 플리머스 항구에서 신대륙으로 향했다. 누구도 예상치 못한, 창대한 미래를 향한 미미한 출발이었다.

미국의 오리진이 되다

메이플라워호에는 모두 102명이 타고 있었다. 그중 청교도는 35명이고, 나머지 67명은 비청교도였다. 험난한 항해 끝에 메이플라워호는 11월 신대륙에 도착했다. 오늘날 케이프코드라 부르는 매사추세츠 해안이었다. 목적지 버지니아에서 한참 북쪽으로 벗어난 곳이었다. 실수였을까, 고의였을까? 여기에 대해서는 오늘날까지 논란이 이어지고 있다. 어쨌든 계절적으로나 체력적으로나 다시 장거리 항해를 하기엔 녹록지 않았다. 순례자들은 주변에서 정착할 만한 곳을 찾아 헤맨 끝에 한 곳을 선택했다. 그들보다 앞서 이곳을 탐험한 모험가 존 스미스John Smith(1580~1631)가 '플리머스'라 이름 붙인 곳이었다. 영국 플리머스에서 출발해 신대륙의 플리머스에 도착한 셈이니 우연치고는 큰 우연이었다. 1620년 12월 21일, 마침내 순례자들은 해안에 상륙했다. 플리머스 바위를 밟고 내렸는지는 알 수 없다.

상륙하기에 앞서 순례자들은 기존의 권위가 존재하지 않는 미지의 땅에서 살아남기 위해 장차 정부 수립과 사회생활의 기초가 될 계약을 맺었다. '메이플라워 서약Mayflower Compact'으로 알려진 이 계약을 통해 순례자들은 평등, 자치, 공정한 법에 의한 통치를 서로에게 약속했다. 서약에 기초해 존 카버John Carver(1576?~1621)를 초대

장 레옹 제롬 페리스의 작품 〈메이플라워 서약〉이다. 신대륙에 도착한 이들은 평등, 자치, 공정한 법에 의한 통치를 서로에게 약속했다.

총독으로 선출했다. 그러나 순례자들이 신대륙에서 맞이한 첫해 겨울은 혹독했다. 추위, 굶주림, 질병으로 절반이 사망했다. 겨우 살아남은 순례자들은 지역 인디언의 도움을 받아 물고기를 잡고, 옥수수를 재배하고, 야생동물을 사냥해 생계를 이었다. 언제나 가난했지만 개척자들은 만족했다. 자유로운 신앙과 척박한 환경 속에서의 쉼 없는 노동이 청교도 교리에 부합했기 때문이다. 그들은 가까스로 살아남았고, 느리게나마 성장했다. 더 많은 청교도가 자유를 찾아 신대륙으로 왔고, 강인한 개척자가 됐다.

플리머스 바위 뒤편은 야트막한 언덕이다. 언덕에 올라 플리머스 바위 쪽을 바라보면 잔잔하지만 광활한 대서양이 보인다. 플리머스 바위 왼편에 조성한 순례자 추모 공원 끝에는 실물 크기의 메이플라워호 모형이 바다에 떠 있다. 바라보고 있노라면 가슴 깊은 곳에서 뜨거운 것이 치민다. 400여 년 전 자유를 찾아 저토록 작은 나무배를 타고, 저토록 광활한 바다를 건넌 이들의 용기와 신념에 감탄이 절로 나온다. 그들에게 자유란 어떤 의미였기에 그토록 무모했던 것일까? 그들의 용기와 무수한 희생이 없었다면 미국이란 나라는 태어나지 않았을 것이다. 플리머스의 순례자들에게 감사하는 이유다. 비록 나는 미국인은 아니지만, 자유의 가치를 알고 있는 인류의 한 사람이기 때문이다.

플리머스를 출발해 플리머스에 도착한 건국의 아버지들

플리머스는 원래 영국 남서 해안 데번Devon 주에 있는 항구도시다. 16세기에는 양모 무역으로 번성했다. 해적이자 뱃사람으로 유명했던 프랜시스 드레이크Francis Drake의 본거지이기도 했다. 오늘날에는 중요한 군항이기도 하다. 1620년 9월 청교도 순례자들은 이 항구에서 메이플라워호를 타고 신대륙으로 떠났다. 항구에는 순례자들이 메이플라워호에 승선했던 곳에 '메이플라워 계단 기념비 Mayflower Steps Memorial'가 남아 있다. 대서양 건너 매사추세츠 플리머스의 '플리머스 바위'와 함께 항해의 시작과 끝을 알리는 표지인 셈이다. 바로 옆에는 메이플라워 박물관도 있다. 규모는 작지만 전시물은 흥미롭다.

LEADERSHIP
EMPIRE

미국의 수도 이름은 왜 워싱턴일까
권력의 정점에서 권력을 내려놓다

●

미국의 수도는 워싱턴D.C.Washington, District of Columbia다. 미국 중동부 버지니아와 메릴랜드 경계를 흐르는 포토맥강 변에 위치한다. 미국 건국 후에 만든 계획도시로, 초대 대통령 조지 워싱턴에서 이름을 따왔다. 명칭부터 특이하다. 우리나라 수도는 서울이다. 중국은 베이징, 일본은 도쿄다. 영국은 런던, 프랑스는 파리, 독일은 베를린, 러시아는 모스크바다. 미국처럼 수도에 사람 이름을 붙이는 경우는 극히 드물다.

계획도시 워싱턴D.C.는 거대한 기념 공원 '내셔널 몰National Mall'을 중심으로 건설됐다. 그 한가운데를 높이 솟은 '워싱턴 기념탑'이 장식하고 있다. 이집트의 오벨리스크를 닮은 이 기념탑의 높이는 170미터로 압도적이다. 이집트를 상징하는 기자의 피라미드보다 20미터 이상 높다. 더 인상적인 건 기념탑을 둘러싸고 펄럭이는

50개의 성조기다. 미국을 구성하는 50개 주를 뜻한다. 역시 특이하다. 미국은 워싱턴D.C.를 중심으로 돌아가고 있다는 것을, 50개 주는 워싱턴D.C.를 중심으로 뭉친다는 것을 얘기하고 있는 듯하다.

특이한 건 또 있다. 내셔널 몰 한쪽에 자리한 캐피톨Capitol, 즉 국회의사당이다. 눈부시게 하얗고 웅장한 이 건물 중앙에 돔dome이 있다. 그 아래 위치한 거대한 원형 홀이 로툰다Rotunda다. 로툰다에서 가장 눈길을 끄는 건 초기 미국 역사의 중요한 장면들을 표현한 여덟 폭의 그림과 위대한 리더들의 동상 그리고 천장화다. 그림에도, 동상에도 조지 워싱턴은 빠지지 않는다.

압권은 천장화다. 50미터 넘는 높이의 천장화 한가운데에 조지 워싱턴이 마치 그리스신화의 제우스처럼, 프랑스 절대왕정의 루이 14세처럼 당당하게 앉아 있다. 자유와 승리를 상징하는 여신들이 그의 좌우를 지키고, 주변에는 독립과 건국의 기초가 된 13주를 상징하는 여성들이 그려져 있다. '워싱턴의 신격화The Apotheosis of Washington'라는 천장화 이름에 딱 어울린다. 국민의 대표들이 모이는 국회, 민의民意의 전당인 국회에서 조지 워싱턴은 신의 반열에 올라 있는 것이다.

생각할수록 특이하다. 왜 수도에 워싱턴의 이름을 붙였을까? 왜 수도 중앙에 이집트 태양신을 상징하는 오벨리스크 형태의 워싱턴 기념탑을 지었을까? 왜 국회 정중앙에 워싱턴을 신처럼 묘사한 천장화를 그려 넣었을까? 이러고도 민주공화국이라고 할 수 있을까? 그렇다. 그 주인공이 워싱턴이기 때문이다.

워싱턴 기념탑을 중심으로 링컨 기념관(왼쪽)과 하얀 돔의 국회의사당(오른쪽)이 보인다.
계획도시 워싱턴D.C.는 초대 대통령의 이름을 땄고, 그 한가운데 워싱턴 기념탑이 있다.
이집트 태양신의 권력과 권위를 상징하는 오벨리스크 형태로 만들었다는 게 인상적이다.

자유와 독립을 위해 싸우다

조지 워싱턴은 1732년 버지니아의 중소 농장주 가문에서 태어났다. 10대 초반에 아버지를 여의고 형 로런스와 함께 어머니를 모시고 살았다. 그는 수줍음 많고 신중했으며 용감했다. 학교교육을 많이 받지는 못했지만 수학에 뛰어났다. 수학 실력을 바탕으로 유능한 토지 측량사가 되었다. 워싱턴은 버지니아 민병대 장교로 영국과 프랑스가 북미 대륙의 패권을 두고 다툰 프렌치·인디언 전쟁(1754~1763)에서 맹활약했다.

1758년 퇴임 후 농장으로 돌아온 그는 1759년 부유한 마사 커스티스Martha D. Custis와 결혼했다. 그리고 농장주로서 삶에 전념했다. 영국과 식민지 사이의 분쟁이 불가피해진 1774년까지. 그동안의 세월은 평온했지만 워싱턴에게는 중요한 시기였다. 이때 그는 부분보다는 전체를 볼 줄 알고, 외양보다는 본질을 파악할 줄 아는 혜안을 지녔다. 판단을 내릴 때에는 균형을 우선했고, 무엇보다 공동체의 이익을 무겁게 여겼다. 젊은 시절의 치기에서 벗어나 성숙해졌고, 돈과 권력 같은 세속적 욕망으로부터도 초연해졌다. 자연스럽게 그의 명성은 높아졌고, 그에 대한 주변의 신망 또한 두터워졌다.

1775년 5월 필라델피아에서 열린 제2차 대륙회의에 워싱턴은 버지니아주 대표단의 일원으로 참석했다. 군복을 입고 회의장에 나타남으로써 참석자들에게 식민지가 직면한 사태의 심각성을, 군사적 충돌이 불가피하다는 사실을 상기시켰다. 대륙군을 창설하기로 한 대륙회의는 총사령관에 워싱턴을 임명했다. 워싱턴은 독립을 열렬하게 지지하는 애국파인 동시에 냉철한 현실주의자였다. 민병을 중

국회의사당 로툰다의 천장화는 '워싱턴의 신격화'를 소재로 한다. 조지 워싱턴(가운데)을 자유를 상징하는 여신(왼쪽)과 승리를 상징하는 여신(오른쪽)이 보좌하고 있다.

심으로 구성한 식민지 군대가 세계 최강을 자랑하는 대영제국의 정규군을 상대로 이길 수 있다고 낙관하지 않았다.

그럼에도 그는 총사령관직을 수락했다. 임명 거부는 책임을 회피하는 것이나 다름없다고 생각했기 때문이다. 또한 아메리카인의 자유 수호라는 명예로운 대의에 헌신해야 한다는 열정으로 불타올랐기 때문이기도 하다. 이때부터 전쟁이 끝나는 1783년까지 워싱턴은 강인함, 신중함, 현명함, 용맹함에 기대어 대륙군을 이끌었다. 처음에는 오합지졸에 불과하던 대륙군도 그런 워싱턴을 믿고 불가능해 보였던 전쟁에서 기적 같은 승리를 일궈냈다.

전쟁 기간 아메리카를 대표하는 대륙회의와 대륙군 총사령관 워싱턴의 관계는 미묘했다. 전쟁에서 승리하려면 강력한 군대가 필요했고, 그러려면 군대에 충분한 보급이 이뤄져야 했다. 그러나 대륙회의는 강력한 군대를 본능적으로 두려워했다. 13개의 분열된 식민지에서 대륙군은 유일한 전국 조직으로 무력을 독점하고 있었다. 영국군을 상대로 승리를 거둘수록 총사령관 워싱턴의 명성과 권위는 높아져갔다. 민주주의 경험이 전무한 나라에서 인기 있는 군인과 강력한 군대의 존재는 양면의 칼과도 같았다. 아주 오래전 로마 제국의 카이사르가 그랬고, 최근 영국의 크롬웰이 그랬다. 영웅과 그를 따르는 군대는 민주주의와 공화국에 위협이 될 수 있었다. 대륙회의는 그런 우려 때문에 종종 워싱턴을 전폭적으로 지원하는 데 주저했다. 그러나 이는 기우에 불과했다. 전쟁 내내 워싱턴은 '군대는 민간의 권위에 복종한다'는 공화국의 이상에 충실했다. 그 결과 의심은 잦아들었지만, 미묘한 긴장은 여전히 남았다.

언제나 업이 끝나면 직을 내려놓다

1783년 9월 3일, 파리조약으로 전쟁이 끝나자 세상의 이목이 다시 워싱턴에게 집중됐다. 그는 사심 없이 대륙군 총사령관직에서 내려올 것인가? 감히 누구도 사임을 요구할 수 없는 상황에서 일부는 워싱턴이 카이사르가 되기를 바랐고, 일부는 카이사르가 될까 봐 두려워했다. 그러나 이 역시 기우였다. 워싱턴은 독립의 대의와 민주공화국의 이상을 잊지 않았다. 그해 12월 23일, 워싱턴은 메릴랜드주 아나폴리스에 입성했다. 대륙회의 의원들과 만나기 위해서였다. 이에 앞서 워싱턴은 뉴욕에서 대륙군 주요 장교들에게 사령관직 사퇴 의사를 밝혔다(11월 25일). 그러나 이 문제는 너무나 중요했기 때문에 상징적인 이벤트가 필요했다. 아나폴리스 회합이 열린 이유였다. 워싱턴은 자리에서 일어나 의원들에게 고개를 숙이고 사령장을 반납했다. 의원들은 앉은 채 워싱턴의 인사와 사령장을 받았다.

"제게 부여된 일을 끝마친 지금, 저는 거대한 행동의 무대에서 내려오고자 합니다. 그리고 오랫동안 저에게 명령을 내려온 이 장엄한 기관(대륙회의)에 애정을 담아 작별을 고합니다. 여기서 저는 사직서를 제출하고 모든 공직에서 물러나고자 합니다."

워싱턴은 자신의 고향 마운트버넌Mount Vernon으로 내려갔다. 국민이 선출한 문민정부가 군대 위에 존재한다는 공화국의 이상을, 국가가 위기에 처하면 모든 걸 바쳐 싸우고 그 위기를 해결하면 일상으로 돌아간다는 고대 로마 귀족의 이상을 몸소 실천한 것이다.

하지만 나라를 위한 워싱턴의 봉사는 계속됐다. 제헌의회 의장으로 미국 헌법을 만드는 데 기여했고, 초대 대통령으로 국가의 초석

마운트버넌에 있는 조지 워싱턴의 농장.

을 다지는 데 헌신했다. 그는 언제나 기대에 어긋남이 없었다. 관용
과 균형, 인내와 절제라는 미덕을 잃지 않았다. 사익을 누르고 공익
을 우선했다. 많은 사람의 간청에도 불구하고 두 번째 임기를 마치
자 다시 낙향했다.

　권력은 인간을 취하게 만들고 타락시키는 마력을 지녔다. 아무리
작은 권력도 마찬가지다. 인간의 본성과 정치가의 초심은 권력 앞
에서 한없이 무기력하다. 워싱턴이 특별한 이유다. 그는 권력에 초
연했다. 언제나 '업業'이 끝나면 '직職'을 내려놨다. 왕이 될 수 있었
지만 시민의 길을 택했다. 워싱턴의 그런 행동은 미국의 민주주의
에 생명을 불어넣었고, 미국의 리더들에게 높은 도덕적 기준을 제
시했다. 미국인은 워싱턴의 위대함을 알기에 사후에 그를 신의 반
열에 올려놓은 것이다.

토머스 제퍼슨 기념관
나폴레옹에게 산 땅을 후대에 남기고 만신전에 서다

●

워싱턴D.C.의 중심인 내셔널 몰에는 위대한 미국인을 기리는 현대판 신전이 즐비하다. 토머스 제퍼슨 기념관도 그중 하나다. 내셔널 몰 한가운데 있는 워싱턴 기념탑 남쪽에 자리한 제퍼슨 기념관은 북쪽의 백악관과 마주 본다. 제퍼슨 기념관으로 가는 길은 내셔널 몰의 인공 호수 타이들 베이슨Tidal Basin을 따라 나 있다. 길 좌우에는 3,000그루 넘는 벚나무가 가득하다. 이 길은 언제 와도 좋지만 특히 벚꽃 만발하는 봄이 최고다. 흐드러진 벚꽃 사이로 보이는 제퍼슨 기념관은 홀로 웅장하지만 주변과 조화를 이룬다.

그렇게 벚나무 길을 걸어 제퍼슨 기념관 앞에 서면 절로 숙연해진다. 기념관이 내뿜는 후광 때문이다. 세계를 여행하다 보면 많은 것을 보고 배우고 깨닫는다. 그중 하나가 선진국의 의미 부여다. 선진국은 과하다 싶을 정도로 어떤 인물, 사건, 건물에 의미를 부여한

토머스 제퍼슨 기념관이 워싱턴D.C. 내셔널 몰의 인공 호수 타이들 베이슨 뒤로 마치 고도孤島처럼 자리해 있다. 건축에 조예가 깊은 제퍼슨이 가장 동경했던 로마의 판테온을 모티브로 했다.

다. 제퍼슨 기념관도 예외가 아니다. 이곳은 단순히 토머스 제퍼슨 Thomas Jefferson(1743~1826)을 기념하기 위해 만든 공간이 아니다. 그 자체로 하나의 상징이며 신조信條다. 미국이라는 나라의 건국 근간 이며 미래의 희망이다.

모든 형태의 독재에 반대하다

외관부터 그렇다. 고대 로마 양식의 높은 열주가 원형 건물을 따라 늘어서 있고, 지붕은 반원형이다. 로마의 판테온과 똑같다. 왜 하필 이면 만신전을 뜻하는 판테온일까? 판테온이 관용과 종교의 자유 를 상징하기 때문이다. 제퍼슨이 평생에 걸쳐 투신한 민주주의와

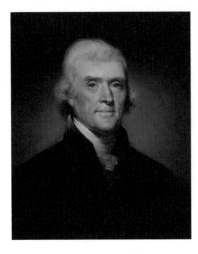

미국 제3대 대통령 토머스 제퍼슨.

공화국은 관용과 종교의 자유 없이는 불가능하다. 미국인은 그런 사실을 나라를 세울 때부터 알고 있었다. 밖에서 안을 들여다보면 거대한 제퍼슨의 동상만이 덩그러니 놓여 있다. 썰렁하거나 외롭지 않다. 오히려 강렬하다. 건물 안쪽 벽면에는 제퍼슨이 남긴 문장 일부가 새겨져 있다. 미국 독립선언서, 버지니아 종교 자유 법안 등에서 발췌한 것들이다. 그중에서도 가장 눈에 띄는 건 벽면과 내부 돔 사이에 적힌 제퍼슨의 맹세다.

"I HAVE SWORN UPON THE ALTAR OF GOD, ETERNAL HOSTILITY AGAINST EVERY FORM OF TYRANNY OVER THE MINDS OF MAN(나는 신의 제단 앞에서, 인간의 정신을 억압하는 모든 형태의 독재를 영원히 용서치 않겠노라 맹세했다)."

나는 이곳에 들를 때마다 제퍼슨의 맹세를 읽고 또 읽는다. 마음에 새기기 위해서다. 이 문장이 제퍼슨의 전부를 보여준다. 그는 왜 자유와 독립을 꿈꿨는가? 그는 왜 공화국을 세웠는가? 그는 왜 종교의 자유를 주장했는가? 그는 왜 대학을 세웠는가? 모두가 절대로 용납할 수 없는 적과 싸우기 위해서였다. 그것은 바로 '독재'였다. 육체를 억압하는 물리적인 독재만이 아니다. 다수결의 원칙을 내세운 형식적 독재만이 아니다. 제퍼슨은 인간의 정신을 조정하고 지배하고자 하는 모든 형태의 독재에 맞섰다.

단호히 독재와 맞선 투사 토머스 제퍼슨은 버지니아 농장주의 아들이었다. 그의 가족은 개척지에서 농장을 일구며 부를 축적했다. 청년이 된 제퍼슨은 개척지에서 벗어나 대학에 갔고, 법학을 공부해 변호사가 됐다. 그는 주체할 수 없는 호기심으로 꽉 찬 다재다능한 사람이었다. 당대의 애국주의자들이 모두 그러했듯 자유와 자치를 중시했고, 영국의 식민지 통치 방식에 분노했다. 제2차 대륙회의에 버지니아주 대표단의 일원으로 참석함으로써 독립전쟁에 뛰어들었다. 탁월한 문장력과 소탈한 태도는 주변 사람들에게 깊은 인상을 남겼고, 대륙회의는 그에게 독립선언서의 기초를 맡겼다. "모든 인간은 평등하게 창조되었다. 인간에게는 창조주로부터 부여받은 양도할 수 없는 권리가 있다. 그것은 생명, 자유 그리고 행복의 추구다."

영국의 대헌장과 더불어 오늘날까지 자유와 평등을 위해 투쟁하는 모든 이가 금과옥조로 여기는 문장은 그렇게 제퍼슨에 의해 탄생했다. 제퍼슨은 문장가로서뿐 아니라 법률가·외교관·정치가로서도 유능했다. 대륙회의 대표를 시작으로 버지니아주 의원, 연방 의회 의원, 버지니아 주지사, 프랑스 대사, 국무장관, 부통령을 거쳐 대통령에 이르기까지 그 당시 신생 국가 미국이 제공할 수 있는 모든 주요 관직을 섭렵한 것은 그런 이유 때문이었다.

직접 묘비명을 작성하다

토머스 제퍼슨은 조지 워싱턴, 존 애덤스에 이어 미국의 세 번째 대통령에 취임했다(1800). 임기는 1801년 3월부터 1809년 3월까지. 재임 기간 가장 큰 업적은 루이지애나를 프랑스의 나폴레옹 황제에게서 매입한 것이다(1803). 미국에는 지금 '루이지애나'란 이름의 주가 있지만, 1800년대 초반의 루이지애나는 미시시피강 서쪽에 있는 광활한 영토를 뜻했다. 이때 매입한 땅의 규모는 214만 제곱킬로미터로 오늘날 미국의 13주에 걸쳐 있다. 루이지애나 매입을 통해 미국은 서부 개척의 기반을 마련했고, 미시시피강을 중심으로 북부와 남부를 하나의 경제권으로 통합할 수 있었다.

그러나 매입 과정에서 제퍼슨은 헌법을 엄격하게 해석해야 한다는 자신의 정치적 신념을 저버렸다. 헌법이 대통령에게 새로운 영토를 획득할 권한을 부여하지 않았음에도 루이지애나 매입을 강행했기 때문이다. 당시로서는 거금인 1,500만 달러를 매입 자금으로 지출함으로써 재정 적자를 해소하겠다는 대통령 선거 공약도 스스로 폐기했다. 왜 그랬을까? 모두 국익을 위해서였다. 대통령이라는 자리는 자신의 신념과 공약을 현실화하기 위해서가 아니라, 국익을 위해 존재한다는 민주공화국의 상식을 제퍼슨은 알고 있었다.

그의 결단은 애국과 용기의 산물이었다. 그러나 이게 끝이 아니다. 그의 참된 가치는 고향 땅 몬티셀로Monticello에 있는 묘비명에서도 읽힌다. 묘비명은 제퍼슨이 살아생전 직접 썼다.

"여기 토머스 제퍼슨 잠들다. 그는 미국 독립선언서의 저자이며, 버지니아 종교 자유 법안의 입안자이고, 버지니아대학교의 아버지다."

묘비명 어디에서도 '대통령'을 비롯해 그가 거쳤던 수많은 관직의 이름은 찾아볼 수 없다. 이 나라의 독립과 고향 버지니아의 종교 자유에 기여했고, 민주주의의 기둥이 될 시민을 기르기 위해 대학교를 세웠다는 세 가지 업적만이 새겨져 있다. 제퍼슨에게는 어떤 자리에 올랐느냐보다 무엇을 했느냐가 중요했다. 국익을 위해 신념을 포기할 줄 알았던 용기와 더불어 그의 이런 태도는 오늘날까지 많은 이의 본보기가 되고 있다. 제퍼슨 기념관이 워싱턴D.C.의 심장에 자리한 이유다. 꼭 방문해보기를 추천한다. 자유와 민주주의의 소중함을 생각하는 시민이라면 그곳에서 더 깊은 깨달음을 얻을 것이다. 그저 자리만 탐할 뿐 그 위치에서 어떤 업적을 남길지 고민하지 않는 수많은 소인배에게 지친 시민이라면 작으나마 위안을 받을 것이다. 물론 그 모든 이유를 떠나 제퍼슨 기념관은 눈부시게 아름답다.

파리 한복판에 세워진 제퍼슨 동상

제퍼슨을 기념하는 가장 인상적인 동상은 프랑스 수도 파리 한복판에 있다. 프랑스와 미국의 우정을 상징하는 동상의 정확한 위치는 튀일리 정원과 오르세 미술관을 잇는 레오폴 세다르 상고르 다리 남단이다. 인도교이기 때문에 오가며 편하게 만날 수 있다. 워싱턴D.C.의 제퍼슨에게서 범접하기 어려운 카리스마가 느껴진다면, 파리의 제퍼슨은 소박하고 인간적이다. 표정에서는 단호함과 영민함이 동시에 읽힌다. 예술과 문화의 도시 파리답게 제퍼슨의 손에 들린 문서는 독립선언서 같은 거창한 문서가 아니라, 제퍼슨이 로마의 판테온을 모델로 직접 그린 버지니아 몬티셀로의 설계도다.

링컨의 두 번째 취임사와 링컨 기념관
악의를 품지 말고 관용을 베풀라

●

미국 대통령 중 가장 유명하고 대중에게 사랑받는 사람을 꼽으라면 누구일까? 제16대 대통령 에이브러햄 링컨Abraham Lincoln(1809~1865)이다. 워싱턴D.C. 내셔널 몰의 링컨 기념관에 가보면 쉽게 알 수 있다. 링컨을 기리는 기념관은 워싱턴 기념탑 정서正西쪽에 있는데, 언제나 사람들로 북적인다. 해가 져 어둑해진 후에도 미국은 물론 세계 곳곳에서 몰려드는 인파가 줄지 않는다. 그 수가 내셔널 몰을 장식하고 있는 다른 대통령들(조지 워싱턴, 토머스 제퍼슨, 프랭클린 루스벨트)의 기념물과 비교할 때 압도적으로 많다.

제퍼슨 기념관과 마찬가지로 링컨 기념관도 고대 신전을 닮았다. 다만 제퍼슨 기념관이 고대 로마제국의 판테온을 따랐다면, 링컨 기념관은 그리스 아테네의 파르테논 신전을 본떴다. '민주주의'를 매개로 링컨과 아테네가 시공을 초월해 서로 연결돼 있기 때문이다. 남북전쟁 당시의 36개 주를 상징하는 같은 수의 열주는 강건한 도리아 양식으로 투박하지만 힘이 있다. 다양한 사람과 뒤섞여 높은 계단을 올라 기념관 안으로 들어가면 거대한 링컨 좌상坐像이 덩그러니 놓여 있다. 거기서 뿜어져 나오는 후광에 신전 안은 터져 나갈 듯하고, 최면에 걸린 듯 모두가 링컨을 올려다본다. 이토록 많은 사람이 무엇 때문에 이곳까지 와서 링컨을 우러러보고 있는 것일까?

극단의 시대를 살아가다

링컨은 '격동기'라는 표현조차 부족한 '극단의 시대'를 살았다. 그의 대통령 재임 기간에 미국은 처음이자 마지막으로 내전을 치렀다. 남북전쟁으로 알려진 내전은 미국 역사상 최악의 전쟁이었다. 인명 피해도 컸지만, 오늘날까지도 그 상흔이 남아 있기 때문이다. 이 전쟁에서 링컨이 보여준 도덕적 용기, 불굴의 의지, 탁월한 정치력, 미래에 대한 비전은 북부 승리의 원동력이었다. 그 결과 노예제도는 폐지됐고, 합중국은 살아남아 비상하기 시작했다. 그토록 거대한 업적을 남겼지만, 링컨의 시작은 한미했다.

링컨은 1809년 2월 12일, 켄터키주 호젠빌Hodgenville 인근의 통나무로 지은 오두막집에서 태어났다. 아버지는 가난한 개척농이었고, 어머니는 링컨이 아홉 살 되던 해에 죽었다. 흙수저라는 표현조차 무색한 환경이었지만, 링컨은 부모나 사회를 탓하지 않았다. 독학으로 변호사가 됐지만 사업에 실패하고, 선거에 여러 차례 낙선한 이야기는 새삼스러울 것 없이 널리 알려진 일화다. 실패를 극복

짙은 노을을 배경으로 웅장한 위용을 자랑하는 링컨 기념관. 그리스 파르테논 신전을 본뜬 기념관은 언제나 방문객들로 북적인다.

하고 도전하기를 거듭하면서 링컨은 더 나은 인간, 더 성숙한 정치가로 성장했다.

당시는 날 선 분열과 격한 증오의 시기였다. 원인은 노예제도에 있었다. 미국은 영국으로부터 독립해 하나의 연방 국가를 세우기 전부터 지역적으로 매우 달랐다. 식민지라는 처지만 같았을 뿐 역사도 전통도 문화도 사회경제적 토대도 제각각이었다. '초창기 13개 주는 13개 국가'라는 자조적 표현이 어색하지 않을 정도였다. 여러 차이점 중 가장 극명했던 것은 산업구조와 문화적 토대였다. 남부

링컨 기념관 내부를 홀로 장식하고 있는 링컨 좌상. 로마제
국에서 권력과 권위를 상징하던 파스케스fasces로 의자를
장식한 것이 이채롭다.

는 식민지 건설 초기부터 대농장 중심의 농업과 귀족 문화를 바탕
으로 성장했다. 북부는 자영농 중심의 농업과 수산업, 상공업 등 다
양한 산업을 바탕으로 훨씬 평등한 문화를 발전시켰다. 대농장을
경영해야 했던 남부는 점차 아프리카에서 수입한 노예 노동에 의존
했다. 권력과 부, 사회적 지위는 소수의 대농장주가 독점했다. 북부
는 그런 남부를 경멸했다. 남부에서 목화 재배가 확산하고 노예 노
동이 증가하면서 남북 갈등은 격화됐다. 미국의 영토가 서부로 확
대되면서 새로운 주가 탄생할 때마다 남과 북은 그곳을 노예주로

할 것인지 자유주로 할 것인지를 두고 다퉜다.

자유와 평등을 내세운 북부는 노예제도 확산에 반대했다. 주의 권리와 지역의 특수성에 기대어 남부는 노예제도 확산에 전력을 다했다. 무능하고 비겁한 대통령이 연이어 등장하면서 사태는 극단으로 치달았다. 결국 노예제도 확산에 명확하게 반대하는 링컨의 대통령 당선을 계기로 전쟁은 불가피해졌다. 위대한 이상주의자이자 탁월한 현실주의자였던 링컨은 전쟁을 지지한 적이 없다. 누군가를 미워하고 경멸하기보다는 이해하고 인정하는 사람이었다. 노예제를 혐오하며 폐지해야 한다고 생각했지만, 남부 사람들을 탓하지는 않았다. 그들은 그저 노예제를 기반으로 한 남부에서 태어났을 뿐이다.

링컨은 연방의 틀 안에서 합법적으로 노예제 확산을 막고 장기적으로 노예제를 근절시키려 했다. 불가능한 목표였다. 남부의 각 주는 연방 탈퇴를 선언하고, 전쟁을 선택했다(1861년 4월 12일). 링컨은 미국 대통령으로서 헌법을 수호하고 연방을 유지하겠다는 자신의 맹세를 지켜야만 했다. 전쟁은 모두의 예상과 달리 장기화됐고 막대한 피해를 냈다. 모든 난관에도 불구하고 링컨은 전쟁을 승리로 이끌었다. 그 과정에서 노예해방을 선언하고, 수정헌법 제13조를 통해 노예제도에 종지부를 찍었다. 압도적 지지로 재선에 성공했으나 취임 직후인 1865년 4월 15일 워싱턴D.C.의 포드 극장에서 총에 맞아 영면했다.

민주주의와 관용의 유산을 남기다

링컨은 위대한 유산을 남겼다. 나라를 지켜내고, 노예제를 폐지한 것은 눈에 보이는 업적이다. 모든 인류에게 더 중요한 무형의 유산은 민주주의에 대한 집념과 관용의 정신이다. 남북전쟁 최고의 격전지 펜실베이니아주 게티즈버그Gettysburg에서 행한 짧은 연설(1863년 11월 19일)에서 링컨은 민주주의의 핵심을 정의하고, 민주주의를 영원히 지켜내야 한다는 강한 의지를 천명했다. 그리고 1865년 3월 4일 워싱턴D.C.에서 행한 두 번째 취임식에서는 전후 처리에 대한 자신의 생각을 밝혔다.

"With malice toward none, with charity for all, (…) to bind up the nation's wounds (…)."

"누구에게도 악의를 품지 말고, 모두에게 관용을 베풉시다." 이것이 처절한 전쟁에서 승리한 대통령의 정치적 견해였다. "[전쟁으로 입은] 국가의 상처를 보듬읍시다." 이것이 적의 생사여탈권을 쥔 북군 총사령관의 정책이었다. 그토록 염원하던 승리의 순간에 패배한 적을 용서해주자고 요청한 것이다. 역사적인 탄원이었다. 왜 그랬을까? 더 나은 내일을 위해서는 정의보다 관용이 필요하다는 확신, 복수보다 용서가 위대하다는 신념, 과거보다 미래가 중요하다는 비전 때문이었다. 동시대인도, 후대 사람들도 그 두 가지 정신적 유산의 중요성을 깨달았다. 링컨 기념관 안 동상의 왼쪽 벽면에 게티즈버그 연설을, 오른쪽 벽면에 두 번째 취임사를 새겨 넣은 이유다.

두 연설문이 적힌 벽면을 양쪽에 두고 링컨을 마주하면 너무나 많은 일화와 생각이 떠오른다. 그중 가장 강렬한 것은 정계에 입문한 스물세 살 링컨이 일리노이주 상거먼Sangamon 카운티 주민들에게 행한 연설이다. "저는 동료 시민들의 존경을 받을 만한 사람이 되는 것 외에 다른 야망은 갖고 있지 않습니다. 제가 이 야망을 이룰지는 아직 알 수 없지만 끊임없이 노력하겠습니다." 만약 다른 정치인이 이렇게 얘기한다면 위선이라고 코웃음 칠 것이다. 그러나 링컨의 저 말을 떠올리면 가슴이 뜨거워진다. 그의 인생을 이미 알고 있기 때문이다. 민주주의와 관용, 통합의 유산을 남긴 링컨은 역사에 아름다운 이름을 새겼다. 오늘날에는 그런 리더를 민주주의 종주국 미국에서조차 찾아보기 힘들다. 세월이 지나도 링컨 기념관의 가치가 빛날 수밖에 없는 이유다.

링컨의 고뇌를 담은 최고의 영화

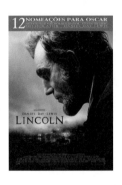

링컨을 다룬 최고의 영화는 스티븐 스필버그 감독의 〈링컨〉(2012)이다. 주제는 링컨의 인생이나 참혹한 남북전쟁이 아니다. 영화는 오로지 노예제도 폐지를 명시한 수정헌법 제13조 통과를 둘러싼 1865년 초 몇 개월간의 진실과 내막만을 다룬다. 링컨의 성품, 고뇌, 신념, 비전이 놀랍도록 생생하다. 동시에 노예해방에 반대하며, 백인 남성이 흑인과 여성보다 우월하다는 정적政敵들의 힘찬 목소리도 담겼다. 불과 155년 전의 일이다. 우리는 그들의 어리석음을 비웃을 수 있을까? 영화는 우리 역시 후대로부터 손가락질받을 생각과 행동을 하는 것은 아닐지 성찰해볼 기회를 제공한다.

워싱턴 국립대성당과 윌슨
결코 사라지지 않을 이상을 남기다

●

워싱턴D.C.의 중심 도로 중 하나인 매사추세츠 애비뉴를 따라 북서쪽으로 올라가다 보면 또 다른 대로인 위스콘신 애비뉴와 만난다. 그 교차로 북동쪽에 있는 웅장한 건물이 워싱턴 국립대성당Washington National Cathedral이다. 순간적으로 유럽의 어느 유서 깊은 도시에 와 있는 듯한 착각을 불러일으킬 만큼 전형적인 중세 고딕 양식이다. 미국성공회Episcopal Church in America 워싱턴 교구 성당으로 '국립대성당'이란 명칭에서 알 수 있듯 국가의 주요 행사가 열리는 곳이기도 하다.

　미국을 대표하는 교회답게 외관과 내부 모두 상징적인 장식과 조각으로 가득하다. 특히 화려하기 이를 데 없는 사방의 스테인드글라스가 볼만하다. 그중에서도 백미는 신랑身廊의 남쪽 벽면을 장식한 '스페이스 윈도Space Window'다. 대우주와 소우주를 추상적으

워싱턴 국립대성당의 웅장한 외관. 중세 고딕 양식을 본뜬 좌우대칭의 종탑과 중앙의 장미창이 인상적이다.

워싱턴 국립대성당의 수많은 스테인드글라스 중 스페이스 윈도는 우주를 향한 도전과 성과를 상징한다. 사진 속 스테인드글라스 상단 중앙에는 달에서 우주인들이 직접 가져온 월석이 박혀 있다. © Tim Evanson/flickr

로 형상화한 이 스테인드글라스는 아폴로 11호의 달 착륙 5주년을 기념해 1974년에 만든 것이다. 붉은 태양 한가운데 박힌 작은 돌은 달에 첫발을 내디딘 우주인들이 '고요의 바다Sea of Tranquility'에서 가져왔다. 우주라는 미지의 공간을 향한 거대한 전진을 상징하기 때문일까? 스페이스 윈도를 응시하고 있노라면 묘한 전율에 휩싸인다. 남쪽 신랑에서 눈길을 끄는 또 다른 것은 단아한 석관이다. 미국을 상징하는 교회 안에 꽃과 문장으로 돋보이게 장식한 석관의 주인공은 누구일까? 덮개에 오래된 문체로 이름이 조각돼 있다. 'Woodrow Wilson.' 미국의 제28대 대통령이다. 그는 하나의 이상理想을 상징한다.

민주적인 개혁주의자로 떠오르다

우드로 윌슨(1856~1924)은 버지니아주 스탠턴Staunton에서 태어났다. 장로교회 목사인 아버지를 따라 조지아, 사우스캐롤라이나, 노스캐롤라이나를 떠돌며 자랐다. 탁월한 지성과 성실한 태도로 윌슨은 최고의 교육을 받았다. 프린스턴대학교, 버지니아대학교, 존스홉킨스대학교에서 공부한 윌슨은 떠오르는 정치학자가 됐다. 모교 프린스턴대학교에 재직할 당시에는 명강의로 이름 높은 인기 교수였다. 그 명성에 힘입어 프린스턴대학교 총장(재임 1902~1910)을 역임한 윌슨은 개혁적이고 민주적으로 학내 행정을 이끌었다.

20세기 초 미국은 바야흐로 개혁과 진보의 시대를 맞이하고 있었다. 대외적으로는 국력에 걸맞게 세계 문제에 적극 개입했다. 대내적으로는 정부의 방임하에 무분별하게 커지던 소수의 트러스트(기업합동)를 규제하고, 열악한 노동조건을 완화하기 시작했다. 이는 19세기 말부터 시작된 시대의 흐름이었다. 민주당 지도부가 대학 총장 윌슨을 주목한 이유다. 민주당은 윌슨을 뉴저지 주지사 후보로 내세웠고, 윌슨은 공화당 텃밭에서 압도적 차이로 당선됐다. 주지사 윌슨은 대학 총장 때와 마찬가지로 개혁에 전력을 다했으나, 그에게 주어진 시간은 많지 않았다. 다가오는 대통령 선거에 민주당 후보로 뽑혔기 때문이다. 중앙 정계에서 윌슨은 무명이나 다름없었지만 민주당의 막강한 원로 윌리엄 제닝스 브라이언William Jennings Bryan 등의 후원에 힘입었다. 1912년 치른 대통령 선거에서 윌슨은 선거인단 531명 중 435명의 표를 얻어 당선됐다. 공화당 후보가 시어도어 루스벨트(제26대 대통령)와 윌리엄 태프트William Taft(제

27대 대통령)로 분열된 탓도 있지만, 윌슨의 선명한 개혁주의자 이미지도 큰 역할을 했다.

제1차 세계대전에 참전하다

윌슨은 국민의 기대에 부응했다. 유능하고 강력한 내각을 구성하고, 각종 개혁을 추진했다. 관세 인하, 소득에 대한 누진세 도입, 기업 활동 규제를 위한 연방통상위원회 설립, 현재 모습의 연방준비은행 설립 등이 대표적이다. 1914년 8월 국내 문제 해결에 몰두하던 윌슨에게 유럽에서 전쟁이 터졌다는 암울한 소식이 전해졌다. 유럽 강대국들은 앞다퉈 서로에게 선전포고를 했다. 전쟁은 순식간에 전 세계로 비화됐다. 평화주의자 윌슨은 확고하게 중립을 지켰다. 하지만 전쟁의 광풍은 갈수록 윌슨을 흔들어댔다. 독일의 무제한 잠수함 공격으로 미국 상선이 연이어 격침당하고 미국인 사상자가 늘어나자 더 이상의 인내는 불가능했다. 1917년 4월 2일, 윌슨은 상하 양원에 전쟁 선포를 요구했다. 의회는 승인했고, 군대는 유럽으로 향했다. 전쟁에 임하며, 윌슨은 자신의 생각을 모든 미국인에게 밝혔다.

"우리에겐 이기적인 목적이 없다. 우리는 정복도 지배도 바라지 않는다. 우리는 배상금을 얻을 생각도 없고, 우리가 기꺼이 바칠 희생에 대한 물질적 보상도 받을 생각이 없다. 단지 인류가 지닌 권리를 옹호할 뿐이다."

유럽 열강 중심의 제국주의 체제가 파열음을 내기 시작한 그 순간에 윌슨은 도덕적 보편성의 기치를 높이 들었다. 그 위로는 자유,

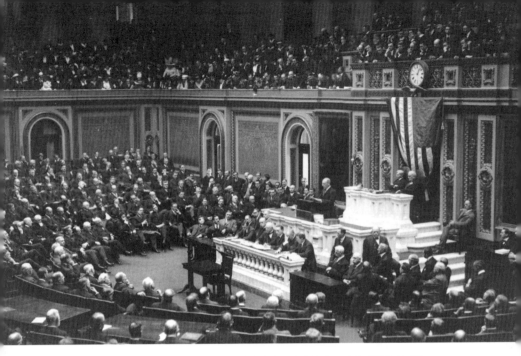

1917년 2월 3일, 우드로 윌슨 대통령이 의회에서 독일과의 외교 관계 단절을 선언하고 있다.

자치, 민주주의와 평화의 이상이 찬란히 휘날렸다. 원대하지만 허황된, 순수하지만 교만한 이상! 초기 뉴잉글랜드 식민지의 지도자 존 윈스럽이 제시했던, 세계가 우러러볼 '언덕 위의 도시City upon a hill'를 건설해야 한다는, 신으로부터 부여받은 소명이 드디어 아메리카 대륙을 벗어나 세계로 향했다.

사라지지 않을 이상을 남기다

제1차 세계대전은 미국의 참전으로 영국·프랑스 중심의 연합군이 승리했다. 독일, 오스트리아·헝가리, 오스만제국이 졌다. 승자와 패자 사이에 협상이 시작됐다. 윌슨은 역사에서 전쟁을 영구히 종식하고, 항구적 평화를 정착시키기 위해 직접 프랑스로 향했다. 협상에 앞서 윌슨은 전후 세계 질서를 위해 역사적인 '14개조 원칙 Fourteen Points'을 제시했다. 여기에는 민족자결, 항해 자유, 공개 외교, 군비 축소, 자유무역 원칙이 포함됐다. 이런 원칙을 강제하고 미래의 분쟁을 해결하기 위해 국제연맹League of Nations을 창설하자는 제안도 했다.

협상 시작부터 윌슨의 이상주의는 승전국의 이기적 국익과 다퉈야 했다. 윌슨은 자신이 주창한 원칙 대부분을 포기해야 했다. 국제연맹 창설만은 가까스로 관철시켰다. 그러나 윌슨에게는 아직 넘어야 할 산이 남아 있었다. 베르사유조약과 연맹 가입에 대한 미국 상원의 동의였다. 상원은 부정적이었다. 윌슨은 타협을 거부하고, 대중에게 직접 지지를 호소하기 위해 긴 여행을 떠났다.

1919년 9월 25일, 윌슨은 콜로라도주 푸에블로Pueblo에서 연설한 후 심한 두통으로 쓰러져 사경을 헤맸다. 가까스로 목숨은 건졌으나 정상적인 업무 수행은 불가능했다. 그동안 베르사유조약도, 국제연맹 가입도 상원에서 부결됐다. 미국의 불참으로 국제연맹은 절름발이로 출발했다. 윌슨은 자신의 이상이 시대와 불협화음을 일으키고, 국민에게 외면받는 것을 무기력하게 지켜봐야만 했다. 윌슨이 세상을 떠난 후, 그의 육신은 국립대성당에 묻혔다 (1924년 2월).

인류는 윌슨이 꿈꾸던 자유롭고 민주적이며 평화로운 세상을 만들지 못했다. 그러기는커녕 상황은 날로 악화하고 있다. 그런 세상은 영원히 오지 않을 것이다. 윌슨의 이상이 사라지는 일도 없을 것이다. 불가능하다고 포기하기엔 너무도 황홀한 이상이기 때문이다. 지금 이 순간에도 윌슨의 이상은 세상 어딘가에서, 누군가에 의해 계승되고 있을 것이다.

미국을 대표하는 교회, 워싱턴 국립대성당

워싱턴D.C.의 국립대성당은 미국을 대표하는 교회답게 국가 행사에 자주 이용된다. 전직 대통령의 국장이 대표적이다. 제41대 아버지 부시(2018), 제38대 포드(2007), 제40대 레이건(2004), 제34대 아이젠하워(1969)의 장례식을 이곳에서 치렀다. 대통령을 위한 기도회, 대통령을 비롯해 미국 사회에 크게 기여한 각계각층 인물들에 대한 추모 행사도 열린다. 세계적인 사회사업가이자 작가 헬렌 켈러와 그의 스승인 교육가 앤 설리번의 무덤도 이곳에 있다.

미국 대법원과 대법원장들
미국 민주주의 최후의 보루

●

워싱턴D.C. 중심부는 마치 고대 아테네나 로마를 옮겨놓은 듯하다. 주요 건물들의 외관은 그리스·로마 양식이고, 색깔도 온통 하얗다. 백악관, 국회의사당은 물론 링컨 기념관, 제퍼슨 기념관도 예외가 아니다. 대법원Supreme Court도 마찬가지다. 국회의사당 바로 뒤편에 있는 대법원은 두 줄로 배열한 코린트 양식의 화려한 열주 16개가 웅장하게 정면을 장식하고 있다.

입구로 올라가는 계단 양옆으로는 2개의 좌상이 당당하다. 오른쪽의 검을 잡은 남자는 법의 권위를, 왼쪽의 법전을 든 여자는 정의를 상징한다. 고개를 들어 위를 보면 '법 앞에 동등한 정의Equal Justice Under Law'라는 문구가 새겨져 있고, 그 위의 삼각형 페디먼트pediment에는 '자유'를 상징하는 여인이 '질서'와 '권위'를 뜻하는 두 남자의 호위를 받으며 왕좌에 앉아 있다.

코린트 양식의 웅장하고 화려한 열주가 돋보이는 대법원. 입구 왼쪽의 좌상은 '정의'를,
오른쪽 좌상은 '법의 권위'를 상징한다.

법은 자유를 위해 존재한다

미국 대법원은 이렇듯 건물을 드나드는 모두에게 자신의 존재 이유를 명백하게 밝히고 있다. '법 앞에 동등한 정의'라는 문구는 특권과 차별을 용납하지 않는 민주국가의 상식을 얘기하고 있다. 페디먼트 조각은 법치 사회의 법은 '자유'를 위해 존재한다는, '질서'와 '권위'는 자유를 지키는 수단일 뿐 그 위에 군림할 수 없다는 자명한 이치를 선언한다. 그렇게 입구를 지나 안으로 들어가면 긴 홀을 따라 대법원 구석구석을 구경할 수 있다.

외관이 화려한 코린트 양식이라면, 내부는 소박하지만 강건한 도리아 양식이다. 내부에서 가장 인상적인 건 역대 대법원장들의 흉상을 전시한 공간과 역사적 판결을 새긴 벽면이다. 그렇다. 이곳이 아무리 크다 한들 건물에 불과하고, 아무리 화려하다 한들 장식에 불과하다. 대법원을 대법원답게 만드는 것은 결국 판사다. 판사의 판결이다. 초대 존 제이John Jay(재임 1789~1795)부터 제17대 존 로버츠John Roberts(재임 2005~현재)에 이르기까지 17명의 대법원장은 판결을 통해 미국 대법원을, 미국이란 나라를 만들어왔다.

존 마셜, 사법부의 아버지

이들 중 가장 중요한 인물은 제4대 대법원장 존 마셜John Marshall(재임 1801~1835)이다. 제2대 대통령 존 애덤스가 대법원장으로 임명한 마셜은 무려 34년이란 긴 시간 동안 재임하면서 미국 대법원의 초석을 쌓았다. 마셜은 조지 워싱턴, 토머스 제퍼슨, 제임스 매디슨과 동시대를 살았던 버지니아인이다. 성격은 강직했고, 지성은 탁월했으

제4대 대법원장 존 마셜의 초상화.

며, 인품은 순박했다. 독립전쟁 당시 조지 워싱턴 밑에서 함께 싸웠다. 그때부터 워싱턴의 영향을 받은 마셜은 강력한 연방정부 구성을 통해 통일된 국가를 설립해야 한다고 주장하는 연방주의자가 됐다.

마셜은 대법원장직을 적극적으로 이용해 연방정부를 강화하고, 연방정부에 통일성과 권위를 부여했다. 무엇보다 대법원에 법률이 헌법에 맞는지 여부를 판단하는 역할을 부여함으로써 그 권한을 무한대로 늘렸다. 그 결과 대법원은 대통령·의회와 대등한 통치기관으로 성장했다. 작은 정부를 추구하고 주의 권리를 옹호한 대통령 제퍼슨은 대법원장 마셜과 임기 내내 반목하고 충돌하고 화해하기를 되풀이했다. 두 사람의 오랜 정치적 경쟁과 긴장 관계는 입법부,

행정부, 사법부 간의 견제와 균형이라는 민주정치의 이상을 증진해 나가는 데 크게 공헌했다.

로저 태니, 사법부의 수치

제퍼슨의 후임 대통령들도 존 마셜과 반목했다. 특히 제7대 대통령 앤드루 잭슨 때 심했다. 국민의 절대적 지지를 얻고 있던 잭슨은 임명된 권력이 선출된 권력을 견제하는 데 분노했다. 그러나 아무리 인기 많은 대통령이라도 법에 보장된 대법원장의 임기(종신제)에 손을 댈 수는 없었다. 잭슨은 그저 마셜이 죽기만을 기다렸다. 그리고 그때가 오자 자신의 최측근인 메릴랜드주 출신의 로저 태니Roger Taney(재임 1836~1864)를 제5대 대법원장으로 임명했다. 태니의 책임은 막중했다. 노예제를 둘러싸고 미국 사회가 점차 남북으로 갈리는 상황이었기 때문이다. 대법원의 책무는 헌법 정신의 테두리 안에서 올바른 법적 판단을 통해 분열을 막고 통합을 지켜내는 것이었다. 그러나 태니의 대법원은 거꾸로 갔다. 그는 노예주 출신의 한계를 벗어나지 못했다.

1857년 3월 6일, 노예 신분의 드레드 스콧을 둘러싼 재판에서 대법원은 최종 판결을 통해 "헌법은 백인만을 위해 제정된 것으로, 흑인에게는 아무런 권리가 없으며 그들은 일종의 자산"이라고 선언했다. 더 나아가 연방 의회에는 주가 되기 직전 상태에 있는 준주準州에 대한 노예제도 금지 권한이 없다고도 했다. 충격적인 판결이었다. 남부의 노예제 지지자들은 환호했고, 북부의 반대자들은 분노했다. 태니의 대법원은 노예제를 옹호함으로써 역사적 오점을 남겼을 뿐 아니라 결과적으로는 남북전쟁 발발에도 영향을 미쳤다.

민주주의 최후의 보루 대법원

존 마셜은 위대한 업적을, 로저 태니는 수치스러운 이름을 남겼다. 둘에 대한 평가는 극단적으로 다르다. 그러나 두 사람의 흉상은 같은 공간에 나란히 놓여 있다. 영광도 치욕도 결국엔 후손들이 잊지 말아야 할 역사인 것이다. 마셜과 태니 외에도 수많은 대법원 판사가 있었다. 간혹 후대로부터 비판받는 판결을 내린 대법원 판사도 있지만, 그들 모두에게는 시대를 초월하는 공통의 신조가 있었다. 대통령과 국회가 미국 민주주의의 선봉이라면, 법원은 그 보루라는 신조. 그래서 대법원은 미국 민주주의 최후의 보루다. 9명의 대법관은 정의를 구현하고, 사회의 가치 기준을 설정하고, 민주주의를 지키는 최후의 제다이Jedi들인 셈이다.

권력은 부패하고 타락한다. 미국도 예외가 아니다. 언제나 권력자는 대법원을 입맛대로 구성해서 마음껏 주무르려 했다. 제퍼슨이나 잭슨같이 위대하다는 평가를 받는 대통령도 그러했으니, 보잘것없는 대통령들은 말할 필요도 없다. 그런데도 미국 대법원은 상대적으로 독립적이고 강직했다. 많은 경우 권력 편에 서기보다는 사회의 공의公義와 시민의 자유를 위해 싸웠다. 어떻게 그럴 수 있었을까? 결국은 사람이다. 대부분의 미국 대법관은 비굴하게 권력에 아부하거나 보신하려 하지 않았다. 민주국가에서 법원이 무너지면 독재가 만개하고, 공동체가 무너진다는 사실을 알았기 때문이다. 역사에 영원히 기록될 매명賣名의 치욕을 감당할 수 없었기 때문이다.

오늘날 미국을 비롯한 세계 곳곳에서 권력과 법원 간 치열한 투쟁이 벌어지고 있다. 민주주의와 자유, 개인의 권리를 둘러싼 최후의 전쟁이다. 양심적이고 윤리적이며 용기 있는 법관이 없다면 법원은 권력을 상대로 이길 수 없다. 법원이 패배한다면 우리와 후대의 운명은 어두울 것이다. 미국 대법원 건물 곳곳에 새겨진 위대한 법의 정신과 정의의 상징이 부디 사라지지 않고 면면히 이어지기를 바란다면 부질없는 짓일까?

미국 대법원의 여성 대법관

2020년 미국 대법원이 전 세계 언론의 주목을 받았다. 루스 베이더 긴즈버그Ruth Bader Ginsburg 연방 대법관의 사망과 그 후임 인선 때문이었다. 트럼프 대통령과 공화당은 대법원의 보수화를 강화하기 위해 대선 직전임에도 불구하고 진보의 아이콘인 긴즈버그 후임으로 독실한 가톨릭 신자이자 보수주의자인 에이미 코니 배럿Amy Coney Barrett 판사를 지명했다. 배럿은 청문회를 통과해 대법관에 임명되었다. 미국 대법원 역사상 다섯 번째 여성 대법관이다. 2022년 6월 30일 조 바이든 대통령은 커탄지 브라운 잭슨Ketanji Brown Jackson을 대법관에 임명했다. 최초의 흑인 여성 대법관이다.

미국 최초의 여성 연방 대법관은 샌드라 데이 오코너Sandra Day O'Connor (사진)다. 오코너는 1981년 레이건 대통령이 임명했고, 2006년 은퇴했다. 그녀의 대법관 임명은 미국 사법사와 여성사에서 중요한 진보였다. 공화당 출신 레이건 대통령이 임명한 오코너에게 민주당 출신 오바마 대통령이 민간인한테 주는 최고 훈장인 대통령 자유 메달을 수여한 이유다 (2009). 대법원 곳곳에서 그녀의 동상과 흉상을 발견할 수 있다.

국회의사당 앞 그랜트 대통령 동상
위대한 장군과 무능한 대통령이라는 명암

•

미국은 삼권분립三權分立의 모국이다. 삼권분립은 국가의 권력을 입법·행정·사법으로 나눈다는 민주국가의 기본 원리다. 오늘날엔 상식으로 받아들이지만, 미국 국부들이 삼권분립의 토대 위에 헌법을 창조한 18세기 말까지 세상에 존재하지 않던 원리이고 체제다. 미국 국부들은 왜 삼권분립을 만들어냈을까? 견제와 균형을 이루지 못한 권력의 종착지는 결국 부패와 독재일 수밖에 없다고 생각했기 때문이다.

미국 수도 워싱턴D.C.는 국부들이 창조한 삼권분립의 헌법 정신을 반영하고 있다. 워싱턴D.C. 중심에 있는 내셔널 몰 인근에 여러 권력기관을 흩어놓은 것이다. 오늘날 가장 거대한 건물은 캐피톨이라 부르는 국회의사당이다. 시간이 허락한다면 주변을 산책하며 민주주의의 성전이자 민권의 상징인 캐피톨의 웅장함에 압도당해보는 것도 괜찮다. 그렇게 캐피톨을 돌다 보면 서쪽 정면, 워싱턴 기념비와 마주 보는 위치에 있는 거대한 기마상이 나타난다. 캐피톨 주변에서 유일하게 눈에 띄는 조형물이다. 고독하게 홀로 높이 말 위에 앉아 있다. 네 마리 사자가 사방을 둘러싸고 있는 기마상의 인물은 마치 캐피톨을 수호하는 듯하다. 장군 복장을 한 그는 누구일까?

북군 총사령관의 위용

율리시스 그랜트Ulysses S. Grant(1822~1885)는 제18대 대통령이다. 하지만 대통령보다 남북전쟁 당시 북군 총사령관으로 더욱 잘 알려져 있다. 역사적 업적도 대통령보다 장군으로서가 더 크다. 켄터키주와 인디애나주가 경계를 이루는 오하이오주 포인트플레전트Point Pleasant에서 태어났다. 인디애나가 1816년 주로 승격된 것을 고려하면 당시로서는 극極서부에 해당했다. 변방에서 그랜트의 아버지는 무두장이로 생계를 꾸렸다. 아들에게 거는 기대가 커서 정치인 친구의 도움을 받아 1839년 그랜트를 육군사관학교West Point에 진학시켰다. 웨스트포인트에서 그랜트는 평범했다. 졸업 성적은 39명 중 21등에 그쳤다.

그랜트는 졸업 후 텍사스를 차지하기 위해 미국이 멕시코와 벌인 전쟁에 참전했다(1846~1848). 전쟁 후에는 캘리포니아로 발령이 났다. 가정적인 그랜트에게 가족과 떨어진 채 태평양 연안에서 무료하게 지내는 건 천형天刑이나 다름없었다. 그랜트는 점차 술에 빠져들었고 평판도 악화됐다. 결국 1854년 불명예스럽게 퇴역했다.

고향의 가족 품으로 돌아왔지만 전직 군인 그랜트의 삶은 녹록지 않았다. 농사도 사업도 손대는 것마다 실패했다. 실의에 빠진 그랜트를 살린 건 전쟁이었다. 1861년 남군이 섬터 요새Fort Sumter를 공격함으로써 남북전쟁이 발발하자 그랜트는 예비역으로 자원입대했고, 대령에 임명됐다. 북군에는 유능한 장교가 절대적으로 부족했기 때문에 그랜트의 새 출발은 순조로웠다.

모든 사람에게는 어울리는 자리가 있게 마련이다. 그랜트에게는 사령관직이 그랬다. 사관생도나 하급 장교 시절에는 빛을 보지 못했지만, 독자적으로 작전을 수행할 권한을 갖게 되자 상황이 달라졌다. 탁월한 전략적 안목, 신속한 결단, 과감한 추진력으로 전장을 지배했다. 인상적인 첫 전과戰果는 북군에게 켄터키주를 확보할 수 있게끔 해준 도널슨 요새Fort Donelson 점령이었다(1862년 2월). 이 때 항복 조건을 문의해온 남군 사령관에게 그랜트는 '무조건항복unconditional surrender'을 요구함으로써 전국적으로 이름을 알렸다. 압도적 우위에도 막상 전장에서 남군에 밀리던 북부 사람들은 열광했다. 그의 이름 앞에는 항상 '무조건항복'이란 수식어가 붙었다.

그랜트의 승리는 1863년 7월 4일 미시시피강의 전략적 요충지이자 매우 험난한 요새 도시 빅스버그Vicksburg를 점령함으로써 절정에 달했다. 남북전쟁 기간에 게티즈버그 전투와 함께 가장 결정적인 전투로 평가받는 빅스버그 점령을 통해 그랜트는 미시시피강 전체를 북군의 통제 아래 두는 데 성공했다. 텍사스, 루이지애나, 아칸소 세 주가 남부연합에서 떨어져 나갔고, 남군의 전쟁 수행 능력은 더욱 위축됐다. 1864년 3월 링컨 대통령은 그랜트를 중장으로 진

국회의사당 전면에 있는 그랜트의 당당한 기마상. 대통령이었지만 남북전쟁 당시 북군 총사령관 복장을 하고 있다. 대통령으로서가 아니라 전쟁을 승리로 이끌어 연방을 지켜 낸 군인의 자격으로 서 있기 때문이다.

4장 미국_ 새로운 비전으로 개척한 자유의 리더십

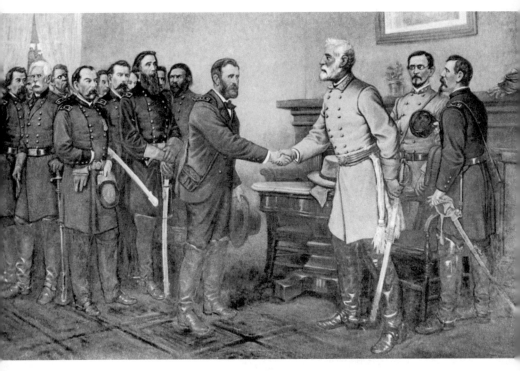

그랜트가 남군 총사령관 로버트 리로부터 항복을 받아내는 장면이다.

급시킴과 동시에 북군 총사령관에 임명했다. 그랜트는 특유의 거침 없는 전진과 무자비한 작전 수행으로 링컨에게 보답했다. 그랜트가 남부연합의 수도 리치먼드를 점령하고, 남군 총사령관 로버트 리 Robert E. Lee 장군의 항복을 받아냄으로써 내전은 종결됐다(1865년 4월 9일).

모두를 불행에 빠뜨린 무능력한 대통령

승리 직후 찾아온 링컨의 예상치 못한 죽음은 모두에게 큰 슬픔이었다. 그랜트에게는 특히 그랬다. 링컨은 자신을 술주정뱅이라고 험담하는 장군들에게서 지켜주고, 능력을 믿고 인정해준 은인이었다. 아이러니하게도 링컨의 죽음은 그랜트에게 새로운 기회로 다가왔다. 링컨을 감싸고 있던 전쟁 지도자의 후광이 그랜트에게로 옮겨왔기 때문이다. 앤드루 존슨Andrew Johnson의 온건한 남부 재건 정책에 만족하지 못한 북부의 급진파는 전쟁 영웅 그랜트를 공화당 대통령 후보로 내세웠다. 본의 아니게 그랜트는 정치에 입문했고, 대통령에 당선됐다.

모든 사람에게는 어울리지 않는 자리도 있게 마련이다. 그랜트에게는 불행하게도 대통령직이 그랬다. 남부 재건과 국가 통합이라는 시대의 과제를 군인 그랜트는 감당할 수 없었다. 전쟁에 지친 영웅에게는 더 이상 야망도 열정도 남아 있지 않았다. 그에게 권력은 지나간 전쟁 승리에 대한 보상에 불과했다. 남북전쟁 이후의 혼란 속에서 부정부패가 판을 쳤다. 그러나 기강을 바로잡아야 할 백악관과 정부는 무기력했다. 스스로가 부정부패의 온상이었으니 당연했다. 대통령의 매제 아벨 코빈Abel Corbin은 서민 경제의 기반을 뒤흔든 금값 조작 사건에 가담했다. 부통령 스카일러 콜팩스Schuyler Colfax를 비롯한 몇몇 의원과 정부 주요 인사들이 당시로서는 가장 큰 규모의 철도 회사 크레디트 모빌리에Credit Mobilier 사기 계약 사건에 연루되었다. 일부 재무부 관리는 위스키업자들과 짜고 세금을 포탈했고, 육군부 장관 윌리엄 벨냅William Belknap과 그의 아내는 뇌물을 받고 막대한 이익이 보장되는 군납업체 자리를 팔았다. 커다란 권력형 게이트가 연이어 터졌으나 대통령은 오히려 관련자들에게 호의적이었다.

이 같은 실정의 결과는 선거에서 나타났다. 민심을 잃은 공화당은 1876년 대통령 선거에서 패배했다. 민주당 후보가 일반 투표에서 26만 표 이상을 더 얻었다. 그러나 몇몇 주의 선거 결과에 의혹이 제기되면서 누가 대통령으로 당선됐는지 모호해졌다. 양당은 특별선거위원회를 구성했다. 물밑 협상 끝에 특별선거위원회가 공화당 후보 러더퍼드 헤이스Rutherford Hayes를 제19대 대통령으로 지명하는 초유의 사태가 벌어졌다. 대통령직을 양보하는 대가로 민주당은 남부인 각료 임명, 남부 내 연방 관리 임명권, 광대한 남부 개발, 남부에서 연방군 철수 등 다양한 정치적 과실을 얻어냈다. 그 결과 남부는 다시 배타적인 소수 백인의 지배 아래 들어갔다. 흑인은 다시 노예나 다름없는 처지로 몰렸다. 그토록 많은 피를 흘린 끝에 승리했음에도 남부 재건은 부패하고 무능한 그랜트 정권 때문에 완전한 실패로 돌아갔다. 링컨이 약속한 자유와 권리를 흑인에게 부여한 것은 1960년대에 이르러서였다.

캐피톨 앞의 동상은 말이 없다. 그가 미국 사회에 남긴 상처와 오명을 생각하면 이 자리에 있을 자격이 있을까 싶다. 그러나 인간은 완벽하지 않은 존재라는 한계를 알고, 공은 공대로 과는 과대로 인정하는 것 또한 미국의 전통이다. 그랜트는 지금 대통령으로서가 아니라 북군 총사령관으로서, 부패하고 실패한 대통령으로서가 아니라 내전을 승리로 이끌고 연방을 구한 영웅으로서 캐피톨 앞에서 있는 것이다. 아마 대통령 선거에 나서지 않았으면 더 좋았을 것이다. 그러나 공은 전혀 없고 과만 넘치는 사람도 으스대며 살아가는 게 현실이다. 나는 어떠한지 스스로 성찰해볼 일이다.

뉴욕의 무덤에서도 장군으로 남다

그랜트 대통령의 무덤은 뉴욕 맨해튼 북부 모닝사이드하이츠Morningside Heights에 있다. 대부분의 대통령이 자신의 고향에 묻힌 것을 생각하면 예외적이다. 대통령직에서 은퇴한 후 말년을 뉴욕에서 보냈기 때문이기도 하고, 부인 줄리아Julia(1826~1902)가 강력하게 뉴욕에 묻히기를 원했기 때문이기도 하다. 무덤은 거대한 돔과 웅장한 도리아 스타일인데 미국에서는 보기 드물게 크다. 당시 시민들이 모금에 참여해 만들었다고 한다. 내부는 남북전쟁 당시 그랜트의 활약상을 보여주는 벽화로 장식돼 있다. 결국 무덤에서조차 그랜트는 무능한 대통령으로서가 아니라 위대한 군인으로서 기억되고 있는 셈이다. 찾는 이는 그리 많지 않다.

뉴욕과 알렉산더 해밀턴

오늘의 미국을 꿈꾸고 설계한 선구자

●

뉴욕은 여러 가지 상징 그 자체다. 바벨탑처럼 하늘을 향해 뻗은 수 많은 고층 빌딩은 도시를 상징한다. 자유의 여신상은 말 그대로 자 유를 상징한다. 거리에서 마주치는 다양한 사람은 공존을 상징한 다. 눈부신 네온사인으로 가득한 브로드웨이의 밤은 화려하고 감각 적인 문화를 상징한다. 부정적 상징도 있다. 한때 월드트레이드센 터가 있던 자리에 들어선 9·11 메모리얼은 흔들리는 세계화와 격 화하는 문명의 충돌을 상징한다. 더러운 뒷골목과 할렘은 가난과 범죄, 차별의 상징이다. 그렇게 뉴욕은 인류의 명암을 상징하는 현 재의 축소판이다.

　뉴욕을 감상하는 방법은 두 가지다. 하나는 도시 한가운데로 들 어가 느끼는 것이고, 다른 하나는 도시에서 한 걸음 떨어져 바라보 는 것이다. 종합적으로 이해하려면 두 방법 모두 필요하다. 그중 뉴

현대 도시 문명의 상징이자 세계 제국 미국의 경제 금융 중심지 뉴욕의 마천루. 해밀턴은 미국의 미래를 내다보고 거기에 적합한 국가의 제도적 틀을 닦은 선구자였다.

욕을 전체적으로 전망하기에 가장 의미 있는 곳은 뉴저지주 위호켄 Weehawken의 해밀턴 공원이다.

해밀턴 공원은 맨해튼섬 맞은편에 있다. 허드슨강과 뉴욕이 바라보이는 높은 언덕에 자리해 전망이 기막히다. 특히 맨해튼섬을 따라 길게 늘어선 마천루의 위용이 압권이다. 뉴욕이 처음부터 이랬던 것은 아니다. 시대 흐름을 잘 탔고, 수많은 사람이 피땀을 흘렸기 때문에 가능했다. 뉴욕의 성장에 가장 크게 기여한 사람을 한 명 꼽으라면 단연 알렉산더 해밀턴이다. 오늘날의 미국을 상상한 몽상가이자, 오늘날의 미국을 설계한 전략가다.

미국의 초대 재무장관이 되다

알렉산더 해밀턴Alexander Hamilton(1755?~1804)은 영국령 서인도제도

의 미천한 가정에서 태어났다. 태어난 연도는 불확실하다. 어려서 고아가 됐지만 총명함을 타고났고, 성공 의지도 강했다. 해밀턴은 노력 끝에 뉴욕으로 터전을 옮겼고, 컬럼비아대학교의 전신 킹스칼리지에서 공부했다. 당시는 혁명 시대였다. 많은 사람이 억압받는 식민지인으로 살아가기를 거부하고 대영제국과 싸우기를 열망했다. 해밀턴 역시 아메리카인의 권리를 믿었고, 전쟁을 두려워하지 않았다. 독립전쟁이 터지자 해밀턴은 입대했다. 그의 탁월한 재능은 어디서나 눈에 띄었다. 총사령관 조지 워싱턴이 부관으로 임명한 것은 어쩌면 당연했다. 워싱턴과 해밀턴은 사선을 함께 넘으며 부자父子처럼 서로를 신뢰했다. 이때 형성된 두 사람 관계는 다가올 미국 역사에 지대한 영향을 끼쳤다.

전쟁은 식민지의 승리로 끝났지만 풀어야 할 난제가 산적했다. 헌법 제정과 정부 구성이 가장 시급하고 중요했다. 강력한 중앙정부가 영국 정부를 대신해 독재 권력으로 변질될 수 있다는 우려도 있었지만, 식민지 간의 이해관계를 조정하고 안전한 나라를 만들 필요성이 앞섰다. 1787년 5월 독립의 도시 필라델피아에서 헌법 제정 회의가 열렸다. 조지 워싱턴과 벤저민 프랭클린을 필두로 미국의 '대인물' 55명이 모였다. 외교관으로 해외에 나가 있던 존 애덤스(영국 대사, 제2대 대통령)와 토머스 제퍼슨(프랑스 대사, 제3대 대통령)을 제외한 당대 최고 명사들이었다. 해밀턴은 뉴욕주를 대표해 회의에 참석했다.

해밀턴의 정치철학은 그의 삶과 동떨어져 있었다. 출생은 비천했으나 해밀턴은 영국의 귀족정치와 입헌군주제를 지지했다. 민중의

알렉산더 해밀턴. 미국 초대 재무장관으로
지금의 미국을 설계한 전략가이다.

상식, 대중의 분별, 여론의 선의를 신뢰하지 않았다. 그러나 해밀턴
은 미국에서 입헌군주제는 불가능하다는 것을 알았다. 공화정부만
이 유일한 답이었다. 그래서 차선책으로 견제와 균형을 토대로 하
되 강력한 중앙정부를 선호했다. 워싱턴을 비롯한 미국의 국부 다
수가 해밀턴의 생각에 동의했기 때문에 오늘날의 미국 헌법이 탄생
할 수 있었다. 모두의 지지와 환호 속에서 워싱턴이 초대 대통령으
로 뽑혔다.

　헌법은 문서에 불과하다. 문서에 새겨진 정신과 제도를 구현하는
것은 사람의 몫이다. 워싱턴은 새로 출범한 정부의 가장 중요한 직
책인 재무장관에 해밀턴을 임명했다. 또 다른 핵심 직책인 국무장
관은 토머스 제퍼슨이 맡았다. 해밀턴과 제퍼슨은 미국 초대 내각
의 양대 축이었다. 동시에 상반된 정치철학과 국가 전략의 대표 주
자이기도 했다. 해밀턴은 '연방주의자'였다. 무질서를 혐오하고 효

율과 질서를 중시했다. 새로 탄생한 미국의 미래가 상공업에 있다고 생각했기 때문에 금융과 사적 거래에 신용을 제공할 수 있는 강력한 정부를 선호했다. 제퍼슨은 '반연방주의자'였다. 독재를 싫어하고 자유를 중시한 제퍼슨은 연방보다 주의 권리를 우선시했다. 민중을 신뢰하고 여론을 중시했다. 자유롭고 독립적인 자영농이 이끄는 농업 국가를 미국의 미래로 봤다. 둘은 개인적 성향, 정치철학, 정책 방향, 국가의 이상향 등 모든 점에서 대척점에 있었다.

정적의 총에 최후를 맞다

해밀턴은 재무장관 지위를 이용해 강력한 중앙정부를 만들고 상공업을 진흥할 금융 시스템을 정착시켰다. 우선 헌법 제정 이전의 정부가 독립전쟁 과정에서 진 채무 변제를 추진했다. 정부가 앞장서서 계약을 존중해야만 단기간에 미국 정부에 신용이 생긴다고 본 것이다. 당시 채무 대부분은 독립전쟁 동안 대륙회의가 군인들에게 발행한 봉급 지급 증서였다. 대륙회의에 대한 불신과 생활고로 많은 군인이 봉급 지급 증서를 헐값에 시장에 내다 팔았고, 투기꾼들이 이를 사들였다. 해밀턴의 계획대로 중앙정부가 채무를 이행하면 큰 이득을 보는 것은 투기꾼이었다. 반대가 심했지만 해밀턴은 채무이행을 강행했다. 사적 거래를 존중하고 정부의 신용을 쌓는다는 더 큰 목표를 위해서였다. 연방정부가 각 주의 부채를 인수하는 계획도 추진했다. 역시 반대가 심했다. 부채 적은 주가 많은 주를 위해 세금을 더 내는 결과를 초래할 것이기 때문이었다. 해밀턴은 제퍼슨 등과 미국의 수도를 버지니아에 정하기로 타협함으로써 '부채

인수 법안'을 통과시켰다.

해밀턴의 또 다른 업적은 중앙은행 설립이다. 그는 중앙은행의 후원을 받아야 상공업이 번창하고, 상공업이 번창해야 연방정부가 강력해질 것이라고 봤다. 문제는 헌법에 명기된 연방정부의 권한 중에 은행 설립 조항이 없다는 것이었다. 반연방주의자들의 강한 반대에 부딪혔다. 해밀턴은 헌법을 유연하게 해석하면 가능하다고 주장했다. 워싱턴 대통령은 해밀턴의 손을 들어줬다. 그렇게 1791년 미국에 중앙은행이 탄생했고, 상공업을 적극 지원하는 시스템을 갖추기 시작했다. 모두 해밀턴의 공적이다.

해밀턴의 영도와 워싱턴의 지지에 힘입어 연방주의자들은 새롭게 태어난 미국의 기초를 쌓고 정부의 틀을 짰다. 부유하고 계몽된 지배계급, 활력 있는 상업 경제, 다양한 제조업이 번영하는 국가 비전을 제시했다. 해밀턴은 위대한 선구자였지만 대중 정치가는 아니었다. 그는 대중을 신뢰하지 않았고, 대중 또한 그를 사랑하지 않았다.

해밀턴의 최후는 비극적이었다. 해밀턴에게는 정적이 많았다. 뉴욕의 거물 정치인 에런 버Aaron Burr(1756~1836)와 특히 심각한 관계였다. 재능과 그릇에 비해 터무니없이 큰 꿈을 품었던 버는 1800년 대통령 선거에서 제퍼슨에게 패배했다. 해밀턴이 제퍼슨을 지지한 탓이다. 버는 이때부터 해밀턴을 증오했다. 그 후 버는 제퍼슨 정부에 반대해 연방 탈퇴를 획책하는 세력과 손잡고 뉴욕 주지사에 도전했다. 해밀턴은 공개적으로 버의 행동을 비난했다. 선거에서 패한 버는 이 역시 해밀턴 탓이라며 결투를 신청했다. 겁쟁이란 소리를 듣는 게 싫었던 해밀턴은 응했다. 두 사람은 결투가 불법이 아닌 뉴저지의 한적한 숲에서 권총을 들고 만났다. 그 자리에서 해밀턴은 버의 총에 맞았고, 다음 날인 1804년 7월 12일 사망했다.

위호켄의 해밀턴 공원은 바로 버에게 해밀턴이 살해당한 곳이다. 뉴욕의 마천루가 보이는 장소에 해밀턴 흉상이 놓여 있고, 성조기가 휘날린다. 합당한 일이다. 해밀턴이 없었다면 지금의 뉴욕도 미국도 없었을 것이기 때문이다. 그는 오늘날의 미국을 꿈꾸고 설계한 선구자다. 비록 대중과 시대의 사랑을 받지는 못했지만, 사랑의 단물만 뽑아 먹고 헛되이 떠난 그 어떤 인물보다 심오한 유산을 남겼다. 위호켄의 해밀턴 공원은 그런 해밀턴의 비극적 최후를 추모하고, 그의 유산을 감상하기에 가장 적합한 곳이다.

해밀턴 부인의 예언이 200년 후 뮤지컬로 실현되다

해밀턴만큼 업적에 비해 많은 혐오를 받는 사람은 역사적으로 드물다. 정적 제퍼슨이 강조한 민주주의가 해밀턴이 중시한 귀족주의보다 미국인의 기질에 더 잘 맞았기 때문이다. 그러나 해밀턴은 미국 헌법에 내포된 이상을 제도로 현실화한 설계자였다. 미국의 미래에 누구보다 명확한 비전을 제시한 선구자였다. 해밀턴의 삶은 론 처노Ron Chernow의 전기를 바탕으로 한 린마누엘 미란다Lin-Manuel Miranda의 뮤지컬 〈해밀턴〉(2015)이 브로드웨이를 석권함에 따라 재조명받기도 했다. 해밀턴의 부인 엘리자베스가 자녀들에게 "나의 해밀턴, 그를 기억하는 일에도 정의가 찾아오리라"라고 했던 예언이 200여 년 후 문화의 힘으로 실현된 것이다.

게티즈버그에서의 리 장군과 링컨
국민의, 국민에 의한, 국민을 위한 정부

●

남북전쟁은 미국 역사상 유일한 내전이었다. 가장 큰 인명 피해를 기록한 전쟁이기도 하다. 펜실베이니아주 남부의 게티즈버그는 그런 남북전쟁의 전환점이 된 결정적 전투 현장이다. 우리에게는 링컨의 "국민의, 국민에 의한, 국민을 위한 정부Government of the people, by the people, for the people"라는 표현이 포함된 연설로 기억되고 있다.

오늘날의 게티즈버그는 거대한 야외 박물관이다. 작은 도심을 중심으로 펼쳐진 넓고 한가로운 평원에는 참전자와 희생자를 기리는 수많은 기념비와 동상이 세워져 있다. 남북전쟁 당시에 썼던 대포와 나무로 된 엄폐물들도 곳곳에 있다. 걷는 건 힘들다. 차로 돌아도 중요한 곳을 다 보려면 한나절은 족히 걸린다. 기념비와 동상 중 가장 인상적인 건 펜실베이니아 기념비로, 거대한 개선문이다. 이에 필적하는 버지니아 기념비 또한 규모는 작아도 인상적이다. 기

게티즈버그 전투 현장의 버지니아 기념비는 남군 사령관 로버트 리 장군의 기마상을 중심으로 이뤄져 있다. 당대 최고 군인이었던 리 장군이 게티즈버그 전투에서 패배함으로써 남부는 사실상 승리 가능성을 상실했다.

넘비 상부를 장식하고 있는 건 한 장군의 기마상이다. 북군의 진지가 있던 곳을 조용히 응시하고 있는 그는 로버트 리, 게티즈버그 전투의 주역이던 남군 사령관이다.

워싱턴의 후예 리 장군, 남부를 선택하다

로버트 리는 버지니아 명문가의 후손이다. 그의 가문은 리처드 리 1세가 1639년 버지니아로 이민 온 이후 대대로 부와 권력, 사회적 지위를 누렸다. 리의 아버지 헨리는 독립전쟁의 영웅이었고, 버지니아 주지사까지 지냈다. 리는 남부 명문가의 전통에 따라 육군사관학교에 진학했고, 1829년 차석으로 졸업했다. 졸업 후에는 국부 조지 워싱턴의 양자 조지 워싱턴 파크 커스티스George Washington Parke Custis의 외동딸 메리 랜돌프 커스티스Mary A. Randolph Custis와 결혼했다. 결혼을 통해 조지 워싱턴의 법통을 이어받은 셈이다. 리가 군인으로서 두각을 나타낸 건 1846년에 일어난 멕시코 전쟁이었다. 리는 이 전쟁에서 탁월한 능력과 용기를 선보였고, 특진을 거듭해 대령에 이르렀다. 스스로의 능력, 가문의 명성, 처가의 후광으로 리는 군부 내에서 단연 돋보였다.

남북전쟁이 발발했을 때 링컨이 북군 사령관으로 리를 생각한 건 당연했다. 조지 워싱턴을 마치 신처럼 떠받드는 나라에서 그의 법통을 이어받은 사람이 군대를 이끈다면 이보다 완벽하게 북부의 대의명분을 상징할 수 있으랴. 더군다나 리는 탁월한 군인이었다. 그러나 링컨의 기대와 달리 리는 남부를 선택했다. 노예제도에 대한 반감보다 버지니아에 대한 애정이 강했기 때문이다. 그가 사랑하는 모든 게 버지니아에 있었고, 버지니아는 남부의 대의에 충실했다. 리는 사실상 남군 총사령관으로 버지니아 전선을 진두지휘했다. 남부가 국력의 절대적 열세에도 4년간 버틸 수 있었던 데는 리와 같은 탁월한 장군들의 역할이 컸다.

남부가 무너지기 시작한 건 서부 미시시피강 전선에서였다. 그곳에는 리에게 필적할 만한 남부 장군이 없었다. 오히려 북군에 그랜트와 윌리엄 셔먼William Sherman 같은 맹장들이 포진해 있었다. 1863년 봄, 그랜트는 미시시피강 유역의 전략적 요충지 빅스버그로 향했다. 빅스버그를 잃으면 남부연합은 미시시피강에 대한 통제권을 완전히 상실하고, 그러면 남부는 두 동강이 날 터였다. 텍사스, 루이지애나, 아칸소의 지원을 잃으면 이미 열세인 전력은 더욱 약해질 게 뻔했다. 남부연합으로서는 절체절명의 위기였다.

이때 리는 새로운 작전을 제안했다. 북침이었다. 그동안 남군은 고향에서 싸웠다. 전쟁 목표가 북부 정복이 아니라 북부로부터의 독립이었기 때문이다. 덕분에 북부는 전쟁 내내 평화를 누렸다. 리는 북부로 쳐들어가 필라델피아와 뉴욕을 위협함으로써 북부에 전쟁의 공포를 퍼트리고 반전 여론을 조성하려 했다. 북부의 민심이 링컨을 압박하면 남부는 협상을 통해 연방에서 독립할 수 있을 터였다. 남부 수뇌부는 리의 새로운 작전을 승인했다. 7만 명 넘는 대군이 리 장군을 따라 북으로 향했다(1863년 6월).

게티즈버그에 불멸의 명성을 부여하다

북군 역시 남군을 추격해 북으로 갔다. 두 군대는 펜실베이니아 남쪽의 작은 마을 게티즈버그에서 충돌했다(1863년 7월 1~3일). 사흘간 남과 북은 치열하게 싸웠고, 일진일퇴를 거듭했다. 남군의 사기는 드높았지만, 북군도 필사적으로 버텼다. 3일째 되는 날, 리는 세미터리리지Cemetery Ridge에 주둔 중인 북군을 향해 총공격을 개시했다. 돌격대를 이끈 장군의 이름을 따 '피킷의 돌격Pickett's Charge'이라 일컫는 이 진격은 그러나 북군의 집중포화에 실패로 돌아갔다. 다음 날, 남군은 게티즈버그에서 철수했다. 리의 패배였다. 남부가 전쟁에서 승리할 가능성은 사실상 사라졌다.

링컨은 북군 사령관 조지 미드George Meade 장군에게 리의 군대를 추격하라고 지시했다. 리를 잡으면 전쟁을 끝낼 수 있다고 생각했기 때문이다. 패전에도 불구하고 드높은 리의 명성 앞에서 북군의 장군들은 망설였다. 리의 군대는 무사히 버지니아로 탈출하는 데 성공했고, 전쟁은 계속될 터였다.

리 장군과 링컨 대통령.

　게티즈버그 전투는 막대한 사상자를 남겼다. 양측 합쳐서 5만 명
넘는 군인이 죽거나 다쳤다. 연방정부는 전투 현장에 묘지를 조성
했다. 묘지 봉헌식은 1863년 11월 19일에 열렸다. 전날 게티즈버
그에 도착한 링컨은 홀로 연설문을 작성했다. 다음 날, 묘지는 약
9,000명의 청중으로 가득 찼다. 하버드대학교 총장을 지낸 에드워
드 에버렛Edward Everett의 2시간에 걸친 열정적인 연설이 끝난 후 링
컨이 연단에 올랐다. "80년하고도 7년 전에"로 시작된 대통령의 연
설은 짧았다. 이토록 짧은 연설을 예상치 못했던 청중은 침묵했다.
링컨이 몸을 돌려 자리로 향하자 마침내 박수 소리가 터졌다. 청중
은 몰랐을 것이다. 자신들이 역사상 가장 유명한 연설 현장에 있었

게티즈버그 국립묘지의 기념비는 남북전쟁 최대 격전지였던 이곳에서 자신의 목숨을 바쳐 연방을 지킨 모든 군인을 추모하기 위해 세워졌다. 기념비를 둘러싸고 타원형으로 배치된 많은 무덤 중 가장 인상적인 건 무명용사들의 묘다. 그들은 오직 묘비에 적힌 숫자로만 기억되고 있다.

다는 사실을.

게티즈버그 유적지의 국립묘지로 들어가면 입구 오른쪽에 링컨 흉상이 놓여 있다. 영원히 잊히지 않을 연설 현장을 기념하는 흉상이다. 묘지는 너무나 고즈넉해 그날의 혈투를 상상하기 어렵다. 안쪽으로 조금 더 들어가면 희생된 군인들을 기리는 기념비가 우뚝 솟아 있다. 무덤은 그 기념비를 둘러싸고 타원형으로 낮게 배치돼 있다. 무명용사들을 제외한 모두가 고향 전우들과 나란히 묻혔다.

게티즈버그 연설에서 링컨은 "세계는 이 자리에서 우리가 하는 말 대신 이곳에서 용사들이 한 일을 기억할 것"이라 했지만 반은 맞고 반은 틀렸다. 세계는 링컨이 한 말을 통해 군인들이 한 일을 기억하고 있다. 링컨은 그들의 용기와 희생에 불멸의 명성을 불어넣었다. 그의 말이 고결하고, 마음이 진실했던 탓이다. 지금도 게티즈 버그에 갔던 봄과 여름을 생각하면 상쾌하고 담백한 풀 향기가 난다. 수준 낮은 정치인들의 비루한 말이 사방에 넘쳐 불쾌할 때면, 나는 게티즈버그의 국립묘지를 생각한다. 위대한 정치가와 그가 추구한 참민주주의의 이상에 위로받기 때문이다. 내게 게티즈버그는 이동하는 안식처다.

링컨의 게티즈버그 연설

게티즈버그 연설은 고전과 같다. 누구나 들어봤겠지만 정확한 내용을 아는 이는 드물다. 드높은 민주주의의 이상이 담겨 있기에 세계적으로 민주주의가 흔들리는 지금이야말로 읽고 생각하기에 적기다.

"80년하고도 7년 전에 우리의 조상은 자유와 만인 평등이라는 대명제를 실현하기 위해 이 땅에 새로운 나라를 세웠습니다. 지금 우리는 그렇게 세워진 이 나라가 오래도록 존속할 수 있을지 판가름하는 큰 전쟁을 치르고 있습니다. 우리가 모인 이 자리가 바로 그 전쟁터입니다. 우리는 나라를 지키려고 목숨 바친 이들의 마지막 안식처로 이 땅의 일부를 봉헌하기 위해 이곳에 왔습니다. 마땅히 해야 할 일입니다. 하지만 넓은 의미에서 보면, 우리는 이 땅을 봉헌한다 해도 더 신성하게 만들 수 없습니다. 살아 있거나 죽었거나, 이곳에서 싸운 용사들이 이미 이 땅을 신성하게 만들었기 때문입니다. 우리의 미약한 힘으로는 더 이상 보탤 수도, 뺄 수도 없습니다. 이 자리에서 우리가 하는 말을 전 세계가 주목하거나 오래 기억하지는 않을 것입니다. 하지만 이곳에서 용사들이 한 일은 절대 잊히지 않을 것입니다. 우리는 이곳에서 싸운 이들이 숭고하게 이끌었으나 아직 끝내지 못한 과업을 위해 우리를 봉헌해야 합니다. 명예롭게 죽은 이들의 뜻을 받들어 그분들이 목숨까지 바쳐가며 이루고자 했던 대의에 더욱 헌신해야 합니다. 그분들의 죽음이 헛되지 않도록 굳게 다짐합시다. 하나님의 은총 아래 이 나라는 새로운 자유를 낳을 것입니다. 국민의, 국민에 의한, 국민을 위한 정부는 지상에서 절대 사라지지 않을 것입니다."

워싱턴 국립초상화미술관과 하딩 대통령
리더의 무능은 모두에게 불행이다

●

워싱턴D.C.의 국립초상화미술관National Portrait Gallery은 숨겨진 보석 같은 곳이다. 아테네 파르테논 신전을 닮은 외관부터가 웅장하고 아름답다. 특허청사로 썼던 이 건물은 미국의 위대한 시인 월트 휘트먼Walt Whitman(1819~1892)이 "워싱턴의 건축물 중 가장 웅장하다"고 감탄한 곳이다. 비록 오래된 건물이지만 전혀 낡아 보이지 않는다. 대대적으로 개축해 2006년에 다시 개관했기 때문이다.

　건물 중 가장 멋진 곳은 중정이다. 천장을 빔과 유리로 덮었는데, 유려하게 흐르는 물결 같기도 하고 무한히 반복되는 마름모꼴 파도 같기도 하다. 빛에 따라 구름에 따라 바람에 따라 쉼 없이 변한다. 사람들 움직임에 따라 변하기도 한다. 추상적이고 아름답다. 소장품 중 하이라이트는 미국 대통령 초상화 컬렉션이다. 초대 대통령 워싱턴부터 제45대 대통령 트럼프에 이르기까지 모든 대통령

시인 월트 휘트먼의 극찬대로 그리스 고전주의 양식을 본뜬 국립초상화미술관의 외관은 웅장하고 우아하다.

의 초상肖像이 있다. 관람객 대부분은 제퍼슨, 링컨, 윌슨, 루스벨트처럼 위대한 대통령 초상 앞에 머문다. 반면, 나는 한 무명 대통령 앞에 서서 오랫동안 상념에 잠긴다. 그의 이름은 워런 하딩Warren Harding(1865~1923). 무명이라기보다는 오명汚名으로 기억되는 대통령이다.

부패한 정권, 잘생긴 정치가

워런 하딩은 제29대 대통령이다. 남북전쟁이 끝난 해인 1865년 11월

오하이오주의 한 농가에서 태어났다. 주도州都 콜럼버스 북쪽에 있는 매리언Marion에서 신문기자로 경력을 시작한 하딩은 30대 중반에 지방 정계에 진출했다. 183센티미터의 훤칠한 키, 당당한 풍채, 잘생긴 얼굴에 언제나 말끔하게 차려입는 하딩은 누구에게나 리더처럼 보였다. 그는 순식간에 오하이오 정계의 유망주로 떠올랐다. 오하이오주 공화당의 부패한 모리배 해리 도허티Harry Dougherty는 하딩의 가능성에 주목했다. 도허티는 특히 하딩이 자신만의 정견政見과 윤리적 기준을 갖추지 못했다는 걸 좋게 보았다. 자신의 꼭두각시로 안성맞춤이었기 때문이다. 도허티는 열심히 '하딩 띄우기'에 나섰고, 그를 오하이오주 연방 상원의원으로 만드는 데 성공했다 (1914). 상원의원 하딩은 평범했다. 비록 업적은 없었지만, 인물만큼은 워싱턴 D.C.에서도 돋보였다.

1920년 대통령 선거가 다가오자 도허티는 하딩을 공화당 후보로 내세웠다. 전국적 지명도, 정치적 업적도 없는 하딩에게는 가능성이 없어 보였다. 도허티는 하딩이 "대통령처럼 생겼다"며 공화당 지도부를 설득했다. 선거에서 유권자들에게 어필하는 데 외모만큼 중요한 게 있겠냐는 도허티의 주장이 먹혔다. 하딩의 평범함도 장점이 됐다. 공화당 지도부는 시어도어 루스벨트나 우드로 윌슨 같은 뛰어난 대통령에게 질려 있었다. 위대한 대통령 밑에서 당과 의회는 거수기에 불과했다. 이제 하딩 같은 인물을 내세워 당과 의회가 정치 주도권을 찾아올 때가 된 것이다.

민심도 마찬가지였다. 윌슨의 이상은 고매하고 개혁이 필요했지만, 그에 따른 피로감도 만만치 않았다. 윌슨의 가르치려는 태도와 완고한 자기 확신, 말년에 보여준 불통 모습은 위대한 인물과 민주당에 대한 반감으로 이어졌다. 사람들은 평범하고 조용했던 과거로 되돌아가길 원했다. 하딩의 선거 캠프는 민심 흐름을 제대로 읽었다. "Return to normalcy(정상으로 복귀)"라는 단순한 구호만 달랑 내세웠을 뿐인데도 민심이 쏠렸다. 하딩은 일반 투표에서 1,600만 표 넘게 얻어 당선됐다. 민주당 후보와의 격차가 700만 표 이상이었다. 1920년까지 치른 대선 기준으로 최다 득표, 최대 격차였다. 선거인단 투표에서도 400표 넘게 민주당 후보를 압도했다.

하딩의 행복한 백악관 생활은 그렇게 시작됐다. 내각은 위대한 인물과 위태로운 인물이 묘한 조화를 이뤘다. 국무장관 휴즈Charles Hughes, 재무장관 멜런Andrew Mellon, 상무장관 후버Herbert Hoover가 전자에 속했다. 법무장관 도허티, 내무장관 폴Albert Fall, 해군장관 덴비Edwin Denby, 연방준비은행 이사회 의장 크리싱어Daniel Crissinger, 보훈처장 포브스Charles Forbes, 조폐국장 스코비Frank Scobey 등은 후자였다. 진짜 권력은 도허티를 필두로 한 후자 쪽에 있었다. 일명 '오하이오 갱Ohio Gang'이라 불린 대통령 측근들은 조직적으로 국가를 도적질하기 시작했다. '작은 초록색 집'이라고 일컫던 도허티의 워싱턴 저택이 본부였다. 그들은 그곳에서 정부 재산과 정부 하도급 사업은 물론 공직, 사면, 가석방 등 인사와 사법 정의까지 매매했다. 부정부패가 일상화했고, 뇌물이 넘쳐났다. 국가와 국민의 피해는 고스란히 대통령 측근들의 이익이 됐다. 허수아비 대통령은 아무것도 몰랐다.

미술관 내부의 중정은 독특한 천장 덕분에 시민과 관광객의 사랑을 받고 있다. 대영박물관 천장을 설계·시공한 세계적 건축가 노먼 포스터Norman Foster의 회사 작품이라 대영박물관과 비슷한 분위기를 자아낸다.

국립초상화미술관에 걸려 있는 하딩의 초상화. "대통령답게 생겼다"는 유일한 장점에 개혁으로 지친 민심이 더해지면서 손쉽게 대통령에 당선됐다. 근엄한 표정과 당당한 풍채 뒤에 숨은 온갖 단점은 그때나 지금이나 보이지 않는다.

허수아비 대통령의 몰락

사법 정의를 지켜야 할 법무장관이 주범이었으니 다른 측근들의 부정부패와 비리는 당연히 은폐됐다. 오하이오 갱은 도허티를 법무장관에 앉힐 때부터 계획을 세웠다. 그러나 영원히 숨기기에는 부패 규모가 너무 방대하고 관련자 또한 너무 많았다. 1923년 봄, 보훈

처장 포브스와 관련한 부패 사건 내막이 하딩의 귀에 들어갔다. 빙산의 일각에 불과했지만 대통령은 충격에 빠졌다. 두려움과 분노에 사로잡힌 하딩은 도허티의 측근 제스 스미스Jess Smith를 질책했다. 그 직후 스미스는 사망했다. 언론에서 발표한 사인은 권총 자살이었다. 스미스가 갖고 있던 자료는 불태워졌다.

심신이 급속도로 약해진 하딩은 휴식을 위해 그해 6월 알래스카로 여행을 떠났다. 돌아오는 길에 건강이 갑자기 나빠졌고 8월 2일 저녁, 샌프란시스코의 한 호텔에서 사망했다. 정확한 사인은 영부인이 부검을 거부했기 때문에 밝혀지지 않았다. 하딩의 예상치 못한 죽음은 전국적인 애도 분위기를 불러일으켰다. 거기까지였다. 사후에 각종 부패 스캔들이 드러나면서 하딩은 추락하기 시작했다. 1927년 7월 하딩의 숨겨진 애인인 서른한 살 연하의 낸 브리턴Nan Britton이 《대통령의 딸》을 출간하면서 전직 대통령 하딩의 평판은 바닥을 쳤다(낸 브리턴의 딸은 2015년 DNA 검사로 하딩의 친자임이 밝혀졌다).

하딩의 초상화는 국립초상화미술관에 위대한 대통령들과 함께 버젓이 걸려 있다. 이 그림으로는 그의 본질을 알 수 없다. 초상화 속 하딩은 멋지고 당당할 뿐이다. "대통령처럼 보인다"는 말에 수긍이 간다. 문득 궁금해진다. 그는 행복했을까? 그럴 수도 있겠다. 자신의 평판이 산산조각 나고, 친구들이 줄줄이 감옥으로 가는 걸 보지 않고 죽었으니까. 그러나 역사의 평가는 비정하다. 대통령을 평가하는 각종 조사에서 하딩은 확고부동하게 꼴등이다. 세계적 작가 빌 브라이슨Bill Bryson은 "하딩의 유일한 죄는 완전히 바보였다는 점이다"라고까지 혹평했다. 대통령에게 "완전히 바보"는 용서받을 수 있는 죄일까? 판단은 각자 몫이겠지만 내 생각은 명확하다. 용서받을 수 없다.

세계적인 선구자, 백남준의 책을 만나다

옛 특허청 건물은 규모로 볼 때 워싱턴D.C.에서 손꼽힌다. 국립초상화미술관과 미국예술박물관American Art Museum이 함께 둥지를 튼 이유다. 그런 만큼 각종 책과 기념품을 파는 서점의 크기와 수준도 정상급이다. 그곳에서 한국인을 다룬 책을 발견할 줄은 꿈에도 몰랐다.

《NAM JUNE PAIK, GLOBAL VISIONARY(세계적인 선구자, 백남준)》. 2012년 12월부터 2013년 8월까지 이곳에서 열린 백남준 특별전을 기념한 책이다. 가슴이 뛰었다. 한국인으로서 세계적으로 이 정도 평가를 받는 사람이 있다는 것은 가슴 벅찬 일이다. 이를 계기로 이곳에 대한 애정이 더욱 커졌다.

제국의 리더십

1판 1쇄 인쇄 2024. 3. 1.
1판 1쇄 발행 2024. 3. 14.

지은이 송동훈

발행인 박강휘
편집 임지숙 디자인 조은아 마케팅 박인지 홍보 강원모
발행처 김영사
등록 1979년 5월 17일(제406-2003-036호)
주소 경기도 파주시 문발로 197(문발동) 우편번호 10881
전화 마케팅부 031)955-3100, 편집부 031)955-3200 | 팩스 031)955-3111

값은 뒤표지에 있습니다.
ISBN 978-89-349-6824-5 03300

홈페이지 www.gimmyoung.com   블로그 blog.naver.com/gybook
인스타그램 instagram.com/gimmyoung   이메일 bestbook@gimmyoung.com

좋은 독자가 좋은 책을 만듭니다.
김영사는 독자 여러분의 의견에 항상 귀 기울이고 있습니다.